思想的・睿智的・獨見的

經典名著文庫

學術評議

丘為君　吳惠林　宋鎮照　林玉体　邱燮友

洪漢鼎　孫效智　秦夢群　高明士　高宣揚

張光宇　張炳陽　陳秀蓉　陳思賢　陳清秀

陳鼓應　曾永義　黃光國　黃光雄　黃昆輝

黃政傑　楊維哲　葉海煙　葉國良　廖達琪

劉滄龍　黎建球　盧美貴　薛化元　謝宗林

簡成熙　顏厥安（以姓氏筆畫排序）

策劃　楊榮川

五南圖書出版公司 印行

經典名著文庫

學術評議者簡介（依姓氏筆畫排序）

- 丘為君　美國俄亥俄州立大學歷史研究所博士
- 吳惠林　美國芝加哥大學經濟系訪問研究、臺灣大學經濟系博士
- 宋鎮照　美國佛羅里達大學社會學博士
- 林玉体　美國愛荷華大學哲學博士
- 邱燮友　國立臺灣師範大學國文研究所文學碩士
- 洪漢鼎　德國杜塞爾多夫大學榮譽博士
- 孫效智　德國慕尼黑哲學院哲學博士
- 秦夢群　美國麥迪遜威斯康辛大學博士
- 高明士　日本東京大學歷史學博士
- 高宣揚　巴黎第一大學哲學系博士
- 張光宇　美國加州大學柏克萊校區語言學博士
- 張炳陽　國立臺灣大學哲學研究所博士
- 陳秀蓉　國立臺灣大學理學院心理學研究所臨床心理學組博士
- 陳思賢　美國約翰霍普金斯大學政治學博士
- 陳清秀　美國喬治城大學訪問研究、臺灣大學法學博士
- 陳鼓應　國立臺灣大學哲學研究所
- 曾永義　國家文學博士、中央研究院院士
- 黃光國　美國夏威夷大學社會心理學博士
- 黃光雄　國家教育學博士
- 黃昆輝　美國北科羅拉多州立大學博士
- 黃政傑　美國麥迪遜威斯康辛大學博士
- 楊維哲　美國普林斯頓大學數學博士
- 葉海煙　私立輔仁大學哲學研究所博士
- 葉國良　國立臺灣大學中文所博士
- 廖達琪　美國密西根大學政治學博士
- 劉滄龍　德國柏林洪堡大學哲學博士
- 黎建球　私立輔仁大學哲學研究所博士
- 盧美貴　國立臺灣師範大學教育學博士
- 薛化元　國立臺灣大學歷史學系博士
- 謝宗林　美國聖路易華盛頓大學經濟研究所博士候選人
- 簡成熙　國立高雄師範大學教育研究所博士
- 顏厥安　德國慕尼黑大學法學博士

經典名著文庫190

社會學的想像力

The Sociological Imagination

賴特・米爾斯（Charles Wright Mills）著
李　康譯

經典永恆・名著常在

五十週年的獻禮・「經典名著文庫」出版緣起

總策劃 楊榮川

五南，五十年了。半個世紀，人生旅程的一大半，我們走過來了。不敢說有多大成就，至少沒有凋零。

五南忝為學術出版的一員，在大專教材、學術專著、知識讀本出版已逾壹萬參仟種之後，面對著當今圖書界媚俗的追逐、淺碟化的內容以及碎片化的資訊圖景當中，我們思索著：邁向百年的未來歷程裡，我們能為知識界、文化學術界做些什麼？在速食文化的生態下，有什麼值得讓人雋永品味的？

歷代經典・當今名著，經過時間的洗禮，千錘百鍊，流傳至今，光芒耀人；不僅使我們能領悟前人的智慧，同時也增深加廣我們思考的深度與視野。十九世紀唯意志論開創者叔本華，在其〈論閱讀和書籍〉文中指出：「對任何時代所謂的暢銷書要持謹慎的態度。」他覺得讀書應該精挑細選，把時間用來閱讀那些「古今中外的偉大人物的著作」，閱讀那些「站在人類之巔的著作及享受不朽聲譽的人們的作品」。閱讀就要「讀原著」，是他的體悟。他甚至認爲，閱讀經典原著，勝過於親炙教誨。他說：

> 「一個人的著作是這個人的思想菁華。所以，儘管一個人具有偉大的思想能力，但閱讀這個人的著作總會比與這個人的交往獲得更多的內容。就最重要的方面而言，閱讀這些著作的確可以取代，甚至遠遠超過與這個人的近身交往。」

爲什麼？原因正在於這些著作正是他思想的完整呈現，是他所有的思考、研究和學習的結果；而與這個人的交往卻是片斷的、支離的、隨機的。何況，想與之交談，如今時空，只能徒呼負負，空留神往而已。

三十歲就當芝加哥大學校長、四十六歲榮任名譽校長的赫欽斯（Robert M. Hutchins, 1899-1977），是力倡人文教育的大師。「教育要教眞理」，是其名言，強調「經典就是人文教育最佳的方式」。他認爲：

> 「西方學術思想傳遞下來的永恆學識，即那些不因時代變遷而有所減損其價值

的古代經典及現代名著，乃是眞正的文化菁華所在。」

這些經典在一定程度上代表西方文明發展的軌跡，故而他爲大學擬訂了從柏拉圖的《理想國》，以至愛因斯坦的《相對論》，構成著名的「大學百本經典名著課程」。成爲大學通識教育課程的典範。

歷代經典．當今名著，超越了時空，價值永恆。五南跟業界一樣，過去已偶有引進，但都未系統化的完整舖陳。我們決心投入巨資，有計劃的系統梳選，成立「經典名著文庫」，希望收入古今中外思想性的、充滿睿智與獨見的經典、名著，包括：

- 歷經千百年的時間洗禮，依然耀明的著作。遠溯二千三百年前，亞里斯多德的《尼各馬科倫理學》、柏拉圖的《理想國》，還有奧古斯丁的《懺悔錄》。
- 聲震寰宇、澤流遐裔的著作。西方哲學不用說，東方哲學中，我國的孔孟、老莊哲學，古印度毗耶娑（Vyāsa）的《薄伽梵歌》、日本鈴木大拙的《禪與心理分析》，都不缺漏。
- 成就一家之言，獨領風騷之名著。諸如伽森狄（Pierre Gassendi）與笛卡兒論戰的《對笛卡兒沉思錄的詰難》、達爾文（Darwin）的《物種起源》、米塞斯（Mises）的《人的行爲》，以至當今印度獲得諾貝爾經濟學獎阿馬蒂亞．

森（Amartya Sen）的《貧困與饑荒》，及法國當代的哲學家及漢學家余蓮（François Jullien）的《功效論》。

梳選的書目已超過七百種，初期計劃首爲三百種。先從思想性的經典開始，漸次及於專業性的論著。「江山代有才人出，各領風騷數百年」，這是一項理想性的、永續性的巨大出版工程。不在意讀者的眾寡，只考慮它的學術價值，力求完整展現先哲思想的軌跡。雖然不符合商業經營模式的考量，但只要能爲知識界開啓一片智慧之窗，營造一座百花綻放的世界文明公園，任君遨遊、取菁吸蜜、嘉惠學子，於願足矣！

最後，要感謝學界的支持與熱心參與。擔任「學術評議」的專家，義務的提供建言；各書「導讀」的撰寫者，不計代價地導引讀者進入堂奧；而著譯者日以繼夜，伏案疾書，更是辛苦，感謝你們。也期待熱心文化傳承的智者參與耕耘，共同經營這座「世界文明公園」。如能得到廣大讀者的共鳴與滋潤，那麼經典永恆，名著常在。就不是夢想了！

二〇一七年八月一日　於

五南圖書出版公司

獻給哈威（Harvey）與貝蒂（Bette）

導讀

佛光大學社會學暨社會工作學系教授兼教務長
林信華

《社會學的想像力》（*The Sociological Imagination*）一書出版於一九五九年，由美國知名社會學家米爾斯（C. W. Mills, 1916-1962）所著。就如同書名一樣，著作內容充滿了想像力。在閱讀的過程中，也可以看見米爾斯對當代社會科學與學術界有著恨鐵不成鋼的心情。縱使如此，我們在字裡行間也可以看出，米爾斯是在試圖力挽狂瀾，希望爲社會科學找到適當又有力量的道路。閱讀這本書，除了可以對社會科學有著初步的了解之外，更重要的是對一位社會科學家的努力有所感覺，也對當代社會的處境有所窺見。

一、「社會學的想像力」是指涉一種心智特質的符號

米爾斯在著作中所進行的想像力，正是他希望可以成爲一種時代心智能力的社會學想像力。他寫這本書，事實上也是在以身作則。

米爾斯所認爲的社會科學眞正任務，是可以洞悉個人的煩惱乃是深植於社會結構，並且是具有歷史向度。而承載這個社會科學的任務，需要一種心智特質，米爾斯正是以「社會學的想像力」這個術語或符號，來傳達他的起心動念。

其實將個人、社會結構以及歷史結合在一起思考的社會科學，一直以來都存在著。大家會有疑問，難道過去的年代沒有這種「社會學的想像力」？「社會學的想像力」首先當然只是一個術語或符號，它的意義或作用只是在指涉被論及的學術或社會特性。沒有一種想像力是以社會學的、哲學的或者心理學的形式而存在，但我們可以說，想像力有社會學的、哲學的或者心理學的特性，而這也只不過是學術上的敘述而已。「社會學的想像力」所指涉的心智特質，可以在古典的社會科學中被看見，但之後的社會科學就抓不到眞正的重點或者已經有所偏差。也因爲如此，對於當今社會的理解與研究，米爾斯認爲已經不適合用目前的社會科學來進行，因爲他們已經有所局限或偏差。

時代似乎正在形成一種心智特質，它與之前的社會科學不一樣，並且比較可以實際反映我們的社會生活。而這種可能的心智特質需要被精準地揭露，米爾斯的著作其實是在做這一件事情。他一方面以「社會學的想像力」這個術語或符號來指引大家（您也可以用別的術語或符號），另一方面當大家看完著作，並了解社會科學應該具有的特性時，這個特性就是米爾斯要告訴您的，它是「社會學的想像力」。

二、「社會學的想像力」希望把個人的不安帶入社會結構與歷史進程中來理解

對於我們這個時代的特性，社會科學在文化使命上到底具有什麼意義？這是米爾斯在這本著作所呈現的另一個起心動念。有哪些努力是本著這個文化使命正在發展的，特別是在美國這個社會中，它們是米爾斯認爲可以推動「社會學的想像力」。

有的，存在一些「努力」。而這些「努力」正在做什麼呢？它們首先面對的事情，基本上是時代的不安、苦惱、漠然，以及伴隨而來的價值威脅。每個人在當代社會結構中生活著，但總是覺得不對勁。但到底是什麼情況，每個人其實也是不清楚的。怎麼讓個人稍微清楚這些情況，並在社會科學上形成問題的意識，是米爾斯所看見的「努力」。

米爾斯相信，透過這些「努力」，新的社會科學可以慢慢成爲我們這個時代的共同尺度，而這就是米爾斯所稱的「社會學的想像力」，它是我們需要的心智特質。這種共同尺度與心智特質的形成是日積月累，並且通常是在迷霧當中摸索出來的。

人們對自己的不安或漠然，並不清楚，當然更無法去弄清楚它們。「社會學的想像力」就是可以弄清楚這些現象的初步努力，它是一種時代的心智特質。而這通常會涉及到這樣的事情，就是在自己的生活模式與世界的歷史進程之間，有著錯綜複雜的關聯。並且這種關聯就是影響到自己怎麼會變成這樣的人，以及自己對歷史建構到底有著什麼樣的角色。

換句話說，要把握人與社會、人生與歷史、自我與世界之間的相互作用，就必須有特

定的心智特質──「社會學的想像力」。這種心智特質其實不只是資訊以及理性思考的技巧。提供資訊給大家，當然不足以擁有這種心智特質，因爲大家通常只是淹沒在這些龐大的資訊當中而已。而理性思考的技巧通常也只會讓大家虛耗腦力，看到的盡是表面的東西。運用資訊和發展理性，才是有力量的心智特質，它至少可以看出周邊世界正在發生什麼，自己又會遭遇到什麼。

這種心智特質或「社會學的想像力」可以讓個人在理解更大的歷史景觀時，更具力量，並且思考它對於個體的內在生命與外在生活的意義。我們開始會去思考，當我們陷於一片混亂的生活經驗時，爲什麼常常對自己的社會位置，會產生虛假的意識？初步弄清楚這個事情之後，個人可能可以將不安轉爲明確的困擾，社會可以將漠然轉爲被關注的公共議題。

三、當代社會科學只注重方法、理論或者專注小細節，遺忘了「社會學的想像力」

米爾斯提出大家應該具備的「社會學的想像力」，很自然地是來自對目前很多社會科學工作的疑慮。他首先認爲很多社會科學家對眞正的問題缺乏敏感度，甚至漠視或者誤解，並造成當今學術界的困境。這些局限與誤解，米爾斯以書籍的前五章做初步的說明。

首先是宏大理論的迷失。米爾斯認爲，如果我們立足的思考層次過於抽象或一般，那將很難與具體的現象連結並作出清楚的觀察。宏大理論的局限就是執著於普遍性，並且這普遍性很難再回到社會與歷史結構的問題當中。例如，對於帕森斯（T. Parsons）的制度理論，我們很難提出什麼經驗上的問題，一切似乎指向所有權力具有正當性。因此，對於人類一直在追尋的社會秩序與其問題，似乎在此不可能找到任何的答案。這裡只是一個框架，進而把人類歷史的各種素材都塡補上去，縱使在這裡推導出關於未來的預先判斷，對於米爾斯而言，仍然只是種種陰暗的論調而已。

其次是抽象經驗論者的局限。社會科學要研究的實際問題在這裡成爲討論方法和理論，也就是先確立方法和理論，所要觀察的問題才會浮現。如此一來，社會科學家對科學哲學的關心，就更甚於社會研究本身。一般來說，這也是我們常聽到的知識論建構，科學方法是最重要的核心，方法論似乎決定了問題。米爾斯認爲，這些工作只是沒完沒了的拆解與重組而已。

另外，著重小情境與其細節的研究，只是大雜燴的工作而已。現在大部分美國學術與研究人員都變成了行政機器中的專家，大家爲了研究經費以及工作職位，思考的重點很多是小的情境與其細節。這在直接或間接的結果上，大家變成了官僚或意識形態的角色，因而遺忘了眞正的任務是要揭露既定結構的性質，並研究社會整體。因而對於這種現象，米爾斯認爲容易淪爲社會科學中某種打零工的人，內容就是研究各種學術剩餘的大雜燴。

接著我們可以看見，這些大雜燴的工作往往夾帶著官僚習氣。大家爲了官僚目的而進行的調查研究，爲當權者提供了擬訂計畫的有用資訊，使權威更具效力和效率。總而言之，理論或學問爲權威提供意識形態的合理化。

最後，如果只討論方法和理論，那將遺忘實際的問題。古典社會科學的焦點與靈魂，是實際存在的各種問題。方法和技術只是在力求精確性以及理論深度的考量上，才會被思考。概念的組合或堆積，不應該成爲自主的領域，方法只是針對某種問題範圍的方法，理論只是針對某種現象範圍的理論。一個概念乃是一個觀念加上經驗內容。如果觀念大過內容太多，就會步入宏大理論的後塵，如果內容吞沒了觀念，也會邁入抽象經驗理論的迷失。

四、「社會學的想像力」應是以問題意識爲導向，把個人不安轉換成公共議題，並將公共議題轉換成對個體的人生意義

了解以上各種局限與誤解之後，我們首先會開始意識到，任何一個人事實上都生活在某個社會當中。每個人都有他的人生，並且是在某個社會結構與歷史當中的人生。就算他是由社會或歷史所塑造，他的人生都會對這個社會生活以及歷史進程產生影響，無論這份力量是多麼微不足道。

現在，透過「社會學的想像力」，我們可以期望把握社會事務的進展，並且理解自身的遭遇。如此，我們在看待自己時，也許就不會那麼陌生。有了這樣的立足點時，我們可以進

一步了解前面所提到的不安、漠然以及困擾的基本問題。困擾發生在個人的生活當中，同時發生在他的社會關係當中。因此，這些困擾觸及的就是整個社會場景。困擾是一種私人事務，而議題所涉及的事情，當然會超出他內在生活的範圍。

這需要一種可以超出個人情境的眼光，特別是在生活關聯愈來愈複雜的現代生活中。察覺到這種關聯，是一種眼光與能力，也就是「社會學的想像力」。有了這樣的「社會學的想像力」，我們就可能了解到一些已經被忽略的議題。米爾斯對此，也以著作的後面四章來加以進一步的補充。其實也是更進一步讓讀者了解什麼是「社會學的想像力」。

首先，社會科學適當的研究對象乃是人類多樣性，這包括過去、現在與未來所生活的一切社會世界。在這種多樣性的基礎上，我們必須避免學院科系的恣意專業化，我們應該根據主題，尤其是問題，有彈性地分工與合作。因此，比較性研究也是現今社會科學最具前景的發展路線，也是最容易收到效果的工作。我們應該根據問題來進行分工與合作，而非盲從學院的專業化。在米爾斯看來，這就是正在發生的事情。

其次，社會科學所處理的事情，應該是傳記、歷史及兩者在社會結構內的交互作用等問題，我們總是需要運用到歷史所提供的多樣性。對於社會問題的定義，除非我們有比較的方式以及歷史多樣性的資料，否則會很難進行有效的研究工作。換句話說，要理解任何一個社會，就必須落實到其所處的特定時期。相反地，如果認爲存在著共同人性的看法，就違背了人文研究所必備的社會與歷史特殊性原理。

另外，個人煩惱與公共議題有時候會與理性與自由的討論連結在一起，我們已經知道，這不能被建構成一個宏大理論，但也不能將它們處理成一系列的小規模議題，或者局限在零散情境內的煩惱。這些煩惱與議題是結構性的問題，我們必須以人類傳記與世代歷史等古典語彙，才能把這些問題陳述清楚。

因此，最後米爾斯認爲社會科學家的政治任務乃是不斷地把個人煩惱轉換成公共議題，並將公共議題轉換成對個體的人生意義。在著作中展現出「社會學的想像力」，也是社會科學家的任務。學術社群應該致力於研究不安與議題，將它們建構成社會科學的問題。如此一來，也才能實現社會科學中的古典價值。

目次

第一章 承諾

現今，人們往往覺得，自己的私人生活就是一道又一道的陷阱。在日常世界裡，他們覺得自己無法克服這些困擾。而這種感覺往往還頗有道理：普通人直接意識到什麼，又會努力做什麼，都囿於自己生活其間的私人圈子。他們的眼界、他們的力量，都受限於工作、家庭、鄰里那兩畝三分地。而在別的情境下，他們的行止只能透過別人的感受，自己始終是個旁觀者。對於超出他們切身所處的那些抱負和威脅，他們愈是有所意識，無論多麼模糊，似乎就會感到陷得愈深。

而支撐著這種陷阱感的，正是五湖四海各個社會的結構本身所發生的那些看似非個人性的變遷。當代歷史的諸般史實，也正是芸芸眾生勝負成敗的故事。隨著一個社會走向工業化，農民成了工人，而封建領主也被清除或成為商人；隨著各個階級的起伏興衰，個人也找到崗位或丟了飯碗；隨著投資回報的漲跌，人也會追加投資或宣告破產。戰事一開，保險業務員扛起了火箭筒，商店員工操作起了雷達，妻子獨自在家過日子，孩子的成長也沒有父親的陪伴。無論是個體的生活，還是社會的歷史，只有結合起來理解，才能有所體會。

不過，人們通常不從歷史變遷和制度矛盾的角度出發，來界定自己所經歷的困擾。他們只管享受安樂生活，一般不會將其歸因於所處社會的大起大落。普通人很少會意識到，自己生活的模式與世界歷史的進程之間，有著錯綜複雜的關聯。他們通常並不知道，這種關聯如何影響到自己會變成哪種人，如何影響到自己可能參與怎樣的歷史塑造。要把握人與社會、人生與歷史、自我與世界之間的相互作用，必須有特定的心智品質，而他們並不具備這樣的品質。他們沒有能力以特別的方式應對自己的私人困擾，以控制通常隱伏其後的那些結構轉型。

當然，這也不足爲奇。有那麼多人，如此澈底、如此迅疾，遭遇如此天翻地覆的變遷，這是什麼樣的時代？而美國人之所以不了解這樣的劇變，正如其他社會的眾生男女所了解的那樣，是因爲一些正迅速變成「都只是歷史了」的史實。如今影響著每一個人的歷史，是世界歷史。置身這個時代的這個舞臺，僅僅一代人的工夫，人類的六分之一就從完全的封建落後狀況，轉變成現代、發達卻又令人滿懷憂懼的狀況。政治上的殖民地獲得了解放，但新型的、不那麼顯見的帝國主義形式卻開始扎根。革命爆發了，人們卻感受到新型權威的嚴密掌控。極權主義社會興起了，然後又被澈底摧毀，或者令人難以置信的大獲成功。資本主義經歷了兩百年的上升趨勢，如今看來，只是讓社會成爲某種工業機器的一種方式。抱持了兩百年的企盼，人類也只有很少一部分獲得了哪怕是形式上的民主。在低度發展世界，到處都能看到古老的生活方式被摧毀，朦朦朧朧的期待化作了迫不及待的要求。而在高度發展的世界，到處都能看到種種權威手段和暴力手段在範圍上變成總體性的，在形式上也變成科層性的。人性本身現在就擺在我們面前，無論是哪一極的超級大國，都以驚人的協調能力和龐大規模，竭力準備著第三次世界大戰。

如今，歷史的面貌可謂日新月異，讓人們感到力不從心，難以基於往昔珍視的價值找尋方向。那是些什麼價值？即使在尚未陷入恐慌的時候，人們也常常感到，老派的感覺和思維方式已經瓦解，新的萌芽卻還曖昧不清，導致道德上的阻礙。普通人驟然面對那些更廣闊的世界，自覺無力應對；他們無法理解所處的時代對於自己生活的意義；他們出於自我防禦，在道德上愈來愈麻木，試圖澈底成爲私己的人，這些又有什麼奇怪的呢？他們逐漸感到墜入陷阱，又有什麼可驚奇的呢？

他們所需要的並不只是資訊。在這個「事實的時代」，資訊往往主宰了他們的注意力，並完全超出了他們的吸收能力。他們所需要的也不僅僅是理性思考的技能，儘管他們獲得這些技能的努力卻往往耗盡了本來就有限的道德能量。

他們所需要的，以及他們感到他們所需要的，是一種特定的心智品質，能夠有助於他們運用資訊、發展理性，以求清晰地概括出周邊世界正在發生什麼、他們自己又會遭遇到什麼。我的主張是，從記者到學者、從藝術家到公眾、從科學家到編輯，都愈來愈期待具備這種心智品質，不妨稱之爲社會學的想像力。

一

具備社會學的想像力的人，就更有能力在理解更大的歷史景觀時，思考它對於形形色色個體的內在生命與外在生涯的意義。社會學的想像力有助於他考慮，個體陷於一團混沌的日常體驗，如何常常對自己的社會位置產生虛假意識。在這一團混沌中，可以探尋現代社會的框架，進而從此框架中梳理出各色男女的心理狀態。由此便可將個體的那些個人不安轉爲明確困擾；而公眾也不再漠然，轉而關注公共論題。

這種想像力的第一項成果，也是體現它的社會科學的第一個教益，就是讓人們認識到：個體若想理解自己的體驗，估測自己的命運，就必須將自己定位到所處的時代；他要想知曉自己的生活機會，就必須搞清楚所有與自己境遇相同的個體的生活機會。這個教益往往會是痛苦的一課，但又常常讓人回味無窮。究竟是堅毅卓絕還是自甘墮落、是沉鬱痛苦還是輕鬆歡快、是樂享恣意放縱的快活，還是品嘗理性思考的醇美，對於人的能力的這些極限，我們並不知道。但如今我們開始明白，所謂「人性」的極端，其實天差地別、令人驚懼。我們開始明白，無論是哪一代人、哪一個人，都生活在某個社會當中；他活出了一場人生，而這場人生又是在某個歷史序列中演出的。話說回來，就算他是由社會塑造的，被其歷史洪流挾帶推搡而行，單憑他活著這樁事實，他就對這個社會的形貌，對這個社會的歷史進程，出了一份力，無論這份力量是多麼微不足道。

社會學的想像力使我們有能力把握歷史、把握人生，也把握這兩者在社會當中的關聯。這就是社會學的想像力的任務和承諾。而經典社會分析家的標誌就是接受這一任務和承諾。無論是言詞誇張、絮叨囉嗦、無所不寫的赫伯特·斯賓塞（Herbert Spencer），還是風度優雅、尋根究柢、善良正直的羅斯（E. A. Rose）；無論是奧古斯特·孔德（Auguste Comte）還是愛彌爾·涂爾幹（Émile Durkheim）；抑或是敏感糾結的卡爾·曼海姆（Karl

Mannheim），都具有這一特徵。卡爾・馬克思（Karl Marx）之所以在智識上出類拔萃，根本上基於這一品質；托斯丹・韋伯倫（Thorstein Veblen）之所以洞見犀利、飆才卓異；約瑟夫・熊彼得（Joseph Schumpeter）之所以能從多種角度建構現實，關鍵皆在於這一品質。馬克斯・韋伯（Max Weber）的深刻與明晰概源於此，萊基（Lecky）的心理學視野同樣建基於此。當代有關人和社會的研究，精華的標誌正在於這一品質。

任何社會研究，如果沒有回到有關人生、歷史以及兩者在社會中的相互關聯的問題，都不算完成了智識探索的旅程。不管經典社會分析家的具體問題是什麼，無論他們考察的社會現實多麼局促或寬廣，只要充滿想像力地意識到自己工作的承諾，都會堅持不懈地追問三組問題：

(1)這個特定的社會作爲整體的結構是什麼？它的基本要素有哪些？彼此如何關聯？它與其他社會秩序有何分別？在其內部，任一具體特徵對該社會的維續和變遷具有什麼意義？

(2)這個社會在人類歷史上居於什麼位置？是什麼樣的動力在推動著它不斷變遷？在整個人類的發展中，它居於什麼位置？又具有什麼意義？我們所考察的任一具體特徵，是如何影響了它所屬的歷史時期，又是如何受後者影響？至於這一歷史時期，它具有哪些基本特點？與其他時期有何差別？它塑造歷史的方式有著怎樣的特色？

(3)在這個社會、這個時期，男人和女人的主流類型一般是什麼樣子？未來的趨勢如何？他們是怎樣被選擇、被塑造的？是怎樣被解放或被壓迫的？又是怎樣變得敏感或遲鈍的？在這個社會、這個時期，我們觀察到的行爲和性格中，揭示出哪些類型的「人性」？我們所考察的社會的方方面面，對於「人性」有著怎樣的意義？

無論我們感興趣的是一個強權大國，還是一種意境、一戶家庭、一所監獄、一則教義，一流的社會分析家都要追問這些問題。它們是有關社會中的人的經典研究的學術支點，是任何具備社會學的想像力的頭腦必然會提出的問題。因爲所謂想像力，就是有能力從一種視角轉換到另一種視角，例如從政治視角轉向心理視角；從對單個家庭的考察轉向對全球各國預算的比較評估；從神學院轉向軍事機構；從石油工業轉向當代詩壇。這種能力，上及最爲遙遠、最非人化的轉型，下至有關人的自我的最私密的特徵，並且還能考察這兩端之間的關係。在運用社會學的想像力時，始終蘊含著一種衝動，要去探知，個體既置身於這個社會、這個時期，又賦予其品質和存在，在社會維度和歷史維度上具有什麼意義。

綜上諸因，借助社會學的想像力，人們現在可以期望把握世事進展，理解自身遭遇，視之爲人生與歷史在社會中的相互交織的細小節點。當下的人在看待自己時，就算不是作爲永遠的陌生人，至少也會自覺地作爲一個旁觀者。這種立場在相當程度上有賴於深刻認識到社會的相互依存性，認識到歷史的轉型力量。而這種自覺意識最有益的形式，就是社會學的想像力。運用這種想像力，原本心智活動範圍狹隘的人，往往開始感到，彷彿在一座自己本該熟悉的房子裡突然驚醒。無論正確與否，他們往往開始覺得，自己現在可以得出充分的概括、統合的評估、全面的定向。過去顯得理據充分的決定，現在看來，似乎成了無法解釋的糊塗腦袋的產物。他們感受驚奇的能力重獲生機。他們獲得了新的思維方式，經歷了價值的重估。簡言之，他們透過冷靜的反思和敏銳的感受，認識到社會科學的文化意義。

二

在運用社會學的想像力時，最有益的區分或許就是「源於周遭情境的個人困擾」（the personal troubles of milieu），與「關乎社會結構的公共議題」（the public issues of social structure）。這種區分是社會學想像力的基本工具，也是社會科學中所有經典研究的共有特徵。

困擾發生在個人的性格當中，發生在他與別人的直接關係當中；它們必然牽涉到他的自我，牽涉到社會生活中他直接地、切身地意識到的那些狹隘的領域。因此，這些困擾的表述和解決，完全在於作爲一個人生整體的個體、在於他的切身情境所及，而他的個人經歷，以及某種程度上他的有意活動，所能直接觸及的就是這樣的社會場景。困擾是一種私人事務：某個人覺得自己所珍視的價值遭到了威脅。

而**議題**所涉及的事情，則必然會超出個體所置身的這些局部環境，超出他內在生活的範圍。它們必然涉及許多這類情境是如何組合成作爲整體的歷史社會的各項制度，而各式各樣的情境又是如何相互交疊，彼此滲透，以形成社會歷史生活的更宏大結構。議題是一種公共事務：公眾覺得自己所珍視的某種價值遭到了威脅。至於那種價值究竟是什麼、威脅它的到底是什麼，往往眾說不一。這樣的爭論常常缺乏焦點，哪怕只是因為議題本質如此，不像困擾，甚至是廣為蔓延的困擾，無法基於普通人切近的、日常的環境，對議題做出精準的界定。事實上，議題還往往牽扯到制度安排方面的某種危機，而且經常關乎馬克思主義者所說的「矛盾」或「對立」。

不妨從這些角度來看看失業問題。在一座擁有十萬人口的城市，如果只有一個人失業，那這就是他的個人困擾。要想施以救濟，我們應該看看這人的性格，還有他的技能，看看他眼前有什麼機會。但在一個擁有五千萬就業人口的國度裡，如果有一千五百萬人失業，這就成了公共議題，我們不能指望在任何一個人所面臨的機會的範圍內，就能找到解決之道。因為機會的結構本身已經崩潰。要想正確地表述問題所在，並找出現實可行的解決辦法，我們就必須考察整個社會的經濟制度和政治制度，而不只是零散個體的個人處境和性格。

再來看看戰爭。戰爭一旦爆發，相關的個人問題也許是如何保全生命或死得榮耀、如何趁機大撈一筆、如何在軍隊系統爬得更高從而保全自己，或是如何為結束戰爭盡一分力。簡言之，要根據一個人所持有的價值，找到一套情境，在其中求得安全保命，或是讓自己的犧牲在其中變得富有意義。但有關戰爭的結構性議題必須涉及它的起因；涉及它讓什麼類型的人匆促上位，發號施令；涉及它對經濟制度、政治制度、家庭制度和宗教制度產生了什麼影響；以及這個由民族國家組成的世界爲何陷入混亂無序、無人負責。

還有婚姻。在一樁婚姻裡，一個男人和一個女人可能會體驗到個人困擾。但如果結婚四年後的離婚率達到每一千對夫妻中有兩百五十對離婚，這就表明婚姻家庭制度以及影響他們的其他制度出現了某種結構性問題。

還不妨來看看大都市（metropolis），也就是令人恐懼、美醜混雜、壯麗奢華、肆意蔓延的大城市（the great city）。在許多上層階級人士眼中，對於「城市問題」的個人解決辦法，就是在市中心買套帶私家車庫的公寓，而在四十英里開外，擁有一片方圓百畝的私有土地，裡面有一座亨利・希爾（Henry Hill）設計的房子，附帶蓋瑞特・埃克博（Garrett Eckbo）設計的園林。①兩處環境皆屬可控，兩邊都有一小隊服務人員，並乘私人直升機交通往返。在這樣的可控環境下，絕大多數人都能解決城市現狀所導致的個人情境的許多問題。但無論這一切多麼令人讚歎，也不能緩解城市的結構性現狀所引發的公共議題。該如何對付這種令人驚歎的畸形怪狀呢？把城市全部拆分成零散的單元區域，融合居住區與工作

①亨利・希爾（一九一三—一九八四），美國著名建築設計師。蓋瑞特・埃克博（一九一〇—二〇〇〇），美國著名景觀設計師。一九五〇年他出版《宜居景觀》（*Landscape for Living*）一書，闡明花園的功能意義，說明怎樣將市郊生活的日常必需設施如曬衣場、兒童遊戲沙坑和燒烤野餐地等融入新花園設計。——譯注

區？在現有區位上重新翻建？或者澈底清空炸毀，另擇他地重繪藍圖，築造新城？那又該有怎樣的新計畫呢？不管決策如何，誰是決策者、誰又是執行者呢？這些議題都是結構性的。我們要直面這些議題，求得解決之道，就必須考慮那些影響著數不清的情境的政治經濟議題。

只要經濟安排不佳，導致疲軟，失業的問題就不再是個人能解決的了。只要戰爭是民族國家體系和世界工業化進程不平衡的題中應有之義，普通人囿於逼仄情境，無論有沒有心理援助，都不會有能力解決這種體系或者體系的匱乏強加給他的那些困擾。只要家庭作爲一項制度，把女人變成形同奴役的寵物，把男人變成獨挑大梁的供養者和斷不了奶的依賴者，那麼純粹私人的辦法就始終不能解決美滿婚姻的問題。只要過度發達的都市圈（megalopolis）和過度發展的小汽車是一個過度發展的社會的固有特性，那麼僅憑個人才智和私有財富就無法紓解都市生活的議題。

如前所述，我們在各式各樣具體情境中的體驗，往往是由結構性的變遷所導致的。有鑒於此，要想理解許多個人情境中的變遷，我們就必須有超出這些個人情境的眼光。而隨著我們生活其間的這些制度涵蓋面愈來愈廣，彼此關聯愈來愈複雜，這類結構性變遷也日漸增多、愈益複雜。要想對社會結構的觀念有清醒認識，並能敏銳運用，就要有能力透過紛繁多樣的情境捕捉到這類關聯。如果能做到這一點，也就具備了社會學的想像力。

三

在我們這個時代，公眾面臨的主要議題是什麼？私人經受的關鍵困擾又有哪些？我們要想梳理出這些議題和困擾，就必須搞清楚，在我們所處時期的標誌性趨勢下，有哪些價值備受珍視卻遭受威脅，又有哪些價值備受珍視同時也得到宣導。無論我們討論的價值是遭受威脅還是得到宣導，我們都必須要問，這裡可能牽涉到哪些突出的結構性矛盾？

當人們珍視某些價值，並且不覺得它們面臨什麼威脅，就會體驗到安樂（well-being）。而當他們珍視某些價值，但**的確**感到它們面臨威脅，就會體驗到危機，要麼限於個人困擾，要麼成爲公眾議題。一旦他們所抱持的價值似乎無一倖免，他們就會覺得受到整體威脅而陷入恐慌。

但是，假如人們對自己珍視什麼價值渾渾噩噩，又或者沒有體驗到任何威脅呢？這就是所謂**漠然**（indifference）的體驗。而如果這種態度似乎波及所有價值，那就成了麻木（apathy）。最後，假如他們渾然不知自己珍視什麼價值，但依然非常清楚威脅本身的存在呢？那就會體驗到**不安**（uneasiness），體驗到焦慮（anxiety），如果牽涉面足夠廣泛，就成了完全無法指明的不適（malaise）。

我們的時代瀰漫著不安和漠然，但又還不能得到清楚闡明，接受理性的分析和感性的體察。它們往往只限於模糊的不安造成的苦惱，而不是從價值和威脅的角度得到明確界定的困擾。它們往往只是沮喪的情緒，讓人覺得一切都有些不對勁，卻不能上升爲明確的論題。人們既說不清面臨威脅的價值是什麼，也道不明究竟是什麼在威脅著它們。一句話，它們還沒到能讓人做出決策的程度，更不用說被明確梳理成社會科學的問題了。

在一九三〇年代，人們基本沒有什麼懷疑，只有某些自欺欺人的工商界人士覺得經濟議題也就是一堆個人困擾。在這些有關「資本主義的危機」的爭論中，馬克思的梳理，以及許多未曾明言的對其著述的重新梳理，或許確立了這個議題的主導論調，有些人開始從這些角度來理解自己的個人困擾。大家都很容易看到是哪些價值遭受威脅並予以珍視，而威脅它們的結構性矛盾也似乎一目了然。人們對這兩點都有廣泛而深切的體驗。那是一個講政治的年代。

然而，對於二戰之後遭受威脅的這些價值，人們往往既沒能廣泛承認其爲價值，也沒能普遍感受到它們面臨威脅。大量私人的不安就這麼得不到梳理，大量的公共不適，以及眾多極具結構相關性的決策，都從未成爲公共議題。而對於接受理性和自由之類的傳統價值的人來說，不安本身就是困擾，漠然本身就是議題。這種不安和漠然的境況，就是我們時代的標誌性特徵。

這一切是如此令人矚目，以至於觀察家們往往解釋道，如今需要梳理的問題的類型本身已經有了變化。我們常常被告知，我們這十年的問題，甚至我們時代的危機，已經不再是經濟這個外部領域，現在是與個人生活品質有關，牽涉到這麼一個問題：是否不久之後就不再有什麼可以恰當地稱之爲個人生活了。關注的焦點不再是童工，而是漫畫；不再是貧困，而是大眾休閒。不僅有許多私人困擾，而且是許多重大公共議題，都被從「精神病學」的角度來描述。這樣的努力往往顯得可悲，是在回避現代社會的大議題、大問題。這樣的表述往往顯得只是基於一種狹隘的地方意識，只對西方社會感興趣，甚至只對美國感興趣，從而忽略了全人類其他三分之二的人口。它還常常武斷地將個人生活與更大範圍的制度相脫離；而人們的生活就是在那些制度中展開的，後者對於個人生活的影響，有時會比孩童時期的親密環境更爲嚴重。

比如說，如果不考察工作，我們甚至無法表述休閒問題。要想把漫畫書引發的家庭困擾這個問題梳理清楚，就不能不結合當代家庭與社會結構的新近制度之間的新關係，考察當代家庭所面臨的困境。要是沒有認識到，不適與漠然如今已經在多麼大的程度上，構成了當代美國社會的社會風氣和個人傾向，那麼，無論是休閒，還是它那些令人萎靡不振的實際應用，都不會被視爲問題。在這樣的風氣和傾向下，如果沒有認識到，進取心作爲在合作經濟中工作的那些人職業生涯的重要成分，也已遭遇危機，那就無法闡述更無法解決任何有關「私人生活」的問題。

精神分析學者反覆指出，人們的確常常「愈益感到被自己內心無法確定的模糊力量所推動」。確實如此。恩尼斯特・瓊斯（Ernest Jones）曾有言曰：「人的主要敵人和危險就是他自己的桀驁本性，就是他心中被禁錮的黑暗力量。」然而，此言**謬矣**。正相反，現今，

「人的主要危險」乃在於，當代社會本身桀驁難馴的力量以其令人異化的生產方式、嚴絲合縫的政治支配技術、國際範圍內的無政府狀態，簡言之，對人的所謂「本性」，對人的生活的境況與目標，所進行的普遍滲透的改造。

現在，社會科學家在政治上和學術上——兩個維度在此互相重合——的首要任務，就是釐清當代的不安與漠然都包括哪些成分。這是其他文化工作者，從自然科學家到藝術家，乃至於整個學術共同體，對他們提出的核心要求。我相信，正是由於這項任務和這些要求，社會科學將日漸成爲我們這個文化時代的共同尺度，而社會學的想像力也將愈益成爲我們最需要的心智品質。

四

在思想上的每一個時代，都會有某種思考風格趨於成爲文化生活的共同尺度。不過，放眼當下，有許多思想時尚蔚爲流行，卻也只是各領風騷一兩年，然後就被新的時尚所取代。這樣的狂熱或許會使文化這場戲更加有滋有味，但在思想上卻只是輕淺無痕。而像「牛頓物理學」或「達爾文生物學」之類的思維方式則不是這樣。這些思想世界個個影響深遠，大大超出觀念和意象的某一專門領域。無論是引領時尚的論家，還是籍籍無名的學者，都能基於這些思維方式的用語或從中衍生的用語，重新定位自己的觀察，重新梳理自己的關切。

在現代西方社會，物理科學和生物科學已成為嚴肅思考與大眾玄學的主要共同尺度。「實驗室技術」成為普遍接受的程序模式和學術保障的泉源。這就是學術上的共同尺度這一觀念的意義之一：人們可以基於它的用語陳述自己最牢固的信念；而其他用語、其他思考風格，似乎淪為回避問題和故弄玄虛的手段。

一種共同尺度大行其道，並不必然意味著不存在任何其他思維風格或感受模式。不過它的確意味著，往往會有更加普遍的學術興趣轉向這一領域，在那裡得到最明晰的梳理，一旦如此梳理，就會在一定程度上被視為已經成功，即便不是成功找到解決之道，至少也是成功找到一種有益的推進方式。

我相信，社會學的想像力正成為我們文化生活主要的共同尺度，成為其標誌性特徵。這種心智品質體現於社會科學和心理科學，但遠遠不限於我們目前所知的這些研究的範圍。個體乃至整個文化共同體要獲得社會學的想像力，乃需要點滴積累，往往也需要蹣跚摸索，然而許多社會科學家對這種品質缺乏自覺意識。他們似乎不知道，要做出他們可能做出的最佳研究，關鍵就在於運用這種想像力。他們也不明白，由於未能培養出這種想像力並加以應用，也就未能滿足日漸賦予他們的文化期待，那原本是他們這幾個學科的經典傳統留下來的可用遺產。

不過，出於對事實與道德的關注，文學作品和政治分析通常要求具備這種想像力的品質。它們的具體表現形式固然五花八門，但已經成為判定思想努力和文化感受的核心特徵。一流的評論家和嚴肅的新聞記者都很好地展示出這些品質。事實上，兩者的工作往往都是從這些角度來評判的。流行的批評範疇，例如高雅趣味、中產趣味和低俗趣味，現在的社會學意味與美學意味至少可以說不相上下。小說家的嚴肅作品體現著對於人類現實最普遍流傳的界定，往往就蘊含著這種想像力，並努力滿足相關的要求。借此便可以尋求從歷史的角度為當下定向。由於有關「人性」的意象變得更成問題，人們感到愈來愈需要更密切地、更具想像力地關注那些社會慣例和社會巨變，因為它們在這個充滿民間躁動和意識形態衝突的時代揭示著（並塑造著）人的性質。雖說時尚往往正是被應用時尚的嘗試所揭示出來的，但社會學的想像力並不僅僅是一種時尚。它是一種特別的心智品質，似乎以極令人矚目的方式，承諾要結合更廣泛的社會現實，來理解我們自身私密的現實。它並不只是一種與當代諸多文化感受力並立的普通心智品質。**唯有這種**品質，它的應用更為寬廣、更為靈活，並會就此做出承諾：所有這類感受力，其實就是人的理性本身，將會在世間人事中扮演更重要的角色。

自然科學作為更傳統的主要共同尺度，其文化意義愈來愈讓人懷疑了。許多人開始覺得，作為一種思想風格的自然科學有些不夠充分。科學風格的思維和情緒、想像與感受，其充分性當然從一開始就面臨宗教上的質疑和神學上的爭論。但我們的歷代科學前輩們成功地打消了這類宗教質疑。目前的質疑是世俗的，是人本主義的，往往很讓人困惑。自然科學晚近的發展，固然在氫彈的發明及其環球運輸手段方面，達到了技術上的巔峰，卻並未讓人感到，對於更大的思想共同體和文化公眾群體所廣泛知悉並深切思慮的那些問題，它能對其中任何一個提出解決之道。認爲這些發展是高度專業化的探究的結果，這沒有問題，但要覺得它們是令人驚歎的奇蹟，就有些不合適了。它們在思想上和道德上所引發的問題其實多於它們已經解決的問題，而它們所引發的問題則基本全部屬於社會事務，而非自然問題。在高度發達的社會中的人看來，征服自然、克服稀缺，明顯幾近大功告成。如今在這些社會裡，科學作爲這種征服的首要工具，讓人覺得肆無忌憚，漫無目標，有待重估。

現代社會對科學的敬重早已徒具其表，而時至今日，與科學維繫一體的那種技術精神和工程想像，與其說是充滿希望與進步的情懷，更可能是令人驚懼、形象模糊的。誠然，所謂「科學」，意涵並非盡在於此，但人們恐懼的是，這樣的意涵會慢慢成爲科學的全部。人們覺得需要對自然科學進行重估，就反映出需要找尋一種新的共同尺度。從科學的人文意義和社會角色，到其牽涉的軍事議題和商業議題，乃至其政治意涵，都在經受著令人困惑的重估。軍備方面的科學進展有可能導致世界政治重組的「必要性」，但人們並不覺得這種「必要性」僅憑自然科學本身就能解決。

曾經標榜爲「科學」的東西，有許多如今被人們視爲模糊不定的哲學。曾經被當成「眞正的科學」的東西，有許多也常常讓人覺得只不過給出了人們生活其間的那些現實的一些令人困惑的碎片。人們普遍感到，科學人不再試圖描述作爲整體的現實，或者呈現有關人類命運的眞實輪廓。不僅如此，在許多人看來，所謂「科學」與其說是一種創造精神、一種定向手段，不如說是一套「科學機器」，由技術專家操作，受商界和軍界的人控制，而對於作爲精神和取向的科學，這些人既不能體現，也無從理解。與此同時，以科學的名義發言的哲學家們又往往把科學變成「唯科學主義」，把科學的體驗視同人的體驗，宣稱只有借助科學方法，才能解決人生問題。以上種種使許多文化工作者愈來愈覺得，所謂「科學」只是一種自命不凡的虛幻的彌賽亞，充其量不過是現代文明中一種相當曖昧的成分。

不過，借用斯諾（C. P. Snow）的講法，存在著「兩種文化」：科學的文化和人文的文化。無論是歷史還是戲劇，傳記、詩歌還是小說，文學一直都是人文文化的精華。不過，人們現在也經常提出，嚴肅文學在許多方面已經成了一種無關緊要的藝術。如果眞是這樣，那也並不只是因爲大眾群體的擴大，大眾傳媒的發展，以及這一切給嚴肅文學生產帶來的影響。還要看當代歷史的性質如何，以及具備鑑賞力的人們覺得需要如何把握這種性質。

在當代政治事實和歷史現實面前，又有什麼樣的小說、什麼樣的新聞報導、什麼樣的藝術努力，可以一較長短？在二十世紀歷次戰爭事件面前，又有什麼戲劇中的地獄景象能夠與之相稱？對於置身原始積累創痛中的人們的那種道德麻木，又有什麼樣的道德斥責足以衡量深淺？這就是人們想要了解的社會歷史現實，所以他們常常覺得，靠當代文學不足以洞徹眞相。他們渴求事實，追尋事實的意義，希望獲得可以相信的「全貌」，並在其中逐漸理解自身。他們還想獲得助人定向的價值，養成適宜的情感方式、情緒風格和描述動機的詞彙。但他們並不容易在當代文學中找到這些東西。關鍵並不在於是不是**要**在那裡找這些東西，而在於人們往往沒能找到。

從前，文人們身兼評論家和史學家，會在行走英格蘭或遠遊美利堅時撰錄見聞。他們努力概括作爲整體的社會的特徵，並捕捉其間的道德意義。假如托克維爾（Tocqueville）或泰納（Taine）重生當世，他們難道不會成爲社會學家？《泰晤士報》的一位評論員就提出了這個有關泰納的問題，他認爲：

> 泰納始終把人首先看作一種社會動物，把社會視爲多個群體的組合。他的觀察細緻入微，是個孜孜不倦的田野工作者，又具備一種品質……特別有利於洞察社會現象之間的關聯——這種品質就是生氣勃勃。他過於關注當下，從而不能成爲一名傑出史家；他過於擅長理論分析，所以無法試手創作小說；他過於推崇文學，視之爲一個時代或一個國家的文化檔案，故無法成爲第一流的評論家……他有關英國文學的研究與其說是在探討英國文學，不如說是在評論英國社會的道德風尚，被借來宣揚其實證主義。全面觀之，他首先是一位社會理論家。②

② 《泰晤士報文學增刊》（*Times Literary Supplement*），一九五七年十一月十五日。

但他依然算是個「文人」，而不是「社會科學家」。這或許證明，十九世紀的大部分社會科學滿心想的就是熱忱追尋「法則」，據說這樣的「法則」堪比想像中自然科學家發現的「法則」。由於缺乏充分確鑿的社會科學，批評家與小說家、劇作家與詩人，就都成了梳理私人困擾甚至公共議題的要角，而且往往獨力擔當。藝術的確表現了諸如此類的情感，常常也能彰顯它們，並以戲劇性的犀利見長，但仍然不具備思想上的明晰，而這是他們今天理解或緩解這些困擾和議題所必需的。現今的人們如果要克服自己的不安與漠然，及其所導致的各種棘手苦惱，就必須直面這些困擾和議題，而藝術並沒有也無法將這些情感梳理成涵蓋它們的問題。事實上，藝術家對此往往也沒有興趣。不僅如此，嚴肅的藝術家本人就已深陷困擾。在這方面，借助社會學的想像力而變得生氣勃勃的社會科學，有望在思想和文化上助上一臂之力。

五

我之所以寫這本書，是要界定社會科學對於我們這個時代的文化使命所具有的意義。我想具體確定有哪些努力在背後推動著社會學的想像力的發展，點明這種想像力對於文化生活以及政治生活的連帶意涵，或許還要就社會學的想像力的必備條件給出一些建議。我打算透過這些方面來揭示今日社會科學的性質與用途，並點到即止地談談它們在美國當前的境況。③

---

③ 有必要指出，我對「社會研究」（the social studies）這個詞的喜愛程度遠超「社會科學」（the social sciences）。原因並不在於我不喜歡自然科學家（恰恰相反，我很喜歡），而在於「科學」這個詞已經獲得了巨大聲望，並且意涵相當模糊。我覺得實無必要強行倚仗其聲望，或者把它用成一種哲學比喻，從而把意涵搞得更不清楚。不過，我也擔心，如果我討論「社會研究」，讀者們想的可能只是高中公民課，而這正是所有人文學識領域中我最想擺脫關係的一塊。至於所謂「行爲科學」，根本就是空中閣樓。我猜想，人們捏造出它，只是一種宣傳伎倆，用來從基金會和把「社會科學」與「社會主義」混爲一談的國會議員那裡，爲社會研究謀取經費。最佳用語應該包括歷史（以及心理學，只要它還關注人類），應當盡可能不存爭議，因爲用語本身應當是我們進行爭論的**手段**而不是**對象**。或許「人文學科」（the human disciplines）也行，這一點姑且不論。我只希望不要引起廣泛誤解，所以尊重習慣，選用更標準的「社會科學」。

再來：我希望我的同行會接受「社會學的想像力」這個用語。讀過這部書稿的政治學家建議用「政治學的想像力」，而人類學家提議用「人類學的想像力」，如此等等。比用語更重要的是觀念。我希望隨著本書的展開，觀念會逐漸清晰。當然，我之所以選這個用語，並不只是想指作爲學院科系的「社會學」。它對於我的意味有許多根本不是由社會學家來表達的。比如說，在英國，作爲一門學院科系的社會學某種程度上依然位居邊緣，但在英國的許多新聞報導和小說中，尤其是歷史學中，社會學的想像力其實發展得非常好。法國的當然，無論何時，「社會科學」的內涵都在於名正言順的社會科學家正從事的研究，但問題是他們絕沒有人人都做同樣的事情，事實上連同類事情都算不上。社會科學也在於過去的社會科學家已經做的研究，可是不同的學者會選擇建構並訴諸自己學科中不同的傳統。當我說「社會科學的承諾」時，我希望讀者清楚，我指的是我看到的那種承諾。

就在當前，社會科學家對自己所選研究的可能走向也普遍感到不安，學術意義上和道德意義上皆是如此。而在我看來，這種不安，連同那些產生不安的令人遺憾的趨勢，都屬於當代思想生活的一種整體不適。不過，社會科學家身上的這種不安或許更為刺痛，哪怕只是因為引領他們領域中的大部分早期研究的承諾更加宏大，他們所處理的主題性質特殊，以及今日的重要研究面臨的需要相當急迫。

並非人人都有這種不安，只不過有些人對於承諾念茲在茲，心懷赤誠，足以承認當前許多努力是外表矯飾，實質平庸；對他們來說，許多人並無不安這一事實本身，只會加劇他們

情況也大致相仿。二戰之後，法國的反思之所以既令人迷亂，又勇敢率直，就在於它對我們這個時代人的命運的社會學特徵感受敏銳，但推動這些潮流的卻是文人，而不是職業社會學家。不過，我還是使用「社會學的想像力」，原因在於：(1)所謂三句話不離本行，無論如何，我是個社會學家；(2)我真的認為，回顧歷史，還是經典社會學家比其他社會科學家更頻繁也更鮮活地展示出了這種心智品質；(3)既然我打算批判性地考察許多令人費解的社會學流派，自己的用語就需要反其道而行之。

的不安。坦率來講，我希望加劇這種不安，確定它的某些泉源，以便將其轉變成一種具體的激勵，去實現社會科學的承諾，清理場地，另起爐灶：簡言之，去指明眼前的一些任務，點出目前必須做的研究可以利用的手段。

目前來說，我所宣導的社會科學觀尚未占據上風。我的觀念反對將社會科學當作一套科層技術，靠「方法論上的」矯揉造作來禁制社會探究，以晦澀玄虛的概念來充塞這類研究，或者只操心脫離具有公共相關性的議題的枝節問題，把研究搞得瑣碎不堪。這些禁制、晦澀和瑣碎已經導致當今社會研究出現了危機，並且絲毫看不出擺脫危機的出路。

有些社會科學家強調需要有「技術專家研究小組」；另一些社會科學家則強調學者個人才是最重要的。有些人殫精竭慮，反覆打磨調查方法和技術；另一些人則認爲，學術巧匠的治學之道正在遭人遺棄，現在應當重振其活力。有些人的研究遵循著一套刻板的機械步驟；另一些人則力求培養、融入並應用社會學的想像力。有些人沉溺於所謂「理論」的高度形式主義，把一堆概念拼來拆去，在另一些人看來屬於過分雕琢。後面這類人只有在明顯能擴大感受範圍、增進推理所及的時候，才有衝動去詳細闡發術語。有些人格局狹隘，只研究小規模的情境，指望能「逐步積累」，發展成有關更大規模結構的觀念；另一些人則直接考察社會結構，力求在其中「定位」許多較小的情境。有些人完全忽略比較研究，只考察一個社會一個時期的一個小共同體；而另一些人則基於充分的比較視角，直接研究全球各國社會結構。有些人將自己的精細研究局限在時間序列上非常短暫的世間人事；另一些人則關注僅在長期歷史視角下才能凸顯的議題。有些人根據學院科系來確立自己的專門化研究；另一些人則廣爲借鑑各個科系，根據話題或問題來確定研究，而不管它們在學院體系裡位居何處。有些人直面各式各樣的人生、社會與歷史，另一些人則不會這樣。

諸如此類的對比，以及許多其他類似對比，都不必然是眞實確鑿、非此即彼的二元抉擇。雖說在政客一般的激烈爭吵中，或是在貪懶求安的專業化旗號下，它們往往被當成這樣的抉擇。在此我只想初步地談談，本書結束時我再回到這個問題。當然，我很希望能夠呈現出自己所有的偏見，因爲我認爲，評判應當是坦誠的。但我也努力拋開自己的評判，闡述社會科學的文化意義與政治意義。當然，相比於我打算考察的那些人，我的偏見程度可謂是半斤八兩。就讓那些不喜歡我的偏見的人拒絕我的偏見，以此讓他們的偏見也像我一樣，努力變得清楚明確、公開坦誠吧！這樣一來，社會研究的道德問題，也就是社會科學作爲一項公共議題的問題，就會被人認識到，也就有可能展開討論了。如此，人們在各方面將更爲自覺，這當然是作爲整體的社會科學事業能夠具備客觀性的前提條件。

概言之，我相信，可以稱爲經典社會分析的是一系列可以界定、可以利用的傳統，其本質特徵就在於關注歷史中的社會結構，而其問題也直接關涉著緊迫的公共議題和揮之不去的人的困擾。我還相信，這一傳統的賡續目前遇到了重大阻礙，無論在社會科學內部，還是在其學院環境和政治環境方面，盡皆如此。但不管怎麼說，構成該傳統的心智品質正愈益成爲我們整體文化生活的一個共同特性，無論其面目多麼模糊不清，包裝多麼蕪雜混亂，總歸是愈來愈被人們視爲不可或缺。

在我看來，實際從事社會科學的許多人，尤其在美國，都屬於謹小慎微，遲遲不願應對當下擺在他們面前的挑戰。事實上，許多人已經放棄了社會分析的學術任務和政治任務，還有些人無疑只是擔不起他們仍然被賦予的角色。他們有時顯得幾乎是特意故技重施，怯懦可謂變本加厲。然而，儘管如此遲疑，無論公共關注還是學術關注，現在都非常明顯聚焦在他們宣稱要研究的那些社會世界，所以必須承認，他們面臨著獨一無二的機遇。透過這種機遇，我們看到了社會科學的學術承諾，看到了社會學的想像力的文化用益，也看到了有關人與社會的研究的政治意義。

六

公開自稱是社會學家的我一定會倍感尷尬，因爲我在下文諸章中將會探討的所有令人遺憾的趨勢（或許只有一種例外），都落入一般認爲的「社會學的領域」，雖說這些趨勢所隱含的文化上和政治上的退棄，無疑也是其他社會科學的許多日常工作的特點。從政治學和經濟學，到歷史學和人類學，無論諸如此類的學科中實際情況怎樣，顯然在當今的美國，人們所知的「社會學」已經成爲有關社會科學的反思的中心。它已經成爲對於方法的興趣的中心，你可以從中找到對於「一般理論」的最狂熱的興趣。已經融入社會學傳統的發展的學術研究可謂異彩紛呈，著實令人矚目。要把這樣多姿多彩的研究解釋成「一種傳統」，本身就很魯莽。不過，人們或許大體會同意，現在被視爲社會學研究的東西往往以一到三個整體方向發展，其中每一個方向都有可能偏離正軌，乃至走火入魔。

趨勢一：趨向一種歷史理論。例如，在奧古斯特·孔德筆下，就像在馬克思、赫伯特·斯賓塞和馬克斯·韋伯那裡一樣，社會學是一種百科全書式的努力，關注人的整個社會生活。它既是歷史性的，也是系統性的：所謂歷史性，是因爲它處理並運用過去的材料；所謂系統性，是因爲它這麼做是爲了識別出歷史進程的「各個階段」，識別出社會生活的規律。

關於人類歷史的理論一不小心就會扭曲成一件跨歷史的緊身衣，把人類歷史的各種素材都強塞進去，又從中硬拽出有關未來的先知預言般的觀點（往往還是陰鬱的論調）。阿諾德·湯恩比（Arnold Toynbee）與奧斯瓦爾德·斯賓格勒（Oswald Spengler）的研究就是廣爲人知的例子。

趨勢二：趨向一種有關「人與社會的本質」的系統理論。比如，在形式論者的研究中，尤其是在格奧爾格·齊美爾（Georg Simmel）和馮·維澤（Von Wiese）的著述中，社會學開始處理一些特別的觀念，旨在爲所有社會關係逐一歸類，並洞察它們據說普遍一致的特徵。簡言之，這種理論注重在非常高的概括層次上，以相當靜態和抽象的眼光，來看待社會結構諸要素。

或許是爲了回擊趨勢一裡的歪曲，趨勢二可以澈底捨棄歷史：有關人和社會的本質的系統性理論，一不小心就會變成精緻而乏味的形式論，其核心任務就是沒完沒了地對各個「概念」進行拆分與重組。在我所稱的「宏大理論家」（Grand Theorists）當中，觀念（conceptions）的確已經變成了概念（Concepts）。塔爾科特・帕森斯（Talcott Parsons）的研究就是美國社會學在當代最典型的例證。

趨勢三：趨向針對當代社會事實和社會問題的經驗研究。儘管在約一九一四年以前，奧古斯特・孔德和赫伯特・斯賓塞一直是美國社會科學界的主流，並且來自德國的理論影響也清晰可見，經驗調查還是早早就在美國占據了核心地位。這在一定程度上是因爲經濟學和政治學早早取得了學院建制地位。有鑒於此，只要社會學被界定爲是對某個特定的社會領域的研究，就容易淪爲社會科學中某種打零工的人，內容就是研究各種學術剩餘的大雜燴。有研究城市和家庭的，有研究種族關係和族裔關係的，當然還有研究「小群體」的。我們將會看到，由此導致的大雜燴轉換成了一種思維風格，我下文的考察將其概括爲「自由主義實用取向」（liberal practicality）。

有關當代事實的研究很容易淪爲羅列有關情境的一系列事實，彼此互不關聯，往往也無關緊要。美國社會學開設的許多課程就彰顯出這個特點。或許社會解組（social disorganization）領域的教科書可爲最佳例證。另一方面，社會學家往往會成爲適用於幾乎任何事物的研究方法的專家，在他們那裡，多樣的方法（methods）已經變成了單一的「方法論」（Methodology）。喬治・倫德伯格（George Lundberg）、薩繆爾・斯托弗（Samuel Stouffer）、史都華・多德（Stuart Dodd）、保羅・拉扎斯菲爾德（Paul Lazarsfeld）等人的大部分研究都是當前的榜樣，而他們的精神氣質就更是如此。這些趨勢各自的關注零零散散，又都爲了方法而打磨方法，倒是同聲相應，儘管並不一定同時出現。

我們可以把社會學的獨特性理解爲它的某種或多種傳統趨勢的偏離，但或許還得從這些趨勢的角度來理解它的承諾。今日的美國呈現出某種希臘化一般的大融合（Hellenistic amalgamation），體現出來自好幾個西方社會的社會學的多種要素與宗旨。但危險在於，在這樣的社會學繁榮當中，其他社會科學家也將變得急功近利，而社會學家也會匆忙趕著所謂「研究」，乃至於丟掉眞正有價值的遺產。不過，在我們的境況中也存在著機遇：在社會學傳統裡面，最出色地闡述了作爲整體的社會科學的充分承諾，也有某些對於這種承諾的局部實現。社會學學者能在自己的傳統中找到的諸般精義與啓示難以被簡單概括，但任何社會科學家只要掌握在手，定能有豐厚的回報。把握了這些東西，就不難幫他在社會科學中爲自己的研究確立新的取向。

我將先考察社會科學中一些久而成習的偏向（第二章到第六章），然後再來探討社會科學的各項承諾（第七章到第十章）。

第二章 宏大理論

我們不妨先來看看一個宏大理論的實例，摘自帕森斯的《社會系統》，該書被廣泛視爲這種風格的代表人物的代表作之一。

> 所謂價值，就是共用符號系統的一個要素，充當某種判據或標準，以便從某個情境中固有開放可用的多個取向替換方案中做出選擇。……不過，基於符號系統的角色，我們有必要在行動的總體性中，將其動機取向的面向與「價值取向」的面向區分開來。這個面向關注的不是期望中的事態對於行動者就其滿足—剝奪平衡而言的意義，而是選擇標準本身的內涵。所以，在這個意義上，價值取向這個概念就成了一種邏輯工具，用以梳理將各種文化傳統融入行動系統的關聯方式的一個核心面向。
>
> 依據上述規範取向的派生結果，依據上述價值在行動中扮演的角色，可以認爲，所有價值都涉及某種可稱爲社會參照的東西……行動系統有一個內在固有特性：用術語來說，行動是「規範性取向的」。如前所示，這一點系源於期待這個概念及其在行動理論中的位置，尤其是在行動者追求目標的「積極行動」階段。因此，期待，再配上被稱爲互動過程的「雙重偶變性」（double contingency），就引發了一個絕對無法回避的秩序問題。這個秩序問題進而

可以區分出兩個面向，一是使溝通成爲可能的符號系統中的秩序；二是動機取向與期待的規範性面向之間的契合所體現的秩序，即所謂「霍布斯式的」秩序問題。

所以說，秩序問題，因此也是社會互動的穩定系統之整合的性質問題，也就是社會結構問題，關鍵就在於行動者的動機與規範性文化標準的整合，這些文化標準在我們的人際場合中整合著行動系統。用上一章所使用的術語來說，這些標準就是價值取向模式，並就此成爲社會系統的文化傳統中至關重要的組成部分。①

可能有的讀者現在很想跳到下一章了。我希望他們不要縱容這種衝動。所謂「宏大理論」，也就是概念與概念的組合與拆解，值得深究一番。當然，它的影響還不如下一章要考察的方法論上的約束那麼重要，因爲作爲一種研究風格，它的傳播還比較有限。事實上，它不那麼容易理解，人們甚至懷疑它根本就不可理解。誠然，這也算是一種起到保護作用的優勢，但如果它就是要透過公開聲言（pronunciamentos）來影響社會科學家們的研究習慣，

---

① Talcott Parsons, *The Social System*, Glencoe, Illinois, The Free Press，一九五一，第十二、三十六—三十七頁。

那就得說是缺陷了。不開玩笑，實事求是，我們必須承認，宏大理論的產物已經被社會科學家們以如下一種或多種方式接受了：

至少對於某些聲稱理解並喜歡宏大理論的人來說，這是整個社會科學歷史上最偉大的進展之一。

對於許多宣稱理解但不喜歡宏大理論的人來說，它東拉西扯，笨拙生硬。（這類人其實很稀罕，只是因爲不喜歡、沒耐心，許多人便不想努力求解其意。）

還有些人並不宣稱理解但卻非常喜歡宏大理論，這類人還不少，對他們來說，它是一座令人驚歎的迷宮；並且正因爲時常令人眼花繚亂，難以索解，它才充滿魅力。

更有些人既未宣稱理解又不喜歡宏大理論，假如他們有勇氣保留這份信念，就會覺得，其實它只是國王的新衣。

當然，還有許多人會有所保留。更多的人會耐心保持中立，靜觀宏大理論在學界的後果——如果眞能有影響的話。雖然這一思想可能令人生畏，但除了風言風語，許多社會科學家甚至對其一無所知。

所有這些態度都戳中了一個痛處，即可理解性。當然，這一點並不限於宏大理論，②

② 參見附論第五節。

但既然宏大理論家們與此牽扯甚深，我們恐怕眞的必須問一問：宏大理論究竟只是一堆胡亂堆砌的繁文冗語，還是畢竟有些深意蘊藏其間？我的答案是：確實有些東西，雖然埋藏頗深，畢竟不乏洞見。所以問題就成了：掃除理解意涵的一切障礙，將有望理解的東西呈現出來，宏大理論到底說了些什麼？

一

要回答這樣的問題，辦法只有一個：我們必須轉譯一段最能代表這種思維風格的語例，然後來看看譯文。前面已經舉出了我選的語例。必須指出，我並不打算在此評判帕森斯整個研究的價值。如果我引用到了他的其他著述，那只是爲了以經濟有效的方式澄清他這本書裡蘊含的某個論點。在把《社會系統》中的內容轉譯成英文時，③我也不想妄稱自己的翻譯很出色，只能說在翻譯中沒有遺漏任何明確的含義。我保證，這段譯文包含了原文中所有可以理解的東西。尤値一提的是，我將努力從有關詞彙的界定中，從有關詞彙關係疊床架屋的

---

③ 原文如此。傳說哈佛大學社會學系研究生曾申請將晦澀難懂的「帕森斯語」作爲學業要求的兩種外語之一，又傳聞擔任英文教授的帕森斯父親曾經拒絕接受兒子在著作中對自己的致敬，以表達對其文字的不滿。——譯注

界定當中，篩選出有實質內容的陳述。這兩方面都很重要，混爲一談是對明晰性的致命打擊。我首先來轉譯幾段話，以彰顯需要做的事情的類型；然後我將給出兩段對整本書的簡略譯文。

先來轉譯本章開頭引用的語例：人們常常共用標準，並彼此期望遵循標準。只要他們依此行事，所在社會便有望呈現出秩序感。（轉譯完畢）

帕森斯寫道：

這種「契合」又有一種雙重結構。首先，透過將標準內化，遵從標準就會對自我產生個人性、表意性的和／或工具性的重要意義。其次，他我（alter）對自我的行動（action）做出反應（reactions），作爲約制（sanctions），這些反應不斷結構化，就是他對於標準的遵從的一項功能。因此，遵從作爲滿足他的需求傾向的一種直接模式，與遵從作爲引發他人有利反應、避免他人不利反應的一項前提條件，往往兩相契合。只要參照眾多行動者的行動，遵從某種價值取向標準，就**同時**滿足了這些要求，也就是從系統中任一給定行動者的視角來看，它既是滿足自身需求傾向的一種模式，又是「優化」其他具有顯著意義的行動者的反應的一項前提。那麼，這個標準就可以說被「制度化」了。

這個意義上的價值模式始終會在某個**互動**（*inter action*）情境中被制度化。因此，與之相關得到整合的期望系統始終存在雙重面向。一方面，有些期望關注被視爲參照點的行動者即自我的行爲，並在一定程度上爲該行爲設定標準，這些期望就是他的「角色期望」。另一方面，從他的角度來看，還有一系列期望牽涉到他人（他我）具有偶變性可能的**反應**（*reaction*），這些期望可稱爲「約制」，並可根據是被自我感受爲促進滿足還是剝奪滿足，進一步細分爲正向約制與負向約制。角色期望與約制之間的關係顯然是交互性的。對自我而言屬於約制的東西，對於他我而言就是角色期望；反之亦然。

因此，在一個個個體行動者的整體取向系統中，圍繞與某個特定互動情境相關的期望組織起來的某個部分，就是角色。它與一套特定的價值標準相整合，這些價值標準主導著與彼此相契互補的一個或多個他我之間的互動。這些他我不一定是界定清晰的一組個體，而可以涉及任何他我，只要他與自我之間結成某種互補性互動關係，而這樣的互動關係又牽涉到參照有關價值取向的共同標準，在多個期望之間達成交互性。

一套角色期望的制度化，以及相應的約制的制度化，顯然存在程度深淺的問題。這個程度是兩組變項的功能。一方面是那些影響價值取向模式的實際共用程度的變項；另一方面是那些決定對於實現相關期望的動機取向或承諾的變項。我們會看到，有多種因素能夠透過這些管道影響制度化的程度。不過，還存在與充分制度化對立的一極，即失範，也就是互動過程的結構化互補性的缺失；換言之，就是上述兩種意義上的規範性秩序的澈底崩潰。不管怎麼說，這個概念是有局限的，從來不能描述一個具體的社會系統。正猶如制度化的程度深淺，失範的程度也是輕重有別。兩者互爲對立。

所謂**制度**，不妨說就是某些制度化角色整合的複合體，它對於所討論的社會系統具有關聯全域的結構性意義。制度應當被視爲比角色更高一層的社會結構單元；事實上，它是由多種多樣相互依賴的角色模式或其要素組成的。[4]

換言之：人們相互配合、針對彼此而展開行事。人人都會考慮他人的期望。當這類相互期望足夠確定、足夠持久，我們就稱其爲標準。每個人也會期望，他人將對自己之所爲做出反應。我們稱這些被期望的反應爲約制。其中有些似乎很令人滿足，另一些則不是。當人們

④ Parsons，同上引，第三十八—三十九頁。

受著標準和約制的引導，我們就可以說，他們是在一起扮演著角色。這只是方便起見打個比方。事實上，我們所稱的制度或許最好界定爲一套相對比較穩定的角色。如果在某個制度裡，或者在由這類制度構成的整個社會裡，標準和約制都不再能約束人們，我們就可以遵照愛彌爾·涂爾幹的說法，稱之爲失範（anomie）。因此，一個極端是所有標準和約制都清晰有序的制度，另一個極端則是失範：如葉慈（Yeats）所言，再也保不住中心了。⑤或者照我的講法，規範性秩序已經崩潰。（轉譯完畢）

必須承認，這段轉譯並不是完全忠實於原文。我稍稍發揮了一些，因爲這些都是很不錯的觀念。事實上，宏大理論家的許多觀念一旦轉譯，就是許多社會學教科書中可以看到的比較標準的講法。不過，就「制度」而言，上文給出的定義並不很完備。對於譯文，我們還必須加上：構成一項制度的那些角色往往並不只是一些「共用期望」的大範圍「互補性」。你曾經待過一處軍隊、一座工廠或者哪怕只是一個家庭嗎？對，這些都是制度。在這些制度中，有些人的期望似乎比其他任何人的期望都更需要儘快得到滿足。我們不妨說，這是因爲他們的權力更大。或者用更有社會學味道的方式講，一項制度就是以權威分等的一套角色，儘管這也不完全是社會學性質的說法。

⑤ 出自葉慈名篇〈第二次聖臨〉（The Second Coming）。——譯注

帕森斯寫道：

從動機的角度考慮，依附於共同價值就意味著行動者具有支援價值模式的共同「情感」。不妨對它這樣界定：遵從相關期望本身被視爲一件「好事」，相對獨立於能從這種遵從中獲得的任何具體的工具性「好處」，例如避免負向約制。不僅如此，這種對於共同價值的依附儘管有可能切合行動者的直接滿足性的需求，卻也始終有著「道德性」的面向。也就是說，在某種程度上，這種遵從規定了行動者在自己所參與的更廣泛的社會行動系統中的「責任」。顯然，責任的具體焦點就是由特定的共同價值取向所構成的那個集合體。

最後，很顯然，就其具體結構而言，支援這類共同價值的「情感」並不常能展現有機體先天屬性。它們一般都是習得的或者說後天獲取的。不僅如此，它們在行動的定向中所發揮的作用，並不主要是像被認知並被參照「調適」的文化客體，而是像逐漸被內化的文化模式。它們構成了行動者人格系統本身的結構的一部分。因此，諸如此類的情感或所謂「價值態度」都是人格眞正的需求傾向。只有透過制度化價值的內化，行爲才能在社會結構中取得眞正的動機整合，更加「深層」的動機層次才能得到駕馭，以實現角色期望。只有當這一切得到高度實現，才有可能說一個社會系統取得了高度整合，也才有可能說，集合體的利益與組成該集合體的成員的私人利益達成了契合。⑥一套共同價值模式與各成員人格的內化需求傾向結構之間達成這樣的整合，正是社會系統的動力機制的核心表現。除了轉瞬即逝的互動過程，任何社會系統的穩定性都有賴於一定程度的這種整合。這一點可謂社會學的根本動力原理。任何分析若要宣稱是社會過程的動態分析，都要以此爲主要參照。⑦

換言之：當人們共用同樣的價值，往往會以他們彼此期望的方式行事。不僅如此，他們還往往把這種遵從當成很好的事情，哪怕看起來有悖於自己的直接利益。這些共用價值是後天習得的，而非先天傳承，但這絲毫無損於它們對人的動機激發的重要性。恰恰相反，它們成爲人格本身的組成部分。它們由此將社會維繫一體，因爲社會角度上的期望成了個體角度

---

⑥ 應當把精確契合視爲罕例，就像著名的無摩擦機器。雖然在經驗中找不到一個社會系統，其中的動機與充分協調的文化模式達成完全整合，但在理論上，這種整合一體的社會系統的觀念具有重要意義。（此處爲帕森斯原文附注——米爾斯按）

⑦ Parsons，同上引，第四十一—四十二頁。

上的需求。這一點對於任何社會系統的穩定性都至關重要，所以我如果要分析某個自己持續關注的社會，就會以此作爲首要出發點。（轉譯完畢）

我估計，以此類推，可以把厚達五百五十五頁的《社會系統》轉譯成一百五十頁左右的直白英語。其結果不會讓人印象深刻。不過，它會以非常清晰的用語陳述原書的核心問題，以及書中對該問題給出的解答。當然，任何觀念、任何書籍，都既可以言簡意賅一言蔽之，也可以洋洋灑灑二十大卷。問題在於，需要多麼充分的陳述來把某事說清楚，而這事情又有多麼重要：它能讓我們理解多少經驗，能有助於我們解決或至少陳述多麼廣泛的問題。

例如，不妨用兩三句話來表達帕森斯這本書：「我們被問道，社會秩序何以可能？我們被給出的解答似乎是：共同接受的價值。」這就是全部了嗎？當然不是，但這是主要論點。但這是不是不公平？什麼書都能這麼處理嗎？當然可以。下面就對我自己的一本書如法炮製：「說到底，誰在掌管美國？沒人能獨掌大局，但要說有什麼群體在掌權，那就是權力精英。」⑧至於您手頭這本書：「社會科學都在說什麼？它們應當討論人與社會，並且有時確實如此。它們試圖幫助我們理解人生與歷史，以及兩者在各式各樣社會結構中的關聯方

⑧ 此即作者所著，*The Power Elite*, New York, Oxford University Press，一九五六；中譯見米爾斯《權力精英》，許榮、王崑譯，南京大學出版社二〇〇四年版。——譯注

式。」

以下四段話，就是對帕森斯這部著作的轉譯：

我們不妨想像稱為「社會系統」的某種東西，個體在其中參照彼此而行事。這些行動往往相當有序，因為系統中的個體共用價值標準，共用有關得體而實用的行事方式的標準。這些標準中有些我們可以稱為規範，那些遵循規範行事的人在類似的場合下往往也會有類似的行事。如果真是這樣，我們就可以觀察到往往非常持久的「社會規律性」。對於這類持久穩定的規律性，我稱之為「結構性的」。不妨認為，在社會系統中，所有這些規律性會達成一種蔚為壯觀、錯綜複雜的平衡。這只是個比方，不過我現在打算忘掉這一點，因為我想讓你們把我的「社會均衡」**概念**（Concept: The social equilibrium）當成是確鑿的實在。

要維持社會均衡，主要有兩種方式，如果其中一種或兩者都失效，就會導致失衡。第一種是「社會化」，指的是把一個新生個體塑造成社會人的所有方式。這種對於人的社會塑造部分在於讓人獲得動機，以採取他人所要求或期望的社會行動。第二種是「社會控制」，指的是讓人循規蹈矩、以及他們使自己循規蹈矩的各種方式。當然，所謂「規矩」，我說的是社會系統通常期望和贊成的任何行動。

維持社會均衡的第一個問題，乃在於使人們主動想要做要求和期望他們做的事情。一旦失敗，第二個問題就在於採取其他方式讓他們循規蹈矩。對於這些社會控制，最好的分類和定義是由馬克斯·韋伯給出的，我沒有什麼補充。自他以後，像他說得那麼好的論家倒也還能數出幾位。

不過有一點的確讓我有些困惑：鑒於這種社會均衡，以及裝備它的種種社會化和控制，又怎麼會有人不循規蹈矩呢？從我有關社會系統的「系統性、一般性的理論」（Systematic and General Theory）角度，我不能很好地說明這一點。還有一點也不像我希望的那樣清楚：我該怎麼解釋社會變遷，或者說解釋歷史呢？對於這兩個問題，我的建議是，只要遇到相關問題，就去做經驗研究吧。（轉譯完畢）

或許這就夠了。當然，我們還能轉譯得更完整一些，但「更完整」並不一定意味著「更充分」。讀者不妨親自讀一讀《社會系統》，會有更多的體會。同時，我們還面臨三項任務：其一，概括宏大理論所代表的邏輯性思維風格的特點；其二，釐清這個具體語例中那種並非特例的含混；其三，點明如今絕大多數社會科學家是如何提出並解答帕森斯筆下的秩序問題的。總而言之，我的目的就在於幫助宏大理論家們走下華而不實的高壇。

二

社會科學家當中眞正重要的差別，並不在於一批人光看不想，另一批人光想不看，而在於具體怎麼想、怎麼看，如果思考與觀察之間有關聯，又是怎樣的關聯。

宏大理論的根本原因是一開始就選擇了特別一般化的思考層次，導致其踐行者邏輯上無法下降到觀察層次。他們作爲宏大理論家，從來不曾從高遠的一般性下降到具體歷史背景和結構背景中的問題。如此缺乏對於眞切問題的堅實把握，又會加劇他們行文當中顯露無疑的那種不切實際。這就造成了一個特點，就是似乎任意武斷且沒完沒了的細分辨析，既不能增進我們的理解，又不能彰顯我們的體驗。進而，這會表現爲在一定程度上故意放棄努力，不打算平實曉暢地描述和說明人的行爲和社會。

當我們考察一個詞語代表什麼意思時，我們處理的是它的**語義**（semantic）面向；而當我們結合其他詞語來考察它時，我們就是在處理它的**句法**（syntactic）特性。[9]我之所以引入這些簡稱，是因爲它們以簡明準確的方式，讓我們看到：「宏大理論」沉溺於句法，卻無視語義。它的踐行者並不眞的明白，當我們定義一個詞語時，其實只是在邀請別人採取我們喜歡的用法來使用它。定義的目的就在於讓爭辯聚焦於事實，而好的定義的適宜結果，就是把用語之爭轉換成事實之辯，從而把爭辯推向進一步的探究。

宏大理論家們如此迷戀句法意義，對語義指涉如此缺乏想像力，如此刻板地局限在如此

---

⑨ 我們也結合其使用者來考察它，也就是它的語用（pragmatic）面向，不過在此我們無須細究。這就是三個「意義維度」，查爾斯·莫里斯（Charles M. Morris）在其頗有教益的文章〈符號理論基礎〉中做出了清晰的系統梳理。見 Foundations of the Theory of Signs, in *International Encyclopedia of United Science*, Vol. I, No. 2, Chicago, Illinois, University of Chicago Press，一九三八。

高的抽象層次上，導致他們攢出來的所謂「類型體系」，以及他們爲此而做的研究，看著更像是枯燥乏味的「概念」遊戲，而不是努力給出系統的定義，也就是清晰有序地界定要討論的問題，並引導我們努力去解決這些問題。

在宏大理論家的著述中，這樣的定義是系統性缺失的，由此我們可以吸取一點深刻教訓：每一位自覺的思想家都必須隨時意識到，也因此隨時有能力控制，自己正在怎樣的抽象層次上進行研究。有能力自如並明確地來回穿梭於不同的抽象層次之間，正是思想家具備想像力和系統性的標誌性特徵。

圍繞著「資本主義」、「中產階級」、「科層制」、「權力精英」或「極權主義民主」之類的術語，常常有些頗爲夾纏而含混的隱含意義。若要使用這些術語，我們必須細究並控制這類隱含意義。圍繞這類術語，常常有好幾套「複合」的事實與關係，以及純靠猜測的關聯因素和觀察結論。這些也都必須小心篩選，在下定義和應用時予以闡明。

要搞清楚這類觀念的句法維度和語義維度，我們必須明白每一個觀念下包含的特定性的等級層次，並有能力考察所有的層次。我們必須問，如果打算用「資本主義」這個觀念，我們想說的是什麼意思？是單純指所有生產工具都歸私人所有這一事實呢？還是想在該術語下包括進一步的觀點，即有一個自由市場，作爲價格、工資和利潤的決定機制？我們在何種程度上有權假定，根據定義，這個術語除了有關經濟制度的主張，還意味著有關政治秩序的主張？

我覺得，這樣的心智習性正是通向系統性思考的必經之道；一旦缺失，勢必通向對「概念」的盲目崇拜。如果我們現在來更具體地考察帕森斯著作中一個重大的混淆之處，或許能更清楚地看到，這樣的缺失會帶來何種結果。

三

宏大理論家宣稱要闡述「一般性社會學理論」時，其實是在闡述一個概念王國，從中排除了人類社會的許多結構性特徵，而這些特徵長久以來都被恰當地認可爲對於理解人類社會不可或缺。表面看來，這樣做用心良苦，旨在使社會學家的關切成爲專業化的努力，有別於經濟學家和政治學家的關切。按照帕森斯的講法，社會學必須處理「社會系統理論中的特定面向，即關注社會系統中價值取向模式的制度化現象，關注這種制度化的前提條件；關注模式的變化，關注遵從這類模式和偏離這類模式分別有哪些前提條件，關注所有這些情況下牽涉的動機過程」[10]。就像任何定義應當做的那樣，轉譯一下，把預設去掉，這句話就可讀作：像我這樣的社會學家會喜歡研究人們想要什麼、珍視什麼。我們也想搞清楚這類價値爲

⑩ Parsons，同上引，第五五二頁。

何會多種多樣，又爲何會發生變化。一旦我們確實找到多少算是統合一體的一系列價值，我們會想搞清楚，爲什麼有些人會遵從它們，而另一些人卻不會遵從。（轉譯完畢）

大衛．洛克伍德（David Lockwood）曾經指出，[11]這樣的陳述使社會學家不再對「權力」以及經濟與政治制度有任何關注。我的看法還不止於此。這樣的陳述，其實也是帕森斯的整部著作，與其說是在探討某一種制度，不如說是在討論傳統所謂的「合法化」。我認爲，這樣的結果就是根據定義，將所有制度性結構轉換成某種道德領域，或者更準確地說，轉換成所謂的「符號領域」。[12]爲了闡明這一點，我想首先說明有關這塊領域的一些東西，然後討論它所謂的自主性，之後再看看帕森斯的觀念是如何把事情變得非常困難，哪怕只是提出幾個分析社會結構都要涉及的最重要的問題。

那些把持權威的人，爲了使自己對於制度的統治正當化，會努力將其與被人廣泛相信的道德符號、神聖象徵和法律條文相維繫，彷彿這種統治乃是順理成章之事。這些核心觀念或

---

⑪ 參見大衛．洛克伍德（David Lockwood）出色的論文〈《社會系統》略論〉（Some Remarks on "The Social System"）, *The British Journal of Sociology*, Vol. VII，一九五六年六月二日。

⑫ 格特（H. H. Gerth）與米爾斯（C. Wright Mills）合著《性格與社會結構》（*Character and Social Structure*）, New York, Harcourt, Brace，一九五三，第二七四—二七七頁。本節以及下文第五小節會多加借引。

許指向一位或一組神，「服從多數」，「人民的意志」，「賢能至上或財富至上的貴族政體」，「天賦王權」，或是統治者本人據說超凡的稟賦。社會科學家遵循韋伯的看法，稱這類觀念為「合法化」，有時也稱為「正當化符號」。

已經有各式各樣的思想家用不同的術語來指稱這些觀念：莫斯卡（Mosca）的「政治公式」（political formula）或「宏大迷信」（great superstitions）；洛克的「主權原則」；索雷爾（Sorel）的「統治神話」（ruling myth）；瑟曼・阿諾德（Thurman Arnold）的「民俗」（folklore）；馬克斯・韋伯的「合法化」；愛彌爾・涂爾幹的「集體表徵」；馬克思的「支配觀念」；盧梭的「公意」；拉斯威爾（Lasswell）的「權威符號」（symbols of authority）；卡爾・曼海姆的「意識形態」；赫伯特・斯賓塞的「公共情感」（public sentiments）。以上種種，諸如此類，都證明主導符號在社會分析中占有核心位置。

與此類似，在心理學分析中，這類主導符號被私人接受後變得很重要，成為理由，往往還是動機，引導人們進入角色，並制約他們對於角色的具體實施。比如說，如果從這些角度對經濟制度做出公開的正當化辯護，那麼再要訴諸自利來為個體行為進行正當化辯護，也就可以接受了。但是，如果公眾都覺得有必要從「公共服務與信任」的角度為這類制度提供正當化辯護，那麼舊有的自利動機和理性就可能會在資本家當中引發罪疚感，至少也是不安的情緒。在公共層面上行之有效的合法化，待時機成熟，往往作為私人動機也一樣有效。

如此看來，帕森斯等宏大理論家所稱的「價值取向」和「規範性結構」，主要處理的就是有關合法化的主導符號。事實上，這是一個有用且重要的主題。這類符號與制度性結構之間的關係是極爲重要的社會科學問題。話說回來，這類符號並沒有形成一個社會中某種獨立自在的王國，它們的社會相關性就在於能夠用來證明或反對權力安排，以及有權有勢的人在這種權力安排中的位置。這類符號的心理相關性在於它們其實成了遵循或對抗權力結構的基礎。

我們或許不能單純假定，**必然**會有某一系列的價值或合法化占據主流，以免社會結構瓦解。我們或許也不能假定，社會結構必然會被某個諸如此類的「規範性結構」塑造成統合一體。當然，我們更不能單純假定，任何這類「規範性結構」，無論多麼主流，無論在這個詞的什麼意義上，眞的是獨立自在的。事實上，就現代西方社會而言，尤其是拿美國來說，有大量證據表明，上述所有假定的反面描述都更爲準確。往往會有組織得非常好的對立符號，用來證明叛亂運動的正當性，揭露統治權威。雖說在二戰後的美國不是這樣。美國政治系統在歷史上只有一次受到內部暴力的威脅，這樣的延續性其實相當罕見。這一事實或許也和其他一些因素一起，誤導了帕森斯產生有關「價値取向的規範性結構」的意象。

「政府」並不一定像愛默生（Emerson）會認爲的那樣，「在人的道德認同中扎下根源」。要相信政府眞的是這樣，就是將它的合法化與其致因混爲一談。這樣的道德認同或許是因爲事實上，制度統治者成功地壟斷了甚至是強加了他們的主導符號。這種狀況往往就像其他某個社會中的人那樣，甚至比他們更爲普遍。

有些人相信，符號領域是自我決定的，而諸如此類的「價值」或許眞能支配歷史。也就是說，爲某種權威提供正當化辯護的符號，是與實施權威的實際的人或階層相分離的。數百年前，人們已經基於這些人的假定，富有成效地討論了這個話題。因此人們認爲，進行統治的是「觀念」，而不是使用觀念的階層或人。爲了使這些符號的序列具備延續性，它們被呈現爲以某種方式彼此關聯。這樣一來，符號就被視爲「自我決定的」。爲了使這個奇怪的觀念更讓人信服，人們往往將符號「人格化」或賦予其「自我意識」。由此，可以把它們設想爲「關於歷史的諸概念」，或一系列的「哲學家」，他們的思想決定了制度的動力機制。我們或許還能再補充一句，所謂「規範性秩序」這個「概念」可能也被盲目崇拜。當然，我只是在轉述馬克思和恩格斯對於黑格爾的講法而已。[13]

一個社會的「價值」，無論在各種私人情境下多麼重要，如果沒有爲制度做出正當化辯護，沒有給人們以動機激發，讓他們履行制度角色，在歷史和社會學的角度上就是無關緊要的。當然，在提供正當化辯護的符號、制度性權威、遵從的個人之間，存在著相互作用。有時候，我們應當毫不猶豫地賦予主導符號以因果重要性，但不可誤用這個觀念，將其當成有

⑬ 參見馬克思（Karl Marx）與恩格斯（Frederick Engels）合著的《德意志意識形態》（*The German Ideology*），New York, International Publishers，一九三九，第四十二頁以後。

關社會秩序或社會一體性的**唯**一理論。我們馬上就會看到，還有更好的方式來建構一種「一體性」，透過這些方式來梳理與社會結構有關的重大問題會更加有用，也更加切近可觀察的素材。

鑒於我們對「共同價值」感興趣，要增進我們對這些價值的理解，最好是先考察任何給定社會結構中每一個制度性秩序的合法化過程，而不是徑直試圖把握這些價值，並基於此「說明」社會是怎麼組成和統一的。⑭我認爲，當一個制度性秩序中相當多成員已經接受了該秩序的合法化，當人們從這樣的合法化角度成功宣示了遵從，或者至少自以爲是地確保了遵從，我們就可以談「共同價值」。然後就可以用這樣的符號來「界定」各式角色中遭遇到的「情境」，並作爲尺規來評估領導者與追隨者。展示出這類普遍而核心的符號的社會結構，自然屬於極端而「純粹」的類型。

而在另一個極端，有些社會存在一套支配性制度，這些制度控制了整個社會，並透過暴力或暴力威脅來強加其價值。這並不一定會導致社會結構的崩潰，因爲可以透過正式的紀律來有效調控人們；有時候，如果不接受制度性紀律要求，人們將毫無謀生機會。

⑭　以美國商人爲例，他們致力於倡揚的那些價值，細緻的經驗闡述參見 Sutton, Harris, Kaysen & Tobin 合著的《美國商業信條》（*The American Business Creed*），Cambridge, Mass.，Harvard University Press，一九五六。

比如說，一位訓練有素的排字工受雇於一家立場保守的報紙，可能只是爲了謀生，保住飯碗，而遵從雇主紀律的要求。但在內心，走出工作間，他可能是個激進的煽動家。許多德國社會主義者聽任自己成爲德皇旗下紀律嚴明的士兵，儘管他們的主觀價值其實屬於革命的馬克思主義。從符號到行爲並返諸符號距離很長，並且也不是所有整合都建於符號之上。⑮

強調這樣的價值衝突，並不是要否認「理性協調的力量」。言行不一往往是人的特點，但力求協調同樣也是。我們不能基於所謂「人性」或「社會學原則」，或是在宏大理論的授權下，先驗地確定在某個社會裡何者居於支配地位。我們完全可以想像出一種社會的「純粹類型」，擁有一套紀律完善的社會結構，其中受支配的人們出於形形色色的理由，無法放棄他們預定的角色，但卻並不共用支配者的任何價值，因此根本不相信秩序的合法性。這就像一艘配備著苦力船工的輪船，槳櫓的划動紀律分明，將槳手化簡爲機器上的齒輪，只在罕見情況下需要執鞭的船主揮舞暴力。苦力船工甚至不需要意識到船往哪個方向去，儘管船頭稍一偏轉都會讓船主暴怒不已，他是這船上唯一一個能夠看到前方的人。不過，或許我已經開

⑮ 格特（Gerth）與米爾斯（Mills）合著，同上引，第三百頁。

始在描述而不是想像了。

在「共同價值系統」和強加的紀律這兩種類型之間，還有五花八門的「社會整合」形式。絕大多數西方社會已經融合了紛繁多樣的「價值取向」，它們的一體性包含著合法化與強制的形形色色的混合形態。當然，不僅是政治秩序和經濟秩序，任何制度性秩序都有可能是這種情形。父親要對自己家庭施加要求，可以威脅收回繼承權，也可以運用政治秩序或許允許他使用的暴力。即使是在家庭這樣的神聖小群體裡，「共同價值」的一體性也絕不是不可或缺的：不信任和憎恨倒可能恰恰是維繫一個彼此關愛的家庭所需要的東西。同理，即使沒有宏大理論家相信普遍存在的這種「規範性結構」，一個社會當然也可以取得相當充分的繁榮。

這裡我並不想就秩序問題細緻闡發任何解決方案，而只想把問題提出來。這是因爲，如果我們連這一點都做不到，就必然會遵照相當武斷的定義要求，**假定**存在「規範性結構」。而根據帕森斯的想像，那正是「社會系統」的核心。

四

按照「權力」這個詞在當代社會科學裡的一般用法，有關人們生活其間的各種安排，有關構成所屬時期歷史的諸項事件，無論人們做出什麼樣的決策，都是它必然要處理的問題。超出人的決策範圍的事件確實存在；社會安排也確有可能不經明確決策而發生變化。但只要做出了這樣的決策（以及只要原本可以做出某些決策但其實沒有），做（或不做）決策時都牽涉到誰，這樣的問題，就是有關權力的根本問題。

今天我們不能假定，對人的統治歸根究柢必須經過他們本人的同意。管理和操縱人對權力的贊同，如今已躋身常見的權力手段。我們不知道這種權力的界限，雖說我們希望它有其界限。但這一點並不能抹煞如下事實：當今許多權力的成功施行並沒有受到遵從方的理性或良知的制約。

當然，如今我們無須爭論就明白，歸根究柢，強制（coercion）就是權力的「終極」形式。但我們絕不是始終處在歸根究柢的狀況。除了強制，還必須考慮權威（authority，即自願遵從的一方所持信念使之正當化的權力）和操縱（manipulation，即無權方無所知曉的情形下對其行使的權力）。事實上，當我們思考權力的性質時，必須始終分辨這三種類型。

我想我們必須牢記，在現代世界，權力往往並不像它在中世紀時顯現得那麼有權威。統治者要想行使權力，其正當化不再顯得那麼不可或缺了。至少對於當今許多重大決策來說，尤其是那些國際性決策，大眾「說服」已不再「不可或缺」，事就這樣成了。不僅如此，有權方明明可用許多意識形態，卻往往既不採納也不使用。通常是在權力遭到有效揭露時，才會祭出意識形態以爲應對。而在美國，諸如此類的對立，晚近並沒有強大有效到足以引發對於新型統治意識形態的明顯需要。

當然，今天有許多人雖然脫離了通行的效忠關係，卻還沒有獲得新的效忠關係，因此對任何政治關懷都漠不關心。他們既不激進，也不保守。他們只是漠然。如果我們接受希臘人對於白痴的定義，即徹底私己的人，我們就只能得出結論：許多社會裡的許多公民其實就是白痴。這種境況，準確地說，這種精神境況，在我看來就是理解政治知識分子中許多現代不適的關鍵，也是理解現代社會裡許多政治迷惘的關鍵。無論是對於統治者，還是對於被統治者，要讓權力結構維持下去甚至日益壯大，並不一定需要思想「信條」和道德「信念」。可以肯定，就意識形態的角色而言，西方社會今日有兩樁關鍵政治事實：能吸引人的合法化往往缺失；大眾漠然盛行於世。

無論做什麼樣的實質研究，持有上述權力觀的人都會遇到許多問題。但帕森斯那些誤入歧途的假設對我們也毫無幫助。他只是假設，每個社會都存在他所想像的那種「價值等級秩序」。不僅如此，這種假設的引申之意會系統性地妨礙我們對關鍵問題的清晰梳理：

要接受他的圖式，我們就需要從這幅圖景中讀出種種有關權力的事實，其實是有關所有制度性結構，特別是經濟、政治和軍事方面的制度性結構的事實。可在這種奇怪的「一般性理論」裡，諸如此類的支配結構卻不見蹤影。

在它提供的術語裡，我們無法恰當地提出以下經驗性問題：在任一給定情況下，制度在何等程度上，以何種方式，得到合法化。宏大理論家們提出的規範性秩序觀念，以及他們處理這個觀念的方式，都引導我們假定，幾乎所有的權力都得到了合法化。事實上，在社會系統裡，「各種角色期望之間的互補性一旦確立，其維持就不成問題……不需要任何特別的機制來說明互補的互動取向如何維持。」⑯

在這些術語裡，有關衝突的觀念無法得到有效的梳理。結構性的對抗，大規模的反叛，乃至革命，這些都是無法想像的。事實上，它假定「系統」一旦確立，就不僅是穩定的，而且本質上就是和諧的；用他的話來講，混亂必然是被「引入系統」的。⑰規範性秩序這個觀念引導我們假定各種利益之間存在某種和諧，並將其視爲一切社會的自然特性。在此體現出的這種觀念和探討自然秩序的那些十八世紀哲人當中的觀念頗爲類似，都彷彿是一種形而上學的基點。⑱

魔術一般清除了衝突，奇蹟一樣達成了和諧，就從這種「系統性」、「一般性」的理論中去除了處理社會變遷和歷史問題的可能性。我們的時代充斥著受恐嚇的大眾的「集體行爲」，充斥著被挑動的暴民、群眾和運動，但在宏大理論家依循規範創造出來的社會結構當中，這些卻都找不到一席之地。不僅如此，有關歷史本身如何發生的、它的機制和過程如

⑯ Parsons，同上引，第二〇五頁。
⑰ 同上引，第二六二頁。
⑱ 參見 Carl Becker, *The Heavenly City*; Lewis A. Coser, *Conflict*, Glencoe, Illinois, The Free Press，一九五六。

何，沒有任何系統性觀念可以用於宏大理論，帕森斯因此認爲社會科學也同樣如此：「這種理論產生之日，也就是社會科學的千禧年降臨之時。我們這個時代是不會有這一天了，很可能永遠也不會有。」[19]當然，這個斷言本身相當含糊。

以宏大理論的術語來討論任何實質問題，幾乎都不能得到清晰的陳述。更糟糕的是：它的陳述不僅老是被海綿一般語義籠統的詞語弄得含混不清，而且往往負載著立場評判。比如說，用「普遍主義—後天獲致」（universalistic-achievement）這一「價值模式」（the value pattern）的術語來分析美國社會，卻毫不提及成功在現代資本主義下所特有的那些變動不居的性質、意義與形式，或是資本主義本身結構的變遷；又比如，用「支配性價值系統」這個術語來分析美國的分層，卻不考慮基於財產和收入水準差異而形成的已知的生活機會統計分布，很難想像比這些更加徒勞無益的努力了。[20]

即使宏大理論家們本著現實主義的態度討論問題，那麼討論所採取的詞彙和角度也在宏大理論中找不到一席之地，並且往往與宏大理論產生矛盾。我覺得這麼說並不爲過。阿爾文·古爾德納（Alvin Gouldner）嘗言：「事實上，帕森斯如此費力地從理論上和經驗上分

---

⑲ Parsons，轉引自阿爾文·古爾德納（Alvin W. Gouldner），Some observations on Systematic Theory, 1945-55, *Sociology in the United States of America*, Paris, UNESCO，一九五六，第四十頁。

⑳ 參見大衛·洛克伍德，同上引，第一三八頁。

析變遷，不經意間誘導他列出了一堆馬克思主義的概念和預設，讓人困惑不已……這看著幾乎像是保留了兩套書，一套用來分析均衡，另一套用來探究變遷。」[21]古爾德納繼續評論道，帕森斯在討論戰敗後的德國這一個案時，建議澈底摧毀容克貴族，視之爲「排他性階級特權的案例」，並從「徵召新人的階級基礎」的角度來分析公務員考試制度。簡言之，整個經濟結構和職業結構突然就進入了視野，並且是從頗具馬克思主義色彩的角度來理解的，而不是從宏大理論所規劃的那種規範性結構的角度來理解的。這倒使人產生了希望：宏大理論家還沒有澈底喪失與歷史現實之間的關聯。

五

現在回過頭來談談秩序問題。用頗具霍布斯色彩的形式來表述的話，秩序似乎是帕森斯這本書裡的主要問題。這方面可以簡略帶過，因爲它在社會科學發展過程中已得到重新界定，至於其中最有用的陳述，現在不妨稱之爲社會整合問題。當然，後者需要給出可操作的有關社會結構和歷史變遷的觀念。我認爲，不同於宏大理論家，絕大多數社會科學家都會給出類似如下的回答：

[21] 參見古爾德納，同上引，第四十一頁。

首先，是什麼將一套社會結構維繫一體，這個問題並不存在**唯一**的答案。之所以這麼說，是因爲社會結構的統合程度和統合類型千差萬別。事實上，可以從不同整合模式的角度有效地領會社會結構的不同類型。一旦從宏大理論的層次下降到歷史實在，我們馬上就會認識到，宏大理論的那些大一統的**概念**無關痛癢。我們沒法靠這些概念來思考人的多樣性，思考一九三六年時的納粹德國，西元前七世紀的斯巴達，一八三六年時的美國，一八六六年時的日本，一九五〇年時的英國，戴克里先（Diocletian）治下的羅馬。[22]我提及這樣的多樣

[22] 納粹德國於一九三六年派兵進駐萊茵區，與義大利簽訂關於奧地利問題協約，並與日本訂立反共公約。斯巴達於西元前七世紀開始實行新法，加強國家軍事化，以防奴隸起義。男孩自七歲起接受軍事訓練，至十八歲入伍，統一軍營集體生活。一八三六年，德克薩斯區域的美國殖民者擊敗當地原有墨西哥統治者，建立德克薩斯共和國，並投票決定併入美國，但爲當時的傑克遜政府所拒絕。一八六六年，日本長門、薩摩兩藩結盟，德川幕府攻長門，互有勝負。德川家茂去世，天皇詔罷攻長門之師。同年派福澤諭吉使美，德川昭武使法。一九五〇年，工黨在英國大選中獲勝，同年宣布參加舒曼計畫談判（後逐步發展成歐洲煤鋼聯營和歐洲經濟共同體）。戴克里先治下的羅馬，即西元二八四年至三〇五年，其時羅馬從近乎無政府狀態中重建了有效率的帝國政

性，無非就是想表明，無論這些社會可能有怎樣的共性，都必須透過經驗考察來揭示。如果超出空洞無比的形式範疇，對社會結構的歷史跨度做出任何預測，就是把自己高談闊論的能力錯當成社會調研工作的全部。

你可以從政治、親屬、軍事、經濟、宗教之類的制度性秩序的角度，有效地領會社會結構的不同類型。先以特定的方式界定這些制度性秩序，以便能夠在給定的歷史社會中辨識出它們的輪廓，然後再問各個制度性秩序是如何彼此關聯，簡言之，它們如何組合成一套社會結構。方便起見，可以把這些答案弄成一組「操作模型」，用來讓我們在考察特定時間的特定社會時，更加清楚地意識到它們是靠哪些紐帶「維繫一體」的。

要想像這樣一種「模型」，不妨從每一個制度性秩序中提煉出類似的結構性原則。以托克維爾筆下的美國爲例。在那個經典的自由主義社會裡，每一個制度性秩序都被設想爲是自主的，而其自由又需要其他秩序的協調。在經濟領域中，是自由放任政策；在宗教領域中，是多種多樣的教派和教會，在救贖市場上公開競爭；在婚姻市場上設立多種親屬制度，個人也在這個市場上相互選擇；在地位領域，占據上風的人不是靠門第顯赫，而是靠自力更生；在政治秩序裡，是爭取個人投票的政黨競爭；甚至在軍事領域裡，招募國民自衛隊

府，改組了帝國財政、行政和軍事機器，爲拜占庭帝國奠定基礎，同時也是最後一位鎭壓基督教的羅馬皇帝。——譯注

時也有相當的自由，大體可言全民皆兵，這種意涵其實非常重要。所謂整合的原則，亦即這個社會的基本合法化管道，就是在每一個制度性秩序中，占據主流的都是彼此競爭的獨立的人的自由進取精神。正是透過這種契合的事實，我們可以理解一個經典的自由主義社會是如何統合一體的。

但這種「契合」（correspondence）只是一種類型，只是對於「秩序問題」的答案之一。還有其他類型的統合。比如說，納粹德國就是透過「協調」（co-ordination）整合起來的。這種整合的一般模型可以闡述如下：在經濟秩序中，各項制度高度集中化；少數幾個大集團差不多控制了所有的經濟運行。而在政治秩序中，分裂程度更大一些：許多政黨相互競爭以影響國家，但其中沒有任何一個擁有足夠的力量以控制經濟集中化的結果，後者的結果很多，其中之一便是與其他因素一起造成的蕭條。在經濟蕭條中，納粹運動成功利用了大眾尤其是中下階層裡面瀰漫的絕望情緒，使政治秩序、軍事秩序和經濟秩序形成密切的契合。一個政黨壟斷並重塑了政治秩序，廢除或合併了可能競爭權力的其他所有政黨。要做到這一點，就要求納粹黨找到它與經濟秩序中的壟斷集團之間，與軍事秩序中某些精英群體之間，在利益上的一致點。在這些主要秩序裡，首先是存在相互契合的權力集中；其次，每個秩序都在獲取權力的過程中保持一致，彼此合作。興登堡（Hindenburg）總統的軍隊對捍衛威瑪共和國不感興趣，也無意於鎮壓一個深得民心的主戰黨派的行進縱隊。大工商集團樂於資助納粹黨，後者承諾頗多，特別是要粉碎勞工運動。這三類精英結成往往不太和諧的聯盟，以維持它們在各自秩序中的權力，並與社會其他秩序相協調。堪爲對手的政治黨派要麼慘遭鎮壓或被宣布爲非法，要麼自動解散。至於親屬制度和宗教制度，也和所有秩序內部及之間的一切組織一樣，都受到侵蝕和協調干預，至少是被中立化了。

這三個占據支配地位的秩序中的高層人物，以極權主義式的政黨國家爲手段，協調自己的和其他的制度性秩序。這樣的國家成了籠罩一切的「框架組織」，將目標強加給所有制度性秩序，而不只是確保「法治政府」。政黨自我擴張，借助各種「輔助組織」和「附屬組織」四下蔓延。它要麼無限分裂，要麼肆意侵蝕，總之會逐漸控制所有類型的組織，就連家庭也不能倖免。

所有制度的符號領域都受到政黨控制。宗教秩序稍有例外，其他領域中不允許存在任何對於合法自主性的對抗訴求。政黨還壟斷了包括教育制度在內的正式交流管道。所有符號都被重塑，以築造協調一致的社會的基本合法化。在一套相當程度上由結黨營私的網絡維繫起來的社會結構裡，嚴格等級制之下具備魔魅的絕對領導原則（即克里斯瑪統治）得到廣泛宣揚。㉓

㉓ 參見弗朗茲·諾伊曼（Franz Neumann）的《巨獸》（*Behemoth*），New York, Oxford，一九四二。此書無愧典範，要對某個歷史社會做結構分析，理當效仿。有關上述闡述，參見格特（Gerth）與米爾斯（Mills），同上引，第三六三頁以下。

不過，至此肯定足以表明我認爲顯而易見的一點結論：總而言之，沒有任何「宏大理論」，沒有任何普遍圖式，可供我們作爲出發點，理解社會結構的一體性；對於老舊的社會秩序問題，並不存在唯一的答案。要想有效地探討此類問題，就得依循多種操作模型，就像我剛才勾勒的那些。在使用這些模型時，也要立足經驗，密切結合古往今來廣泛多樣的社會結構。

還可以把這類「整合模式」設想爲有關歷史變遷的操作模型，理解這一點很重要。比如說，如果我們觀察托克維爾時代的美國社會，再看看二十世紀中葉的美國社會，立刻就會看出，十九世紀結構的「維繫」方式迥異於當前的整合模式。我們會問：它的各個制度性秩序是怎樣變遷的？這些制度性秩序彼此之間的關係是怎樣變遷的？這些結構性變遷的節奏即速率變化如何？在每種情況下，這些變遷的必要原因和充分原因分別是什麼？當然，找尋充足的原因，通常要求除了歷史的研究，至少還需要有些比較的研究。我們可以用總括的方式，概括這類社會變遷分析，並就此更經濟地梳理一系列更廣泛的問題，點明變遷導致了「整合模式」的轉換。比如說，最近一百年的美國歷史展現出，從大體上透過契合整合起來的社會結構，轉換成更多透過協調達成整合的社會結構。

歷史理論的總體問題脫不開社會結構理論的總體問題。社會科學家在從事實際研究時，要以統合的方式理解這兩個方面，並不會遇到什麼理論上的重大困難。我認爲這一點是顯而易見的。或許正因爲如此，對於社會科學來說，一本《巨獸》的價值抵得上二十部《社會系統》。

當然，我擺出這些觀點，並不是要對秩序和變遷問題，也就是有關社會結構和歷史的問題，給出什麼定論。我只是想勾勒這類問題的大致輪廓，點出一些已有的相關研究。或許這些觀點也可以用來進一步明確社會科學的承諾的某一特性。當然，我在這裡提出這些觀點，是爲了點明，宏大理論家處理社會科學的這一重大問題是多麼不夠完善。在《社會系統》中，帕森斯之所以未能踏實觸及社會科學實際研究，是因爲他滿腦子想著自己已經建構出的社會秩序模型屬於某種普遍模型，因爲事實上他已經對自己的「概念」盲目崇拜了。這種宏大理論的所謂「系統性」，就在於它撇開任何具體經驗問題的方式。它不是用來更精確或更充分地闡述任何具備可辨識的重要意義的新問題。發展這樣的理論，也不是有什麼需要要暫時高飛，以便更清晰地察看社會世界中的什麼東西，以解決某個可以從歷史現實的角度陳述的問題，而人和制度在這樣的歷史實在中，自有其具體的存在。它提出的問題，它推進的過程，它給出的解答，都是宏大理論式的。

回到對於觀念的系統性研究，應當只是社會科學工作中的一個形式環節。有必要提醒記住，在德國，這類形式研究的成果很快轉向百科全書式的、歷史性的運用。那種運用籠罩在馬克斯·韋伯的精神之下，是德國古典傳統的巔峰體現。在相當程度上，促成這類研究的正是一大堆特別的社會學研究，它們有關社會的一般性概念與歷史闡釋有著密切關聯。經典馬克思主義對於現代社會學的發展可謂至關重要。韋伯就像其他眾多社會學家一樣，在與馬克思的對話中推進了自己的許多研究。但我們始終得承認，美國學者是健忘的。在宏大理論中，我們現在碰到了另一場形式主義的回撤。同樣，這本來也只該是一次暫歇，卻似乎已經成了永恆。就像西班牙的那句諺語：「許多人洗起牌來好花哨，玩起牌來太糟糕。」㉔

㉔顯然，從帕森斯的文本中可能挖掘出的那種社會觀，有著相當直接的意識形態用途。從傳統上來說，這類觀點當然與保守主義的思維風格分不開。宏大理論家並不經常陷入政治競技場，當然，他們也不經常把自己的問題置於現代社會的政治情境之中。但這肯定不能使其作品免除意識形態意涵。我並不打算從這個角度分析帕森斯，因為一旦充分轉譯，《社會系統》的政治意涵是如此直白，我覺得毫無必要再做進一步的揭示。宏大理論眼下並沒有直接扮演任何科層角色，我也已經強調，它缺乏可理解性，也就限制了原本可能贏得的公眾偏愛。當然，這也可能是一筆財富：它的含混不清本身的確賦予其巨大的意識形態潛力。宏大理論的意識形態意涵往往會給予穩定的支配形式的合法化以強大支援。不過，只有當保守派群體非常需要精緻的合法化時，宏大理論才有機會在政治上具備相關性。本章開頭我就問道：像《社會系統》中體現出的這種宏大理論，是純粹的陳詞冗語還是亦有其深刻意涵？對此我的回答是：它只有五成的陳詞冗語；四成是眾所周知的教科書式社會學；剩下的一成，就像帕森斯或許會說的那樣，我希望留待您自己去進行經驗調查。而我自己的調查表明，剩下的一成可能有意識形態的用途，儘管是非常模糊的用途。

第三章　抽象經驗主義

抽象經驗主義和宏大理論一樣，也是抓住研究過程中的某個關節不放，任其支配頭腦。兩者都是在社會科學的任務面前的退縮。要完成我們的任務，有關方法和理論的考慮當然是不可或缺的。但在這兩種風格下，這些考慮卻成了障礙。相比於對於「概念」的盲目崇拜，方法論上的約束可謂不遑多讓。

一

當然，我並不打算全盤概括抽象經驗主義者所有研究的結果，而只是想揭示他們研究風格的總體特徵及其某些預設。公認以這種風格進行的研究現在往往會陷入多少有些標準化的模式。新的學派在實際研究中，通常會對經過抽樣程序選出的一系列個人進行多少屬於套路固定的訪談，作爲其「數據」的基本來源。這些人的回答被逐一歸類，並出於方便起見，轉製成何樂利代碼卡片，[1]然後用這些卡片進行統計，由此尋求變數關係。這樣的事實，以及隨之而來的任何一個才智平平者也能學會程序的那種輕鬆，無疑就是其魅力的主要原因。依

① 何樂利（Herman Hollerith，一八六〇—一九二九）是美國發明家，在人口普查實踐中感受到製表自動化的需求，並發明了記錄統計資料的裝置，即在卡片上用穿孔位置進行數字編碼，並用電學方法判讀和分檢穿孔卡片。他成立的製表格機公司後來透過合併發展成了國際商業機器公司（IBM）。——譯注

照規範，結果會表現爲統計判斷：在最簡單的層次上，這些具體的結果屬於定比判斷；而在較爲複雜的層次上，對於多個問題的回答會被組合成往往很繁複的交叉分類，然後又以多種方式分解以形成等級量表。要擺弄這類數據有好幾種複雜的方式，但我們在此無須操心，因爲無論複雜程度如何，它們也依然是對於已顯示的那種資料的擺弄。

除了廣告和傳媒研究，這種風格的研究絕大部分主題或許就是「輿論」，[2]雖說根本沒想過重新闡述輿論和溝通的相關問題，視之爲一塊明確理解的研究領域。這類研究的框架就是對於各種提問的簡單分類：什麼人在什麼媒體上對什麼人說了什麼內容，有什麼結果？對於核心術語的通行定義如下：

> ……所謂「公共」，我指的是牽涉的廣度，即大數量人群的非私己、非個人化的情感與反應。公共意見的這一特徵使我們有必要運用抽樣調查。而我所謂的「意見」，不僅包括通常意義上有關時事性、即時性、一般具政治性的議題的意見，還包括各種態度、感情、價值、資訊乃至相關行動。要想以

[2] 鑒於下文將分析具體概念界定，爲方便起見，我們也把「public opinion」分拆爲「輿」和「論」，對應譯爲「公共意見」，「公共」有時也變成名詞形式的「公眾」。——譯注

恰當的方式捕捉到這些東西，不僅需要運用問卷和訪談，而且需要運用投射法和量表法。③

這些斷言有一種明顯的傾向，把有待研究的無論什麼對象與建議用來研究它的一套方法混爲一談。可能的意思大體如下：我打算使用的「公共」這個詞指的是任何具有相當規模的總體，因此可以進行統計學意義上的抽樣；既然「意見」是由人所持有的，要了解這些你就必須和人交談。但有時候他們不想或不能告訴你，那你就可能得試試「投射法和量表法」。

絕大多數輿論研究是在美國一個國家的社會結構裡做出來的，當然，也只關注過去十年左右的時段。或許也正因爲如此，它們既沒有更準確地說明「公共意見」的意涵，也沒有重新梳理該領域的重大問題。囿於爲它們選出的歷史範圍和結構範圍，它們無法很好地完成任務，哪怕只是初步的探討。

西方社會裡的「公眾」問題，是伴隨著中世紀社會裡傳統的、習俗的共識發生轉型而出現的。而在大眾（mass）社會的觀念裡，它達到了今日的高潮。十八、十九世紀的所謂「公

---

③伯納德·貝雷爾森（Bernard Berelson），The Study of Public Opinion, *The State of the Social Sciences*, Leonard D. White 主編，Chicago, Illinois, University of Chicago Press，一九五六，第二九九頁。

眾」，現在正逐步轉型爲一個「大眾」的社會。不僅如此，隨著大多數人變成「大眾人」，深陷相當無力的情境，公眾在結構上的重要性也逐漸下降。諸如此類的情狀或許意味著，在針對公眾、公共意見和大眾溝通的研究的選擇和設計方面，我們需要有怎樣的框架。這還要求我們充分陳述民主社會的各個歷史階段，尤其是被稱爲「民主極權主義」或「極權主義民主」的社會。簡言之，在這個領域，囿於目前踐行的抽象經驗主義的格局和術語，是無法陳述社會科學的有關問題的。

如果不結合某種結構背景，就無法充分陳述踐行抽象經驗主義的人，的確在努力探討的許多問題，比如大眾傳媒的效果問題。如果你研究的人口/總體（population）「浸淫於」這些傳媒只有差不多一代人的光景，無論研究有多麼精確，又怎麼能指望去理解這些傳媒的效果？更不要說它們組合起來對於大眾社會的發展的意義了。企圖將「較多」和「較少」受到這種或那種傳媒影響的個體篩分開來，可能是廣告業非常關注的問題，但要發展一套有關大眾傳媒的社會意義的理論，卻構不成充分的基礎。

在這個學派有關政治生活的研究中，「選舉行爲」已經成爲首要的主題。之所以選擇這個，我想是因爲它看起來很容易用作統計調查。所得結果直白單調，與研究方法的精緻、實施過程的精心相映成趣。搞一項全面徹底的投票研究，卻毫不提及「拉選票」的政黨機器，甚或乾脆不提任何政治制度，看著這樣的研究，政治學家們想來一定很感興趣。而這正是《人民的選擇》（*The Peoples' Choice*）的境遇。這部贏得適當聲名的著名研究考察了俄亥俄州伊利郡（Erie County）一九四〇年的選情。我們從書中得知，富人、農村居民、新教徒更願意投票給共和黨，而相反類型的選民則傾向於民主黨，諸如此類。但對於美國政治的動力機制，我們所得甚少。

合法化是政治學的核心觀念之一，當這門學科處理意見和意識形態方面議題時，就更是核心問題。如果認眞思量「意見」這個詞，美國的選舉政治就是一種沒有意見的政治；如果認眞思量「政治意義」這個短語，美國的選舉政治就是一種沒有多少具備任何心理深度的政治意義的投票行爲。基於這樣的懷疑，有關「政治意見」的研究就顯得愈發怪異。但是，針對諸如此類的「政治研究」，無法提出任何這樣的問題，我希望上述評論也只是作爲問題。這種政治研究應當是怎樣的？它們需要有一定的歷史知識，需要有某種心理反思的風格，而這些都沒有贏得抽象經驗主義者的適當重視。事實上，絕大多數踐行抽象經驗主義的人也都接觸不到這些。

過去二十年左右的關鍵事件或許要算是第二次世界大戰了。它的歷史後果和心理後果限定了過去十年我們研究的絕大部分內容的框架。我們目前尚未擁有關於這場戰爭的起因的權威定論性研究，我覺得這一點有些奇怪；不過我們還是努力要把它概括成一種具有歷史特定性的戰爭形式，確定爲左右我們時代的核心，這樣的嘗試倒也取得了一定的成功。除了官方編撰的關於這場戰爭的史錄，最詳盡的研究或許要算是薩繆爾·斯托弗指導下對美軍做的爲期七年的研究。在我看來，這些研究證明，社會研究是有可能不關注社會科學的相關問題而具備行政管理上的用途的。當然，如果你希望理解美軍士兵的有些戰時表現，特別是要追問，怎麼可能打了那麼多勝仗的人卻如此「士氣低落」，那對於這樣的研究結果必定會感到失望。但要嘗試解答這樣的追問，會遠遠超出已獲認可的那種風格的格局，而進入不足爲據的「臆測」領域。

阿爾弗雷德·瓦格特（Alfred Vagt）一卷本的《軍國主義史》（*History of Militarism*），以及馬歇爾（S. L. A. Marshall）在其《浴血男兒》（*Men Under Fire*）中爲貼近戰場男兒所使用的令人讚歎的報導技術，要比薩繆爾·斯托弗的四大卷著作有更大的實質價值。

根據新風格進行的分層研究迄今尚未提出任何新的概念。事實上，其他研究風格中可資利用的核心觀念還沒得到「轉譯」，「社會經濟地位」方面那些相當籠統的「指標」通常也就夠用了。「階級意識」和「虛假意識」，與階級相對的地位的觀念，以及在統計上頗具挑戰性的韋伯的「社會階層」（social class）概念，這些相當棘手的問題在這種風格的研究者手下都沒有什麼進展。不僅如此，選擇比較小型的城市作爲研究的「抽樣區」的做法非常頑固，許多方面極其糟糕，罔顧顯而易見的事實：你不能把這類研究聚合加總，然後得出有關國家範圍內階級、地位和權力的結構的充分認識。

伯納德·貝雷爾森（Bernard Berelson）在探討輿論研究領域的變化時，給出了一段特別的陳述，我覺得適用於抽象經驗主義路線的絕大多數研究：

綜上所述，（二十五年前與今日相比的）這些差異呈現出輿論研究領域的一場革命性變遷：這塊領域已經變得技術化、定量化、非理論化、條塊化、特殊化、專門化、制度化、「現代化」和「群體化」，簡言之，作爲一種別具特色的行爲科學，已經美國化了。二十五年前乃至更早前，作爲對社會的性質和功能運行的總體關注的一部分，傑出的論家們以淵博的學識研究輿論，不是「就事論事」，而是置於寬廣的歷史、理論和哲學角度，並撰寫著述。而今天，技術專家團隊針對特定主題實施研究方案並報告結果。二十年前，輿論研究屬於學術。而今天，它屬於科學。④

上文簡短勾勒了抽象經驗主義風格的研究的特徵，我並不只是說：「這些人沒有研究我所感興趣的那些實質問題」，或是「他們沒有研究絕大多數社會科學家認爲重要的問題」。我說的是：他們研究了抽象經驗主義的問題，但對於那些問題和回答的陳述都只是囿於任意武斷的認識論中那些奇怪地自行強加的限制。我覺得自己並沒有用詞不慎：他們滿腦子想的都是方法論上的約束。凡此種種，意味著就結果而言，這些研究中堆砌著細節，卻對形式關

④ 同上引，第三〇四—三〇五頁。

注不夠。事實上，除了排字工和裝訂工提供的形式，往往也就別無其他形式了。而細節無論有多麼眾多，也不會說服我們相信任何值得相信的東西。

二

抽象經驗主義作爲一種社會科學風格，其特徵並不在於什麼實質性的命題或理論。它並不是基於什麼有關社會或人的本質的新觀念，也不是基於有關這些方面的什麼具體事實。誠然，踐行抽象經驗主義的人一般都會選擇研究某些類型的問題，也都會以某種方式進行研究，這都是可以辨識出來的特點。但這些研究肯定不是這種社會研究風格會享有如許讚賞的原因所在。

不過，就其本身而言，這個學派的實質結果的性質若如此，尚不足以構成據以評判的基礎。作爲一門學派，它是新的；作爲一種方法，它的確有待時日檢驗；而作爲一種研究風格，它現在還在逐步擴散到更全面的「問題領域」。

它最明顯的特徵，哪怕不一定是最重要的特徵，必然牽涉到它已經開始採用的行政管理機制，涉及到它所徵召和訓練的學術工作者的類型。這套機制現在已經變得規模龐大，有許多跡象表明，它愈益擴散，影響力也與日俱增。學術管理人員和研究技術專家，兩者都是嶄新的職業人士類型，現在與更尋常的教授、學者展開了競爭。

但是，上述種種發展趨勢，對於未來大學的品格，對於自由人文傳統，對於或許已經在美國學術生活中占據主流的那些心智品質，儘管可能非常重要，卻並不構成據以評判這種社會研究風格的充足基礎。這些發展趨勢的確有助於說明，抽象經驗主義這種風格爲何會魅力十足、聲勢日盛，其助益遠超許多宣導該風格的人可能會承認的程度。就算沒有別的作用，它們至少以前所未有的規模和方式，爲半熟練的技術人員提供就業機會；它們爲這些人提供的職業生涯既享有老派學院生活的安定，卻又不要求老派的個人成就。簡言之，這種研究風格還伴生了一種行政大老（administrative demiurge），對社會研究的未來及其可能的科層化都有重要影響。

不過，抽象經驗主義的思想特徵當中最有必要把握的一點，還是其踐行者所持的科學哲學，以及他們奉行和應用這種哲學的方式。正是這樣的哲學，既支撐了所實施的那類實質研究，也支撐了它的行政機制和人事機制。無論是實際研究在實質內容上的單薄貧乏，還是這些機制表面上的需要，都能在這種特定的科學哲學中找到學術上重要的正當化辯護。

把這一點搞清楚是很重要的，因爲你原本可能以爲，既然一項事業如此高調地宣稱要成爲「科學」，哲學信條就不會在打造這項事業的過程中占據核心位置；也因爲踐行這種風格的研究者通常看似不會意識到，他們據以立足的是一種哲學。或許沒有哪位熟悉踐行這種風格的研究者的人會介意否認，這些研究者中有許多滿腦子想著他們自己的科學地位，最受他們尊崇的職業上的自我形象就是自然科學家。他們對社會科學方面各式各樣的哲學議題自有主張，而其中有一點始終如一：他們**都是**「自然科學家」，或者至少「代表著自然科學的觀點」。而在更加精深的討論中，或者在某個坦然微笑、備受稱道的自然科學家面前，自我形象更有可能被簡化成單純的「科學家」。⑤

在研究實踐當中，抽象經驗主義者往往顯得更關注科學哲學，而不是社會研究本身。簡言之，他們已經做的無非是宣導一套科學哲學，只是他們現在認爲這就是所謂「科學方法」。這樣的研究模式基本上屬於一種認識論建構；在社會科學裡，其最具決定性的結果就是方法論上的約束。我所說的方法論上的約束，指的是要提出什麼樣的問題，要用什麼樣的

---

⑤ 下文所舉乃手頭現成實例。喬治·倫德伯格（George Lundberg）在討論各種哲學議題，尤其是「心智」現象的性質，以及他這方面的觀點對於認識論問題的意義時，如此寫道：「由於『學派』的定義不好確定，更具體地說，由於『實證主義』這個詞在許多人腦子裡會產生許多奇怪的聯想，我始終更願意把自己的立場概括爲**自然科學**的立場，而不是試圖歸於傳統哲學那些約定俗成的學派中的哪一個，實證主義就是其中一個，至少從奧古斯特·孔德開始是這樣。」還有：「我覺得史都華·多德與我都和其他所有自然科學家一樣，確實是基於一定的預設：經驗科學的素材在於以人類感覺爲媒介而獲得的符號化回應（即我們所有的反應，包括『感官』的反應）。」再有：「我們與所有自然科學家一樣，會明確反對以下觀念……。」引自〈社會學中的自然科學趨勢〉（The Natural Science Trend in Sociology），*The American Journal of Sociology*, Vol. LXI, No. 3, November，一九五五，第一九一、一九二頁。

方式來梳理這些問題，會受到「科學方法」相當嚴格的限制。一言以蔽之，方法論似乎決定了問題。不過，說到底，這種狀況可謂正合預期。此處所設想的「科學方法」，並不源於通常的也是恰當的所謂社會科學研究經典路數，也不是對於這樣的路數的概括。它基本上借鑑的是一種自然科學哲學，只是做了些方便起見的調整。

大體而言，社會科學哲學似乎包括兩類努力。第一，哲學家們可以嘗試考察社會研究過程的實況，然後對那些看上去最富前景的探究步驟進行概括，並使之統貫一體。這是一項棘手的工作，很可能會一無所獲。但如果每一位從事實際工作的社會科學家都對此有所努力，就會容易得多。而人人均應如此也確實不無道理。迄今爲止，這樣的工作還少得可憐，並且也只是用於少數幾種方法。第二類努力，我稱之爲抽象經驗主義的社會研究的風格，往往像是在努力以特定的方式重述和搬用**自然**科學的**哲學**，由此爲社會科學工作打造一套規劃和典範。

所謂方法，就是人們試圖理解或說明某事時所使用的程序。而所謂方法論，就是對方法的研究。至於方法論所提供的理論，說的就是人們在自己實際研究時都做了些什麼。既然可能存在許多種方法，那麼方法論也往往需要具備相當的一般性，因此通常也不會提供具體的程序供人們進行實際研究，雖說它當然可以提供。而認識論比方法論的一般性程度還要高，因爲做認識論的人操心的就是「知識」的理據和限制，簡言之，就是「知識」的性質。當代認識論學者往往奉他們所認爲的現代物理學方法爲圭臬。他們往往會從自己對於這門科學的理解的角度出發，就有關知識的一般性問題作出問答。實際上，他們成了物理哲學家。有些自然科學家看起來對這種哲學工作抱有興趣，但有些就似乎只是找個樂子。有些自然科學家贊成絕大多數哲學家所接受的當前的模型，而有些則持有異議，但我們懷疑，其實有很多從事一線工作的科學家對此一片茫然。

我們被告知，物理學已經發展到如此狀況，可以從嚴密的、數學化的理論中，推演出嚴密的、精準的實驗問題。而它之所以能夠實現這種狀況，並不是因爲認識論學者在自己建構的探究模式中設置了這樣的相互作用。次序似乎恰恰與此相反：科學的認識論依附於物理學家——無論是理論物理學家還是實驗物理學家——所使用的方法。

諾貝爾物理學獎得主波利卡普·庫施（Polykarp Kusch）已經公開表示，根本沒有什麼「科學方法」，叫這個名字的那些方法都可以用幾個非常簡單的問題來概括。⑥另一位諾貝爾獎得主珀西·布里奇曼（Percy Bridgman）的立場甚至更進一步：「根本沒有什麼科學方

---

⑥ 波利卡普·庫施（Polykarp Kusch，一九一一—一九九三），美國物理學家，因爲精確測定電子磁矩，對量子電動力學做出重大修正，一九五五年獲諾貝爾物理學獎。布里奇曼（Percy Bridgman，一八八二—一九六一），美國實驗物理學家，以高溫高壓下物質研究著稱，一九四六年獲諾貝爾物理學獎。他在研究過程中自己發明了許多實驗裝置。因對科學概念定義固有的含混不清深有感觸，在一九二七年出版的《現代物理學的邏輯》一書中論述了「操作」的哲學思路來接近概念的科學含義。——譯注

法，科學家的操作步驟的關鍵特徵無非是最大限度調用頭腦，**不受任何拘限**。」威廉．貝克（William S. Beck）則指出：「發現的機制尚不清楚……我認爲，創造的過程與一個人的情緒結構關係如此密切……以至於……要談概括實在是個糟糕的話題。」⑦

三

方法方面的專家也往往會成爲某一類社會哲學領域的專家。有關這些人的重要之處，就今日社會學而言，並不在於他們是專家，而在於其專業性的一項後果，就是推進作爲整體的社會科學內部的專業化過程。不僅如此，他們在推進時，還配合著方法論上的約束以及可能體現這種約束的研究機構。他們的專業化設想，並不是依據「可以理解的研究領域」，或對於社會結構相關問題的某種觀念，制定出的什麼論題專業化方案。他們提出的專業化，單純基於對「方法」的運用，而不管內容、問題或領域。這些並不是我的零碎印象，而很容易找到文檔爲證。

有關抽象經驗主義作爲一種研究風格，以及抽象經驗主義者在社會科學中應當扮演的角

⑦ 參見 William S. Beck, *Modern Science and the Nature of Life*, New York, Harcourt, Brace，一九五七。

色，迄今最直白的陳述出自保羅．拉扎斯菲爾德，他也屬於該學派較有資歷的代言人。⑧拉扎斯菲爾德把「社會學」界定爲一塊專門領域，但不是基於什麼獨具的方法，而是出於它在方法論上的專門性。由此觀之，社會學家就成了所有社會科學的方法論專家。

「因此，我們可以非常明確地說，這是社會學家的首要職能。當世間人事中一塊嶄新的領域即將成爲經驗科學的調查對象，他也將成爲社會科學家的先遣軍中的**探路者**。邁出最初步伐的正是社會學家。一方是社會哲學家、個體觀察者和評論家，另一方是經驗調查者和分析者的有組織的團隊工作，而社會學家就是架通兩方的橋梁。……所以，從歷史的角度來看，我們必須區分出看待社會研究主題的三種主要方式：個體觀察者踐行的社會分析，組織完

⑧ 參見《何謂社會學？》（*What Is Sociology?*），Universitets Studentkontor, Skrivemaskinstua, Oslo, September，一九四八（油印本）。撰寫並宣讀該文的目標人群正爲了創立一家研究機構而尋求總體指導。因此，它非常適合我此處的宗旨，簡潔清晰，頗具權威。當然，還能找到更爲精詳雅致的陳述，例如《社會研究的語言》（*The Language of Social Research*），Lazarsfeld 與 Rosenberg 合編，Glencoe, Illinois, The Free Press，一九五五。

備的經驗科學，以及一個過渡階段，我們稱之爲有關社會行爲某個特定領域的社會學。……行文至此，似有必要插敘幾句，談談從社會哲學到經驗社會學的這種過渡期間正在發生些什麼。」⑨

請注意，這裡「個體觀察者」奇怪地與「社會哲學家」並舉。還要注意，這個陳述講的不單單是某項學術規劃，而且是一套行政計畫：「人類行爲的某些領域已經成爲有組織的社會科學的研究對象，有其專門的名稱、機構、預算、數據、職員等等。其他領域在這方面尚未開發。」任何領域都可以開發或「社會學化」。比如說：「事實上，對於一門會關注人口總體的幸福的社會科學，我們甚至還無以名之。但沒有什麼能阻擋這樣一種科學成爲可能。相比於蒐集有關收入、儲蓄和價格的數據，蒐集幸福等級得分並不更困難，甚至不會更費錢。」

所以，社會學作爲一系列專門化的「社會科學」的助產士，處在兩方之間：一方是尚未成爲「方法」的研究對象的任何話題領域，另一方則是「充分發展的社會科學」。什麼叫「充分發展的社會科學」，尚不完全清楚。不過這裡意思似乎是說，只有人口學和經濟學夠

---

⑨ 同上引，第四—五頁。

格：「沒有人會再懷疑有必要也有可能以科學的方式處理世間人事。百餘年來，我們已經有了像經濟學和人口學這樣充分發展的科學，它們處理了人類行為的多種領域。」在長達二十頁的這篇文章裡，我沒有發現其他有關「充分發展的社會科學」的具體陳述。

如果社會學被指派負責將哲學轉換成科學的任務，等於是假定或暗指「方法」的天賦才力如斯，並不需要對有待轉換的領域具備什麼傳統學術知識。當然，掌握這類知識所需要的時間會比這個陳述中暗示的多一些。或許有關政治科學的一句不經意評論能點明個中況味：「……希臘人有一門叫政治學（politics）的科學，德國人談國家學說（Staatslehr），英美人則說政治科學（political science）。[10]直到現在，也沒人做過出色的內容分析，讓人能眞的搞明白該領域的書都在說些什麼……」[11]

如此一來，一邊是充分發展的經驗社會科學家組織有序的團隊，另一邊是缺乏組織的個體社會哲學家。作爲「方法論專家」，社會學家將後者轉換成前者。簡言之，他是科學締造

⑩ 全書除此處外，基本上都使用「political science」，但爲了行文方便並考慮到通譯，還是把「政治科學」譯成了「政治學」。——譯注

⑪ 同上引，第五頁。「要對一套材料進行內容分析，本質上就在於依循某些預設的範疇，將文獻的小單元（詞語、句子、主題）逐一歸類。」見 Peter H. Rossi, Methods of Social Research, 1945-55, *Sociology in the United States of America*, Hans L. Zetterberg 主編，Paris, France, UNESCO，一九五六，第三十三頁。

者，學術與管理雙肩挑，更準確地說，是「科學」與管理雙肩挑。

「這場轉變（從『社會哲學家』和『個體觀察者』到『組織有序、充分發展的經驗科學』）通常的標誌是有關學人的工作中的四種轉向」：

(1)「首先，是從注重制度史和觀念史轉向注重人的具體行爲。」但這並不是那麼簡單。我們將會在第六章看到，抽象經驗主義並不是日常經驗主義。「人的具體行爲」可不是它的研究單位。這裡我只點明，實踐當中，牽涉到的選擇往往會暴露出明顯偏向於所謂「心理主義」，不僅如此，還暴露出始終在回避有關結構的問題，而偏好有關情境的問題。

(2)拉扎斯菲爾德繼續寫道：「其二，是趨向於不單單研究世間人事的某一領域，而是關聯到其他領域。」這一點我以爲並不屬實。你只需要比較一下馬克思、赫伯特·斯賓塞或韋伯的著述與任何一位抽象經驗主義者的成果，就能看出並非如此。話說回來，這句話可能是什麼意思，就看「關聯」的特定意義：它僅限於統計學角度。

(3)「其三，是偏重於研究那些反覆重現而非曇花一現的社會情境和社會問題。」不妨認爲這是試圖指向結構性考慮，因爲社會生活的「重現」或「規律」當然會附著於既定的結構。正因爲這樣，比如說，你要想理解美國的政治選戰，就需要理解政黨的結構、政黨在經濟中的角色，等等。但這並不是拉扎斯菲爾德的本意。他是想說，選舉需要有許多人投入一樁相仿的事情，而選舉本身則反覆再現，故此，可以用統計的方式對個體的投票行爲進行研究、研究、再研究。

(4)「最後，愈來愈強調當代的而非歷史上的社會事件……」。這種非歷史性的強調源於認識論上的偏好：「……社會學家因此傾向於主要探討同時代的事件，因爲他較有可能獲得自己所需的那種數據……」。這樣的認識論偏向，相較於以梳理實質問題作爲社會科學研究的指導取向，可謂截然相反。⑫

在深入探討這些觀點之前，我必須引述完整有關社會學的這段陳述，據說它還有另外兩項任務：

……社會學研究還要把科學步驟應用於新的領域。它們（拉扎斯菲爾德的看法）的設計宗旨就在於大致概括從社會哲學到經驗性社會研究的轉變中可能盛行的基調。……如果一位社會學家著手研究世間人事的新的領域，他必須自行蒐集自己所需的所有數據。……社會學家的第二項主要職能就是結合這樣的情境發展出來的。當此之時，他成了爲其他社會科學**製造工具的人**。社會科學家不得不蒐集自己所需數據時會遇到許多問題，我不妨提醒你們注意其中幾點。他必須經常去探問人們，他們做了什麼、看到什麼、想要什麼。而

⑫ 上文諸段皆引自拉扎斯菲爾德（Lazarsfeld），上引書，第五—六頁。

被問的人往往不太容易都記得起來，或者猶豫要不要告訴我們，又或者搞不太清楚我們想要知道些什麼。如此便發展出重要而難以精通的訪談技藝。……

……但是，從歷史的角度來看，（社會學家）還有第三項職能，即作爲**解釋者**……有必要區分對於社會關係的描述和解釋（interpretations）。在解釋的層面上，我們主要會提日常語言用『爲什麼』來涵蓋的那些問題。人們現在生孩子爲什麼比以前少了？他們爲什麼想從鄉下遷到城裡？選舉爲什麼會贏或會輸？……

要找出諸如此類的說明（explanations），基本的技術就是統計性的。我們必須比較多子家庭與少子家庭，比較常不上班的工人與按時到班的工人。但我們應當比較他們的**哪些方面**呢？⑬

社會學家似乎突然擺出一副眞正無所不涉的姿態：社會科學的各個分支都包括解釋和理論，但我們在此被告知，「解釋」和「理論」本身就是社會學家的領地。一旦我們意識到，其他那些解釋都還不是科學性的，這裡的意味也就明瞭了。社會學家在將哲學轉換成科學時

---

⑬ 同上引，第七—八頁、第十二—十三頁。

所使用的那些「解釋」，其實屬於統計調查中很有用的「解釋變數」。不僅如此，請注意在上述引文的緊接下來一段中，傾向於將社會學的現實化簡爲心理變數：「我們必須假定，在人們的人格、經驗和態度中存在某些東西，使他們會在由外觀之一般無二的情境下有不同的行事方式。我們需要的是可以透過經驗研究檢驗的說明性的觀點和觀念……」

而所謂「社會理論」，作爲一個整體，就成了諸如此類的概念的系統輯錄，也就是系統地蒐集解釋統計結果時有用的變數：

> 我們確實稱這些概念是社會學性質的概念，因爲它們適用於多種多樣的社會行爲……我們指派給社會學家的任務就是蒐集並分析這些概念，它們都有助於解釋特定領域中發現的經驗結果，比如分析價格、犯罪、自殺或投票統計數據。有時候，社會理論這個術語也用來指系統地呈現這類概念及其相互關聯。⑭

必須順帶提醒一句，我們並不完全清楚，這段陳述整體觀之，究竟是屬於有關社會學家

⑭ 同上引，第十七頁。

實際已經扮演的歷史角色的理論，還是說它只不過是一個提議，社會學家應當成為助產士式的技術專家，成為萬事萬物的解釋的監管人。如果是前者，它肯定是有欠缺的。而如果是後者，當然，任何社會學家都有自由側重自己考慮的實質問題的利益，而拒絕這樣的邀請。但它到底是事實還是規誡，是陳述還是規劃？

或許，它就是對於技術哲學的宣傳，就是對於管理效能的崇拜，只是喬扮成有關科學的自然史的組成部分。

有關研究的整體風格，有關社會學家，我所知最清晰的陳述就是：社會學家就該安居研究機構，作為科學製造者、工具製造者、解釋監管者。這就牽扯出我馬上來更系統地討論的幾個問題。

四

對於抽象經驗主義，目前流行兩種辯護。如果我們接受這兩種辯護，就意味著這種風格的結果之所以單薄貧乏，與其歸咎於「方法」本身的內在特性，不如怪罪到「次要的」原因，也就是資金缺少、時間不夠。

首先，人們可能會說，由於這類研究通常耗費鉅資，要對提供經費的利益集團所關心的問題給予一定的關注，必然會受此影響；不僅如此，這些利益集團攏在一起，問題可謂零散細碎。因此，研究者在選擇問題時，還不能夠實現結果的眞正積累，也就是說，以更具顯著意義的方式匯總結果。他們已經盡力而爲，只是無法關注能夠帶來成果的一系列實質問題，這樣就不得不專注於發展方法，無論實質議題是什麼，都可以付諸研究。

簡言之，求取眞理的經濟學，即研究的成本，與求取眞理的政治學，即透過研究來闡明具有重要意義的議題，並使政治論爭更貼近現實，兩者之間似乎相互牴觸。結論是：只要社會研究機構在國家科學基金總量中占有一定份額，例如四分之一，只要它們可以如其所願地自由支配這筆錢，那情況就會大有好轉。必須承認，我也不知道這算不算一種合理的期待。但也沒有其他人知道，雖說對於我們當中那些行政管理型的知識分子，他們坦然爲了造勢上位，放棄了社會科學的研究，想必持有上述的信念。不過，如果**單單揪住這個**話題，會使思想批判無法切中要害。不僅如此，還有一樣事情是非常清楚的：由於「方法」耗費昂貴，其踐行者往往會涉入自己研究的商業性和科層性運用，這的確會影響研究的風格。

其次，人們可能會想，批評者只是缺乏耐心，但我明白，所謂「科學的要求」的管理話語可不是最近幾十年來才有的，而是存在了數百年。你可以說，只要「循序漸進」，這類研究自然會積累起來，使我們有可能概括出有關社會的具有顯著意義的結果。在我看來，從這種思路來給出正當化辯護，等於假定把社會科學的發展看作是一項奇特的築磚成牆的努力。它假定，究其本質，諸如此類的研究能夠作爲「基本單元」，在未來的某個時節被「加總」或「接合」，「構築」有關某個整體的可信賴並可驗證的形象。但這並不單純是一種預設，而是一項明確的政策。拉扎斯菲爾德斷言：「經驗科學必須研究具體的問題，將眾多瑣碎、細緻、耗時的調查結果匯總起來，構築更為廣泛的知識。有更多的學人轉向社會科學，這當然值得讚賞，但並不是因為這種趨勢會在一夜之間拯救世界，而是因為這會在某種程度上加快最終發展出一門整合性社會科學的艱難任務，而這樣的科學能有助於我們理解並控制社會事務。」⑮

這裡提出的規劃在政治上的含混暫且按下不表，它是要假設，研究的結果能夠被「匯總」，並進而成為「一門整合性社會科學」，從而將研究局限在「瑣碎」的調查上。要說明這種看法為何有欠缺，我不能只談這些研究者所獲結果為何如此單薄貧乏的外部原因，而必須轉向他們的風格和規劃內在固有的某些原因。

我的第一個觀點必須探討理論和研究之間的關係，探討社會科學家考慮問題時應當採取的策略：較為宏大的觀念與可以細緻闡發的領域，孰先孰後？

當然，在社會科學的各個流派裡，所謂沒有理論指導的經驗數據就是茫然無緒，而沒有數據支撐的理論就是空談無物，當然都有許多泛泛之論。但我們還要比哲學層面上的花樣文章更進一步，要考察研究實踐及其結果。這正是我在此的努力所在。在像拉扎斯菲爾德之類

---

⑮ 同上引，第二十頁。

比較直白的陳述裡，「理論」和「經驗數據」這樣的操作觀念意思非常明確：「理論」成了解釋統計結果時有用的那些變數；而所謂「經驗數據」，被強烈建議並在實踐中清楚表明的是，僅限於那些能夠在統計上確定的事實與關係，也就是為數眾多的、可以重複的、可以測量的事實與關係。鑒於理論和數據都是十分局限，再看有關它們之間相互作用的觀點的那種豪氣，似乎就削減成了單純的口惠，事實上，根本就沒啥可認可的了。如前所示，這樣嚴格限定這些術語，並沒有任何哲學理據，在社會科學的研究中當然也沒有任何理據。

要核查和重塑一個寬泛的觀念，就必須給出細緻的闡發，但細緻的闡發並不一定就能匯總一處，構成一個寬泛的觀念。你應當挑選哪些內容來進行細緻的闡發？選擇的標準是什麼？「匯總」又是什麼意思？用語輕鬆尋常，使任務也顯得機械照辦就好，其實並非如此。我們談寬泛的觀念與具體的資訊（也就是理論與研究）之間的相互作用，但我們還必須談問題。在陳述社會科學的問題時所訴諸的觀念，通常關聯著社會歷史結構。如果我們認為這類問題是實實在在的，那麼對小範圍領域進行任何細緻研究，就確實顯得不明智，除非我們事先有充分理由相信，無論結果如何，這樣的研究都將使我們有可能得出有用的推斷，便於解決或澄清具備結構意義的問題。如果我們只是預設一種視角，把所有的問題都看作是針對零散細碎的個體及其零散細碎的情境，以統計方式或其他方式，產生零散細碎的資訊，進行零散細碎的探詢，這可算不上「轉譯」具備結構意義的問題。

就觀念而言，你從任何真正細節性的研究中得出的觀念，極少能多過你融入這些研究中的觀念。你從經驗研究本身中得到的就是資訊，而你能用這樣的資訊做些什麼，在相當程度上要看你在研究過程中，是否選擇了你手頭具體的經驗研究，作爲更大的理論構築的暫停檢驗節點。當科學製造者忙著將社會哲學轉變成經驗科學，並建立起研究機構以容身其中，也就炮製出大量的研究。事實上，沒有任何原則或理論在指導如何選擇這些研究的主題。我們已經看到，「幸福」可能是一個主題，市場行爲也可能算一個。人們徑直假設，只要使用了「方法」，零散分布在艾爾邁拉、札格雷布[16]和上海的研究的結果就可以加總，最終匯成有關人和社會的「充分發展、組織有序的」科學。與此同時，實踐活動又推進到下一項研究。

我主張，這些研究或許不能以「加總」的方式得出更具重要意義的結果。我這麼說，是考慮到了抽象經驗主義實質上偏向的那種有關社會的理論。任何風格的經驗主義都涉及某種形而上學的選擇，選擇什麼是最眞切實在的。現在我們必須來看看，這種特定的風格究竟要求怎樣的選擇。我認爲，有一點頗具說服力，可以用來聲言，這些研究往往例證了人們所知的那種心理主義。[17]這個主張可能基於以下事實：它們的根本資訊來源乃是對個體的抽樣。

[16] 艾爾邁拉（Elmira）位於美國紐約州，札格雷布（Zagreb）位於歐洲克羅埃西亞。——譯注

[17] 「心理主義」指的是試圖從有關個體的性格的事實與理論出發，來說明社會現象。從歷史上看，心理主義作爲一種學說，其基礎在於從形而上學的層面上，明確否認社會結構的實在性。另有些時候，宣導這種學說的人可能會提出一種結構觀，就給出的說明而言，將結構化簡爲一套情境。而在更一般性的意義上，與我們對

這些研究中所問的問題是從個體的心理反應的角度來提出的。這就要求預設，社會的制度性結構，至少就以這種方式來研究的制度性結構而言，是能夠經由有關個體的這類數據得到理解的。

要想弄清楚有關結構的問題，弄清楚它們對於說明即便是個體行爲的重要意義，就需要有一種視野遠爲開闊的經驗主義風格。比如說，在哪怕是美國社會的結構中，尤其是某一時間的某個美國城鎮，通常這就是所謂「抽樣區」，也會存在如此眾多的社會維度和心理維度上的共同特性，以至於社會科學家必須納入考慮的行爲多樣性完全無法獲得。只有當我們拓寬視野，涵蓋比較性、歷史性的多種社會結構，才能獲得那種多樣性，並由此正確地梳理問題。但抽象經驗主義者由於抱守認識論上的教條，系統性地採取了非歷史、非比較的視野。他們探討小範圍的區域，偏向於心理主義。他們無論是界定自己的問題，還是說明自己的微觀發現，都不會對歷史性社會結構的基本觀念有任何切實的運用。

即便是作爲對於周遭情境的研究，也不能指望這類研究具有深刻的洞察。根據定義，也基於自己的研究，我們知道，處在特定情境中的人們（受訪者）對於所處情境中的許多變遷

於社會科學現行研究政策的關注有更直接關聯的是，心理主義的理據在於，如果我們研究一系列的個體及其所處情境，研究的結果能以某種方式加總爲有關社會結構的知識。

的原因往往是不知曉的，只有從結構轉型的角度才能理解這些變遷。當然，這種總體視野與心理主義正好構成兩極對立。它對於我們的方法會產生什麼樣的影響，似乎是一目了然的：細節性研究所選擇的情境，應當切合具有結構性意義的問題。在情境中分離出來並加以觀測的「變數」，應當是我們考察結構後已經發現很重要的那些類型。當然，針對情境的研究和針對結構的研究之間，應該有雙向互動。如果認為社會科學的發展就像是分散自處的一群婦女，各自補綴一床大被的一小部分，可不是什麼高明的想法。這些小碎片無論多麼精確設定，都不會如此機械、外在地關聯一體。

但在抽象經驗主義的實踐中，透過多少標準化的統計分析，「拿到數據」，「跑一下數據」，通常由那些半熟練的分析員來做，這根本不算什麼稀奇之事。這樣就有了雇用一位社會學家，甚至是一組社會學家，「真的來分析它」。這就引出了我的下一個論點。

在抽象經驗主義者當中，晚近有一種趨勢，就是在經驗研究之前，先來上那麼一兩章為序，概述「問題的相關文獻」。這當然是個好兆頭，我覺得是在一定程度上回應來自既有社會研究學科的批評。但在實際操作中，這項工作幾乎都是在數據已經蒐集並「成文」後再來做的。不僅如此，既然這項工作耗時頗費，又磨人耐性，在忙碌的研究機構裡，就往往轉交同樣忙碌的助手來做。然後，他搞出來的備忘摘錄會被重新打磨，努力使經驗研究披上「理論」的包裝，並「賦予其意義」，或者，如同人們常說的，「從經驗研究中攢出個更好的故事」。即便只是這樣，或許也聊勝於無。但這的確會經常誤導局外人，後者可能貿然認定，這項具體的經驗研究經過了謹愼選擇、細緻設計、精心實施，在經驗上足以檢驗更爲寬廣的觀念或假設。

我不相信通常做法就該這樣。事實上，只有那些認眞對待社會科學的「文獻」的人，基於「文獻」本身的角度，花費足夠的時間，去把握其所包含的觀念、理論和問題，只有經這些人的手，才能確定什麼是通常做法。只有到那時人們才能領會，可以不用丟棄這些研究的問題和觀念，而把它們的意義轉譯到適宜於「方法」的更爲具體、範圍更小的問題。當然，所有從事實際研究的社會科學家在做的就是這類轉譯，儘管按照他們的理解，「經驗的」這個術語並不局限在有關一系列同時代個體的抽象的統計資訊，而「理論」也不只是彙集「解釋變數」。

在這樣的討論中，頗有一些耐人尋味的把戲。如果從邏輯的角度來分析，我所考察的這類研究揭示出，用來解釋和說明「數據」的那些「耐人尋味的概念」，幾乎總是指向：⑴高於訪談所利用的層面的結構性、歷史性「因素」；⑵低於訪談者所能了解的深度的心理「因素」。但是關鍵在於，無論是結構的概念，還是心理深度的概念，一般都不是用來梳理研究、蒐集「數據」的用語。這些用語也許會約略指向其中某個方向，但並不屬於這種研究風格通常確認的那些特指的、「清潔的」變量。

之所以如此，主要原因似乎很明顯：在實踐中，作爲基本資訊源，多少是框定的訪談通常需要有一種奇怪的社會行爲主義。鑒於研究在管理上和財務上的實情，這種狀況幾乎無法避免。這是因爲，充其量不過是半熟練的訪談員，透過短短二十分鐘，甚或是持續一整天的訪談，也是無法獲取我們所知道的那種深度材料的，那得靠訓練夠多、耗時夠長的訪談才能得到，這難道不是顯而易見的嗎？⑱而我們所知從適當以歷史爲導向的研究中可以獲取的那種有關結構的資訊，也是不可能從尋常的抽樣調查中得到的。

然而，有關結構和深度心理的觀念還是被生硬搬用到抽象經驗主義風格的研究中。它們訴諸一般性的觀念來說明特定的觀察。一般性觀念被用來闡述結構或心理方面的問題，作爲一項研究的「成文」的「起首」。

在有些研究行話裡，當細節性的事實或關係被寬泛的假設頗具說服力地「說明」，有時會使用「聰明」（bright）這個詞。當細碎的變數的意義被拓展，用來說明寬泛的問題，結果就可能被指爲「漂亮」（cute）。我之所以提這個，是要表明，正在興起一套「行話」，來遮掩我說的這些步驟。

凡此種種，等於是用統計結果來刻畫一般性論點，又用一般性論點來刻畫統計結果。一

---

⑱ 必須順帶指出：這些堆砌事實的研究之所以徒具形式、單薄貧乏，甚至空洞無物，原因之一就在於，研究中很少甚至根本沒有來自負責研究的人的直接觀察。所謂「經驗事實」，就是科層機構指導下組織的一群通常只受過半吊子訓練的人蒐集的事實。人們已經忘記了社會觀察要求高超的訓練和敏銳的感受，而發現往往就出現在具備想像力的心智融入社會現實之時。

般性論點既沒有得到檢驗，也沒有變得具體。它們只是被調整以適應數據，就像數據被安排調整以適應它們。一般性論點和說明可以結合其他數據使用，而數據也可以結合其他一般性論點使用。借助運用這些邏輯把戲，研究被賦予了結構性、歷史性和心理性的意義，而那些研究就其抽象處理的風格本身而言，恰恰消除了諸如此類的意義。照著以上所示的方式，以及其他一些方式，就有可能既抱守「方法」，又試圖掩蓋其結果的瑣屑。

在給定章節的起首段落，在所謂「概述」章節，有時在某個「承上啓下」的「解釋性」章節，諸如此類的步驟的運用實例比比皆是。在此我並不打算細緻考察給定的研究，只希望提醒讀者，便於他自己更敏銳地審察這些研究。

我要說的其實就是：任何類型的社會研究都是靠觀念推進的，事實對它只起到了約束作用。無論是對於有關「人們爲何像這樣投票」的抽象經驗主義的調查，還是對於歷史學家有關十九世紀俄國知識分子的所處位置與所持立場的闡述，這一點都同樣適用。前者遵循嚴格步驟，往往更加精緻繁瑣，當然也更加矯揉造作。但兩者的結果在邏輯上的地位並無二致。

最後，對於抽象經驗主義所獲結果爲何通常顯得單薄貧乏，還有一種說明，或許最好表述成一個問題：那些眞實但並不重要的東西，與那些重要但並不一定眞實的東西，兩者之間是否必然存在張力？這個問題更好的問法是：社會科學領域裡的工作者應當樂於解決哪一個層次上的證明？我們當然有可能變得如此一絲不苟，乃至於必然只剩下鉅細靡遺的闡發，除此無他；我們也有可能變得非常模糊含混，最終只剩下一些大而無當的概念。

那些囿於方法論上的約束的人，往往不願意談論任何有關現代社會的事情，除非經過「統計儀式」（The Statistical Ritual）的精緻打磨。常聽有人說，他們搞出來的東西就算無足輕重，至少眞實無誤。我對此不能苟同，更愈益懷疑究竟有多麼眞實。我好奇的是，這裡面有多少精確甚或是僞精確與「眞實」混爲一談，而抽象經驗主義又在多大程度上被當成唯一「經驗性」的研究方式。如果你曾經有過那麼一兩年認眞研究過數千小時的訪談，做過仔細的編碼和打孔，就會逐漸看到，「事實」的領域其實會有多少可塑性。不僅如此，就「重要性」而言，當我們當中某些充滿能量的頭腦殫精竭慮研究細節，就因爲他們奉爲圭臬的那個「方法」不允許他們研究別的，那當然它會是重要的。現在我確信，這類研究中大多數已經淪爲單純的遵循儀式，這儀式剛好能獲得商業價値和基金價値，而不是像其代言人聲稱的那樣，「堅守科學的強硬要求」。

精確並不是方法選擇的唯一標準；誠然，精確不應當像經常發生的那樣，被與「經驗的」或「眞實的」混爲一談。我們在研究切身相關的問題時，應當盡可能精確。但不存在任何方法憑其本身就應當用來限定我們著手研究什麼問題，哪怕我這麼說的唯一理由就在於，那些最耐人尋味、最棘手的有關**方法**的議題，常常起於既定技術無法應用之處。

如果當切實的問題從歷史中浮現出來時，我們能對其有所感受，有關何爲眞實和重要意義的追問也就往往不言而喻了：我們應當盡可能細緻而精確地研究這類問題。無論過去還是現在，社會科學領域裡的重要研究通常都是精心闡發的假設，在關鍵論點上憑藉更詳實的資訊詳加論述。事實上，要應對那些被廣泛認可爲重要的話題和主題，並無他法，至少迄今尚未出現。

我們的研究必須關注重要的問題，或者更常見的講法是，具有重要意義的問題，這樣的要求究竟意味著什麼呢？對什麼而言具有重要意義？行文至此，必須指出，我的意思並不只是說，它們必須具備政治上、實踐上或道德上的含義，無論這類術語可能被賦予什麼樣的意思。我們首先應當表明的意思在於：它們應當與我們有關社會結構的觀念，與這套社會結構中所發生的事情，具備眞正的相關性。所謂「眞正的相關性」，我指的是我們的研究應當與這類觀念具備邏輯上的關聯，而所謂「邏輯上的關聯」，我說的是在我們研究的設問階段和說明階段，在更爲寬泛的闡發與更細節性的資訊之間，應當有公開而清晰的相互融貫。關於「具有重要意義」的政治含義，我稍後會來談。與此同時，顯而易見的是，像抽象經驗主義這樣謹愼和刻板的一種經驗主義，卻在探究中清除了我們時代重大的社會問題和人性話題。所以，想要理解這些問題、探索這些議題的人，就會轉向其他闡述信念的方式以獲得啓蒙。

五

在對於許多問題的研究中，與哲學截然有別的經驗主義的特定方法顯然是方便合用的。

我也看不出任何人能夠合乎情理地反對這樣來使用這些方法。當然，透過適當的抽象，我們能夠精確地談論任何事情。沒有什麼東西本質上是排斥測量的。

如果你所研究的那些問題很適宜於統計程序，那就應當堅持嘗試使用。比如說，要摸索一套有關精英的理論，我們需要知道一群將軍的社會出身，自然會努力找出來自不同社會階層的比例。如果我們需要了解白領人群的實際收入從一九〇〇年以來上漲或下降的程度，就會做個按行業區分的收入的時間序列，並以某種價格指數作爲控制。不過，一旦一般化，誰都不需要接受這樣的程序作爲唯一可用的程序。當然也沒有人需要接受這個模式作爲總體上的典範。這並不是唯一一種經驗方式。

我們應當依照對於整體的不那麼精確的看法，選擇特定的、細碎的特性，進行深入而精確的研究，以便解決與結構性整體相關的問題。這種選擇的做出依據的是我們的問題的要求，而不是遵照某種認識論教條得出的「必要性」。

我並不假定什麼人有權利反對就微小問題進行細節性研究。這類研究所要求的局部聚焦或許屬於可敬的對於精確與確定的追求，可能也算學術分工的一部分，屬於同樣任何人都不該反對的專業化的一部分。但我們當然也有權問一句：如果這些研究屬於某種分工，而作爲整體的勞動構成了社會科學事業，那麼這些研究所屬的整體中其他分工在哪裡？將諸如此類的研究納入某個更大圖景的那個「分工」又在哪裡？

應當指出，幾乎所有研究風格的踐行者都往往使用類似的口號。今天每個點算屋外附屬設施的人（這個老梗絕不僅僅是個笑話）都非常清楚自己這麼做在概念上的含義；而每個詳盡闡發區分特性的人（許多人還只做這檔事）也都對「經驗驗證範式」一清二楚。人們普遍認識到，任何系統性的理解嘗試，都涉及（經驗）吸收（intake）與（理論）吸收（assimilation）之間的某種相互輪替，也就是說，應當用概念和觀念來指導事實調查，而細節性調查又應當用來核查及重塑觀念。

在方法論上的約束之下，人們綁手綁腳，與其說困於經驗吸收，不如說囿於本質上屬於認識論層面的方法問題。其中許多人，尤其是年輕一些的人，並不很熟悉認識論，有鑒於此，他們往往會對支配他們的那套典範抱持相當教條的態度。

而在對「概念」的盲目崇拜之下，人們則是困於相當高的概括層次上，後者通常具有句法性質，人們因此無法觸及事實。在社會科學的操作過程中，這兩種趨向或學派在本該消停的地方依然存在並且十分興盛。但我不妨直言，本該消停不做討論的地方，卻被這兩方搞成了通向徒勞無獲的入口。

從學術上來看，這些學派代表著放棄經典社會科學。而承載它們的放棄的載體，卻是矯揉造作、過度精細地闡發「方法」和「理論」。究其原因，主要是因爲它們都缺乏與實質問題保持牢固的關聯。如果各種教義和方法的盛衰起落完全出於彼此之間的某種純粹學術性的競爭（更充分、更有益的勝出，而較多欠缺、較無益的落敗退出），那麼宏大理論和抽象經驗主義就都不會獲得它們享有的如許優勢地位了。宏大理論將只是哲學家當中的一股次要趨勢，或許只是年輕學人需要通讀的東西；而抽象經驗主義將會是科學哲學家當中的一種理論，同時是社會研究的幾種方法裡面一種有用的附屬。

假如別無他物，只有這兩種東西高高在上，比肩而立，我們的境況就實在很慘。不妨把作爲實踐的它們理解爲確保我們對人和社會不會了解太多，前者靠的是講究形式但雲山霧罩的隱晦艱澀，而後者靠的則是講究形式但空洞無物的天眞精巧。

第四章　各種實用取向

社會科學中的混亂既是「科學性的」，也是道德性的；既是學術上的，也是政治上的。而試圖對這一事實視若不見，正是這種混亂揮之不去的原因之一。要想對社會科學中各式各樣流派的問題與方法做出評判，不僅需要對大量學術議題做出判斷，還必須對眾多政治價值做出取捨，因為我們要是不知道問題**對誰而言**是問題，也就無法很好地闡述任何問題。對於某人來說是問題，對於另一個人可能根本不算問題，這取決於兩個人關注的分別是什麼，也取決於他們對自己的興趣有多了解。不僅如此，這裡還有一項棘手的倫理議題：人們並不總是對符合自己利益（interests）的東西感興趣（interested in）。並不是每一個人都能像社會科學家往往自認的那麼理性。凡此種種，意味著所有研究人與社會的學者都會在自己的研究中假設和暗示一些道德與政治上的決策。

一

社會科學研究始終面臨評估問題。這些科學的傳統包含了一長串往往帶有教條意味的問題解法，煞費苦心的兩面騎牆，以及一批推理縝密、合乎情理的觀點。人們往往根本沒有直接面對問題，只是假定或採納了零散細碎的答案，可供雇用的技術專家型研究人員所做的應用社會學就是如此。這樣的實踐者並不會依據他的技術所稱的中立性，擺脫這個問題，事實上，他會讓其他類型的人替他來解決問題。但學術巧匠（intellectual craftsman）肯定會努力在做自己研究的同時，意識到個中的預設和意涵，尤其是對於其研究所在的社會，對於他在那個社會中所扮演的角色，具有什麼道德意義和政治意義。

現在已經有了足夠廣泛的共識，讓以下觀念成爲常識之見：不能從事實陳述或觀念界定中推出價値判斷。但這並不意味著諸如此類的陳述和界定與判斷毫不相關。不難看出，絕大多數社會議題牽涉到的一大堆扯不清的亂麻裡面，都是既有事實方面的謬誤和觀念方面的模糊，也有評估方面的偏見。只有從邏輯角度解開這團亂麻，才有可能了解這些議題是否眞的牽涉到不同價値之間的衝突。

要確定是否眞的存在這種衝突，並在衝突存在時將事實與價値相分離，當然是社會科學家經常承擔的一項首要任務。這樣的分解有時容易導致用特別的方式重新陳述議題，以開放求解，因爲它可能揭示出同樣的利益集團所持的價値卻不一致。如果陳舊的價値不被犧牲，新興的價値就不能落實，因此，利益相關方要想有所行事，就必須明確最珍視的是哪一種價値。

但是，如果眞正彼此衝突的利益集團如此頑固地抱持某些價値，乃至於無法透過邏輯分析和事實考察來解決這樣的衝突，那麼理性在這等世間人事中扮演的角色就似乎宣告終結了。誠然，我們可以闡明各種價値的意義和後果，可以使它們彼此協調，可以確定它們實際的優劣緩急，可以用事實來支撐它們，但到最後，我們也可能降格爲單純的斷言與反斷言，只能進行辯護或說服。到了最後，如果能堅持到最後，道德問題就成了權力問題；最後一招，如果用得上最後一招，權力的終極形式就是強制。

大衛．休謨（David Hume）的名言說得好，我們不能基於自己的信念，推出我們該如何作爲。我們也不能從我們相信自己應當如何作爲中推出其他人應當如何作爲。到最後，如果要拚到最後，我們只好與不同意我們的人大鬥一場。且讓我們期望這樣的結局不常發生吧。與此同時，要想盡可能通情達理，我們無論怎樣也應該以理相爭。

我們選擇研究哪些問題，涉及到價值；我們使用哪些核心觀念來闡述這些問題，涉及到價值；而解答這些問題的過程也受到價值的影響。就觀念而言，目標應當是盡可能多地使用「價值中立」的術語，自覺意識到殘存的價值意涵，並主動加以闡明。而就問題來說，目標同樣應當是清楚了解選擇問題時秉持的價值，然後盡可能避免在解答問題時懷有評價偏見，無論這個解答把人引向何方，也不管它可能具有怎樣的道德意涵或政治意涵。

順便說一句，某些類型的論家在評價社會科學裡的研究時，看的是它的結論屬於悲觀還是樂觀，是否定性的還是建設性的。這些樂天的道德家要的是激情燃燒，至少最後能如此；研究如果能堅執一份熱誠的樂觀主義小情調，並使我們由此走向生機燦爛，就會讓他們很開心。但我們力求理解的世界並不總能讓我們所有人都在政治上滿懷期望，在道德上飽含自信，也就是說，社會科學家有時會發現難以扮演傻樂白痴的角色。就我個人而言，我碰巧是個非常樂觀的人，但我必須承認，自己從來沒有能力依據一樣東西是否能讓人歡天喜地來下定論。首先，你要力求澄清事實，充分陳述。如果悲觀陰鬱，那很糟糕；如果引向希望，那很不錯。但與此同時，籲求「建設性方案」和「滿懷希望的調子」，往往意味著沒有能力直面事實，哪怕這些事實無疑令人不快，這也與眞理還是謬誤無關，與評判嚴格意義上的社會科學研究無關。

有些社會科學家的治學雖然用力於小範圍情境的細節，但也沒有把他們的研究置於其所處時代的政治衝突和力量之外，而是「接受了」他們所在的社會的框架，至少間接如此，至少實質效果如此。但是，任何人只要接受社會科學全面的學術任務，就不能單純設定這種結構。事實上，他的工作就是要闡明這一結構，並將其作為一個整體進行研究。著手這項工作，**本身就是**他的一項重要判斷。由於美國社會有那麼多的可證僞之處，單純以中立的方式描述它，往往會被視爲「野蠻的自然主義」（savage naturalism）。當然，要隱藏社會科學家可能設定、接受或蘊含的這些價值，其實並不很難。我們都明白，手頭就有一樣做這種事情的不太上得了檯面的機制：社會科學，尤其是社會學中的許多行話，就是因爲對毫無實質擔當而片面追求精緻形式抱有奇怪的熱情。

任何人只要獻身於研究社會並公開發表成果，無論他是否願意，也不管他是否清楚意識到，他的所作所爲**就**都帶著道德的意味，往往也帶著政治的意味。問題在於他是直面這一境況並明確心意，還是自欺欺人，在道德上放任自流。在今日的美國，許多社會科學家，不妨說大多數社會科學家，都是或坦然或不安的自由派。他們順從於普遍蔓延的對於任何深切擔當的恐懼。當這類人抱怨要「做出價值判斷」時，他們眞正想要的是**這種順從**，而不是什麼

「科學的客觀性」。

還有教學，順便說一句，我不覺得它和寫作是一回事。當你出版了一本書，它就成了公共財產。作者對其讀者公眾即使有責任，唯一的責任就在於盡可能把書寫好，他是最終評判者。但教師還有進一步的責任。從某種程度上說，學生是被俘獲的聽眾，在一定程度上依賴其教師，後者在他們眼裡成了某種榜樣。他的首要工作就在於盡可能充分地向他們揭示，一個據說充滿自律的頭腦究竟是如何運轉的。教學的藝術很大程度上就是大聲說出來而可以被理解的思考藝術。在書裡，作者常常試圖說服別人接受其思考的結論；而在教室裡，教師則應當努力向別人展示一個人是怎樣思考的，同時也展示出，當他思考頗有所得時，感覺有多美妙。因此，在我看來，教師應當把各種預設、事實、方法和判斷都說得非常明確，不應當有任何隱瞞，而應當循序漸進，隨時反覆揭啓所有可能的道德方案，然後才給出他自己的選擇。但如果是這麼寫作，會非常枯燥乏味，也不可能保持自我清醒。精彩的講課之所以成書後往往不會大賣，原因之一正在於此。

像肯尼士．博爾丁（Kenneth Boulding）那樣樂觀是很難的，他寫道：「儘管我們的實證主義者千方百計要使研究人的科學去人性化，它也依然是一門道德科學。」但要對萊昂內爾．羅賓斯（Lionel Robbins）提出異議甚至更加困難，他寫道：「可以並不誇張地說，今天文明面臨的主要危險之一，就是受自然科學訓練的心智沒有能力洞察經濟範疇與技術範疇之間的差異。」①

二

凡此種種，本身並不會讓人煩亂。它就算不被直面，也已是廣爲人知。今日的社會研究往往會直接服務於軍隊將領、社會工作者、公司經理和監獄管理者等。諸如此類的**科層應用**還在與日俱增，並且無疑還將持續下去。而無論是社會科學家還是其他人等，也都在以**具備意識形態意味的方式**在使用這些研究。事實上，社會科學也是作爲社會事實存在的，就此而言，它在意識形態上的相關性是內在固有的。每個社會都持有標明其自身屬性的意象，尤其是那些爲其權力體制和有權勢者的做派提供正當性辯護的意象和口號。社會科學家搞出來的意象和觀念與這些通行意象可能契合，也可能牴觸，但總會對後者產生連帶意涵。一旦這些連帶意涵爲人知曉，往往會陷入爭論，並被付諸應用：

這些意象和觀念爲權力的安排和有權勢者的支配地位提供正當化辯護，就此將權力轉換成權威。

① 這兩段引文轉引自巴爾贊（Barzun）與格拉夫（Graff）合著的《現代研究者》（*The Modern Researcher*），New York, Harcourt, Brace，一九五七，第二一七頁。

它們批評或揭露通行的安排和統治者，就此剝奪其權威。

它們轉移對於權力和權威話題的關注，就此轉移對於社會本身結構性現實的關注。

諸如此類的應用並不一定是社會科學家有意爲之。事實或許就是這樣，但社會科學家一般也都會意識到自己所做研究的政治意涵。在這個意識形態的時代，就算他們當中這位不清楚，那一位也很可能清楚。

對於明確的意識形態正當化辯護的需求已經大大增長，哪怕只是因爲把持大權的新型制度/機構（institutions）雖然已經興起，卻尚未獲得合法化，而舊有的權力曾經的保障已經過時失效。比如說，現代企業的權力並不是由十八世紀傳承下來的自由主義學說自動給出正當化辯護的，而在美國，這樣的學說正是合法權威的主線。所有利益及權力，全部激情和偏見，一切憎恨與希望，都傾向於獲得某種意識形態機制，賴以和其他利益集團的口號、符號、學說和訴求一爭高下。隨著公共溝通（public communication）日益擴張，不斷加速，其效力也在不斷重複之下變得愈益減損。因此，對於新的口號、信念和意識形態的需求是持續不懈的。置身這等大眾傳播（mass communication）和深度公關（intensive public relations）的情境，社會研究要是還能免於爲意識形態提供裝備的需求，的確是很奇怪的事情，而社會研究者如果不能提供這種裝備，那就更奇怪了。

但無論社會科學家是否意識到這一點，單憑作爲一名社會科學家展開工作這一點，他就在一定程度上履行著科層制度或意識形態性質的角色。不僅如此，任一端的角色都很容易滑向另一端。運用出於科層目的的極爲形式化的研究技術，也很容易滑向爲據說基於這類研究而做出的決策提供正當化辯護。反之，帶有意識形態意味地運用社會科學的發現，也很容易成爲科層制運作的組成部分。今天人們諸般嘗試，將權力合法化，讓特定的政策受人歡迎，其實往往在相當程度上屬於「人事管理」和「公共關係」。

回觀歷史，人們運用社會科學的意識形態方式多過科層管理方式。即便現在，可能也還是如此，儘管雙方均勢似乎經常發生變化。在某種程度上，意識形態的運用乃是因爲，絕大多數的現代社會科學其實都是與馬克思的研究之間往往不被承認的論爭，也是對社會主義思潮和共產主義政黨的挑戰的反思。

古典經濟學一直是作爲一種權力體制的資本主義的主要意識形態。就此而言，它往往遭到「富有成果的誤解」，甚至像今天蘇聯政論作者對於馬克思作品的用法。經濟學中的歷史學派和制度學派已經對古典主義學說和新古典主義學說發起了批判，清楚揭示了經濟學家是如何抱守自然法的形而上學和功利主義的道德哲學。但要理解這些學派本身，只能訴諸保守主義、自由主義或激進主義的「社會哲學」。尤其是二十世紀三〇年代以來，經濟學家已經成爲政府和企業的顧問，提出各種管理技術，爲政策公開聲言，並確立細節性經濟報告的規矩。上述種種都同時涉及到科層管理的用途和意識形態的用途，儘管並不始終直白表露，卻是非常積極主動。

經濟學目前這種混淆一團的狀況，既涉及到有關方法和觀點的問題，也包括有關政策的問題。同樣傑出的經濟學家，公開發表的觀點卻是大相徑庭的。比如加迪納．敏斯（Gardiner C. Means），就抨擊他的同行們抱守原子化企業這種「十八世紀」的意象，並呼籲建立新的經濟模型，其中的巨型企業可以制定並控制價格。另一方面，華西里．李安鐵夫（Wassily Leontief）則批評同行們分裂成純粹理論玩家和只管攫取事實的人，呼籲探索投入與產出關係的複雜圖式。但科林．克拉克（Colin Clark）卻認爲，這類圖式屬於「鉅細靡遺、漫無重點、徒耗時間的分析」，號召經濟學家們思考如何增進「人類的物質福祉」，並要求減稅。而約翰．加爾布雷思（John Galbraith）則斷言，經濟學家應當停止一味關注增加物質福祉，美國已經富得流油，還要進一步增加產出是很愚蠢的。他呼籲同行們要求增加公共服務，以及增加稅收（其實只是銷售稅）。②

即使是人口學這樣頗具統計學意味的專業，也已經深深捲入了由湯瑪斯．馬爾薩斯（Thomas Malthus）最初挑起的事實爭議和政策衝突。這些議題中有許多現在聚焦於前殖民地區，我們在那些地方發現，文化人類學從幾個方面入手，深入關注殖民主義的相關事實與精神。從自由主義者或激進主義者的立場來看，這些國家的經濟問題與政治問題可以大體界定爲需要經濟快速增長，尤其是工業化及其全部相關發展。而人類學家在參與討論時，一

② 比較《商業週刊》上有關經濟學家的報導，見 *Business Week*，一九五八年八月二日，第四十八頁。

般都會帶有幾分謹慎，就像老殖民強權的那些擔憂，似乎是要回避今天在不發達地區幾乎必然伴隨變遷而來的那些動盪和張力。文化人類學的內容與歷史當然不是靠什麼殖民主義的事實來「說明」的，儘管諸如此類的事實也不能說與之毫無關係。文化人類學還服務於自由主義乃至激進主義的宗旨，尤其是它堅持認爲簡單社會的人民淳樸正直，主張人的性格具有社會相對性，並在西方人當中展開反本位偏狹立場的宣傳。

有些歷史學家似乎熱衷於重寫過去，但只能被視爲服務於當下的意識形態宗旨。眼下就有一例，美國要「重估」南北戰爭結束後的企業生活和其他工商生活。仔細檢視最近幾十年的大部分美國歷史，我們不得不承認，無論歷史是什麼或應該是什麼，它都很容易變成不堪其負地重新塑造各種國族神話和階級神話。隨著社會科學的新型科層管理用途漸漸成勢，也出現了新的嘗試，要倡揚「美國的歷史意義」，二戰以來尤其如此。而在這股倡揚之風中，有些歷史學家已經使歷史有益於保守主義的思想傾向，並被這種傾向在精神上和物質上的受益者所用。

我們肯定不能指責政治學家，特別是探討二戰以來國際關係的政治學家，滿懷某種對抗的心氣考察美國政策。尼爾·霍頓（Neal Houghton）教授甚至斷言，「一向被錯當作政治學學術的許多東西，其實不過是爲這些政策做些合理化注腳並叫賣推銷。」③或許他的話失

③ 一九五八年四月十二日在美西政治學會（Western Political Science Association）上的演講。

之偏頗，但對於他揭露出來的狀況，卻必須詳盡考察，而不能棄置一旁。無獨有偶，要回答阿諾德·羅戈（Arnold Rogow）教授的提問：「那些重大話題究竟出了什麼問題？」[4]就必須認識到，晚近的政治學大多已經無關乎理解重要的政治現實，卻和從科學的角度爲官方的政策和疏失的鼓吹脫不了關係。

我提及這幾種實際用途和連帶意涵，既不是爲了批評，也不是試圖證明存在偏見。我之所以如此，只是想提請讀者注意，社會科學必然牽涉到科層慣例和意識形態話題，而今日社會科學之所以紛繁多樣，混亂一團，也與這種相關性有關。所以，對於它們的政治意涵，清楚闡明總好過遮遮掩掩。

三

在十九世紀下半葉，美國的社會科學與改革思潮和改良活動有著直接的關聯。人們所知的「社會科學運動」，到一八六五年組建成「美國社會科學學會」（the American Social Science Association），就屬於十九世紀晚期的這類嘗試，要「運用科學」來研究社會問

---

④ *American Political Science Review*, September，一九五七。

題，而不求助於直露的政治策略。簡單來說，這股運動的成員尋求將下層民眾的困擾轉變成中產階層公眾的議題。到了二十世紀的頭幾十年，這場運動已經走完了它的歷程。它已經不再承載著什麼有關改革的中產階層激進意識形態。它對於整體福祉的格局寬廣的迫切要求，已經變成對於社會工作、合作慈善、兒童福利、獄政改革之類範圍有限的關注。不過，除了「美國社會科學學會」，社會科學中還興起了幾個專業學會，並適時出現了幾種學院裡的科系。

因此，早先中產階層有關改革的社會學就出現了分裂，一方面發展成爲學院裡的專業，另一方面發展成爲更具體化、制度化的福利活動。不過，這樣的分裂並不意味著學院專業變得在道德角度上保持中立，在科學角度上客觀漠然。

在美國，自由主義已經成了幾乎所有社會研究在政治上的共同尺度，也是幾乎一切公共修辭和意識形態的思想泉源。人們普遍認爲，這是因爲眾所周知的歷史條件，或許首先是因爲缺乏封建制，因此也就缺乏反資本主義精英和知識分子的貴族制基礎。古典經濟學的自由主義依然塑造著工商精英中的重要群體的視野，仍有其政治上的用途。即便是在最老辣精妙的經濟學描述中，平衡或均衡觀念的地位也依然牢不可摧。

自由主義也已經影響了社會學和政治學，只是方式更爲彌散。美國社會學家與其歐洲前輩截然不同，強烈傾向於一次研究一樁經驗性細節、一種情境問題。一句話，他們的關注點往往是細碎散落的。他們遵循「民主的知識理論」，設定所有事實生而平等。不僅如此，他們還主張，對於任何一項社會現象，都必然存在大量細微的原因。這種所謂的「多元主義因果關係」（pluralistic causation），非常有助於「漸進式」改革的自由主義政治。事實上，認爲社會事件的原因必然是爲數眾多，細碎散落，這樣的觀念很容易陷入不妨稱爲自由主義實用取向（liberal practicality）的視角。⑤

如果說美國社會科學的歷史中蘊含有什麼取向脈絡的話，顯然是偏向於細碎散落的研究，偏向於事實性的調查，以及與此相伴的信條：多元主義立場下的多因混融觀。這些就是作爲一種社會研究風格的自由主義實用取向的基本特徵。因爲如果一切都是由難以計數的「因素」導致的，那麼我們不管從事什麼實際行動，最好都要非常小心。我們必須處理許多細節，因此建議先改革某個細微部分，看看後果如何，再改革下一個細微部分。當然，我們最好不要如此教條，也不要好高騖遠，行動計畫過於龐大。我們在進入一切皆流變不居、彼此關聯的潮流之前，必須放寬心態，清楚知道自己對於所有發揮作用的多重原因，很可能尚不知曉，也或許永遠不會知曉。作爲研究情境的社會科學家，我們必須察覺到許多微小的原因；而作爲投身實踐的人，要想行事明智，我們必須對情境進行漸進式的改革，循序積微。

⑤ 參見米爾斯，The Professional Ideology of Social Pathologists, *American Journal of Sociology*, September，一九四三。

且慢展開，想必有人曾經說過，事情並不如此簡單。如果我們把一個社會分解成許多微小的「因素」，接下來自然就需要其中大量的因素來闡述一樣事情，而我們永遠無法確知自己是否已經全面把握了它們。單純從形式上強調「有機整體」，加上未能考慮到往往是結構性的充分的原因，再加上被迫只能一次考察一個情境，諸如此類的觀念的確使人們難以理解現狀的結構。爲了平衡起見，或許我們應當提醒自己別忘了還有其他的觀點：

首先，「有原則的多元主義」也可能像「有原則的一元主義」一樣教條化，這難道不是顯而易見的嗎？其次，難道不可能既研究各種原因又不完全湮沒其中嗎？事實上，這難道不是社會科學家在考察社會結構時應當做的嗎？我們透過這類研究，當然是在力求找出某樣事情的充分原因，一旦找到，又要講清楚怎樣看待那些具有戰略意義的關鍵因素，它們作爲政治行動和管理行動的目標，讓人們有機會在塑造世間人事時用上理性。

然而，在自由主義實用取向的「有機」形而上學裡，只要是傾向於和諧平衡的因素，就有可能得到強調。如果把一切都看成是「持續的過程」，就看不到作爲我們時代鮮明特徵的節奏的突變，定位的顛覆，即使未予忽略，也只是作爲「病態」、「調適不良」的跡象。「民德」（the mores）或「社會」這類看似簡單無害的用語，蘊含著形式性和據稱的統合性，有損於我們看清現代社會結構全貌的可能性。

自由主義實用取向這種片段零碎的特點原因何在？爲什麼會出現這種研究零散情境的社會學？學院科系的奇怪分割或許助長了社會科學家把自己的問題搞得四分五裂。尤其是社會學家，似乎往往覺得，那些更老舊的社會科學的代表不願意承認社會學應有其一席之地。就像奧古斯特・孔德，就像塔爾科特・帕森斯那樣的宏大理論家，社會學家或許想要某種屬於他們自己的東西，與經濟學和政治學涇渭分明。但我認爲，學院爭鬥中對於各門科系的限制，或者就是總體能力不夠，並不能完全充分地說明自由主義實用取向爲何抽象層次低，與此相伴的是其追隨者無法考慮社會結構的相關問題。

不妨來看看作爲眾多社會學書籍寫作對象的公眾：這門學科中絕大多數的「系統性」或「理論性」研究，都是由教師們出於課堂教學目的而在教科書裡展開的。請記住，社會學往往要對抗其他科系而贏得其在學院中的生存權利，這一事實可能使教科書變得更有必要。如今的教科書是要組織編排各種事實，以便年輕人可以接觸利用，而不是以研究和發現的增長點爲核心。有鑒於此，教科書很容易變成頗爲機械地蒐集事實，以描繪多少已是定論的觀念。而在將不斷積累的細節納入某種教科書秩序時，新觀念在研究上的可能性，觀念與事實之間的相互作用，通常不會被視爲至關重要。舊的觀念與新的事實往往比新的觀念重要得多，人們經常覺得後者很危險，會限制一本教材被「採納」用於課堂教學的銷量。教授們是否採用一個文本，就對其做出了評判，因此也就決定了是什麼意味著它的成功。說到底，我們別忘了，要撰寫新教案，確實需要花些時間。

但是，作爲撰寫這些書的對象的學生又是哪些人呢？他們主要是中產階級的年輕人，其中有許多出身農場主或小商人，中西部院校尤其如此。他們努力拚搏，要成爲專業人士和低階主管。爲他們寫作，也就是爲一群頗爲特別的人寫作：不斷向上爬的中產階級公眾。作者和公眾、教師與學生，社會經驗其實是相似的。他們來源相仿，去向類似，可能遇到的阻礙也差不多。

在先前研究情境的實踐社會學中，對於政治方面問題的考察很少會是激進立場的。自由主義實用取向往往回避政治性，或者渴求某種民主機會主義。它的奉行者觸及某些政治性的東西時，通常會以「反社會」或「腐敗」之類的術語來陳述其「病態」特性。在其他場合，「政治性」似乎被視同爲政治現狀的功能的恰當運作，也很容易被視同爲法律或行政管理。政治秩序本身卻很少得到考察，而只是被設定爲一套頗爲固定、與己無關的框架。

自由主義實用取向特別適合某些人，他們借助自己的社會位置，處理一系列的個案，通常還具備一定程度的權威。法官、社會工作者、精神衛生專家、教師和地方改革家往往會從「情境」的角度來考慮問題。他們的視野往往囿於既存的標準，而他們的專業工作又傾向於培養他們養成某種職業無能，無法超越一系列的「個案」層面。他們的個人閱歷，還有他們各自看待社會的視角，都太類似、太同質化，無法促成觀念的競爭和意見的爭執，擔心會導致試圖建構整體。自由主義實用取向就是一種道德化的情境社會學。

「文化滯後」（cultural lag）的觀念在相當程度上就屬於這種「烏托邦式」和進步主義的思想風格。這個觀念意味著需要改變某種東西，以「適應」日益進步的技術狀況。不管被視爲「滯後」的東西是什麼，它存在於當下，但形成的原因卻被視爲在於過去。評判就這樣被裝扮成有關某種時序的陳述。文化滯後作爲對失衡「進步」的評估性斷言，對秉持自由主義和祈願情懷的人非常有用。它告訴他們該「籲求」哪些變遷，又有哪些變遷「應該」發生卻尚未發生。它告訴他們哪些地方已經取得進步，又有哪些地方他們還做得不夠好。當然，對於某種病態「滯後」的審察，會在一定程度上被其呈現出的歷史僞裝，被十分粗魯地塞入「籲求」之類貌似客觀的用語的小規劃，弄得更加複雜。

從文化滯後的角度來陳述問題，等於在掩飾評價，但更重要的問題在於：自由主義實用派更容易採用哪些類型的評價？整體而言的「制度」滯後於整體而言的「科技」，這是個非常流行的觀點。它對「科學」，對循序進步的變遷，抱持積極正面的評價。簡言之，這是啓蒙運動在自由主義角度上的延續，它滿懷理性主義；對於自然科學抱持彌賽亞性質的、如今在政治上看來天真幼稚的崇拜，不僅把自然科學看作是思考的典範，**而且**視之爲行動的榜樣；還尊奉作爲進步的時間觀。把這種進步觀帶進美國的院校的，是曾經風行的蘇格蘭道德哲學。從南北戰爭結束後，直到僅僅約莫一代人之前，從某種程度上說，構成美國城市中產階級的還是生意日益擴張中的人，他們不僅掌握了生產工具，**還**獲得了政治權力，也贏取了社會聲望。老一代社會學家中，許多學院人士要麼來自這些上升階層，要麼積極與之融合。而他們的學生，也就是他們思想的受眾，則是這類階層的產物。屢屢有人指出，有關進步的觀念通常適合那些正在收入和位置的層級上節節攀升的人們。

那些運用文化滯後觀念的人，一般不會考察某些利益群體和決策者的位置，而他們可能正是造成一個社會的不同領域「變遷速率」各不相同的背後因素。你也可以說，就文化各部分**可能**運動的變遷速率而言，往往倒是技術在「滯後」。一九三〇年代的情況肯定就是這樣，時至今日，在家用技術和人員交通之類的領域，情況依然大抵如此。

與許多社會學家對於「滯後」的用法相反，托斯丹·韋伯倫的用語是「滯後、裂縫和摩擦」（lag，leak and friction），並由此通向有關「工業與商業之對比」的結構性分析。他問道：「滯後」在什麼地方產生了不適？他試圖揭示商人們是如何恪守企業規範而行事，培養起消極無爲的習性，從而導致有效地侵害了生產和生產力。他還在一定程度上認識到利潤創造在私有制體系內的作用，但並不特別關心「去工匠化的結果」（unworkman-like results）。不過，重要的是他揭示了「滯後」的結構機制。但許多社會科學家在使用「文化滯後」這個觀念時，洗白了它的政治意涵，從而也喪失了任何具體的、結構性的附著。他們將這個觀念給一般化了，以求用於一切，但始終是散碎凌亂的。

四

要探究實踐中的問題，勢必會做出評價。被自由主義實用派當成「問題」的，往往屬於以下情況：⑴偏離中產階級和小城鎮習慣的生活方式；⑵不遵從追求穩定和秩序的鄉村原則；⑶與「文化滯後」的樂觀主義進步觀口號不合拍；⑷不切合適當的「社會進步」。不過，(5)「調適」（adjustment）及其對立面「失調」（maladjustment）的觀念也從許多方面揭示了自由主義實用取向的關鍵所在。

這個觀念往往很空洞，沒什麼具體內容；但一般來說，它的內容其實就是宣傳要遵從理念上與小城鎮中產階級相維繫的那些規範與特性。但「適應」（adaptation）這個術語所蘊含的生物學比喻卻遮掩了這些社會道德內涵。事實上，與這個術語相伴而來的，是「存在」（existence）和「維存」（survival）這類在社會維度上殊無意義的術語。「調適」這一「概念」借助生物學比喻，變得形式化、普遍化。但這個術語的實際運用卻往往表明，用者接受了所處小共同體情境的那些目的和手段。許多論家建議使用據信比其他選擇較少引起干擾的技術，以求實現既定目標。但他們通常並不會考慮，如果不對作爲整體的制度框架做些調整，那些困於不利情境的特定群體或個體是否有可能實現這些目標。

調適的觀念似乎可以徑直用於這樣一種社會舞臺，臺上一方面有「社會」，另一方面有「個體移民」。然後移民必須針對社會做出「調適」。「移民問題」很早就屬於社會學家的關注核心，用來陳述這個問題的那些觀念也很可能融入梳理一切「問題」的一般模型。

如果細緻考察有關失調的具體描述，我們不難推測出，都是什麼類型的人會被評判爲已經取得了理想意義上的「調適」：

對於上一代的社會學家，乃至整體而言的自由主義實用派，理想的人就是「社會化了的」人。這種理念往往意味著他在倫理上是「自私」的對立面。作爲社會化的人，他考慮著別人並友善待之。他不會兀自冥想或悶悶不樂，相反，他頗爲外向，渴望「參與」所在共同體的日常活動，幫助這個共同體以可調適的勻整節奏「進步」。他參加許多共同體組織，並以它們爲歸屬和目標。就算不是一個毫無保留的「成員」，他肯定也十分積極。他樂於遵從傳統道德，順應傳統動機。他還樂於參與可敬制度的不斷進步。他的父母從未離婚，他的家庭從未遭受無情破裂。他是「成功的」，至少是低調的成功，因爲他滿懷抱負但卻保持低調。可他不會琢磨太超出自己能力的事情，以免自己變成「空想家」。作爲一名正經妥當的小人物，他並不奢望發大財。他的有些品質過於尋常，乃至於我們無法說出個中的意味。但也有些品質頗爲特別，我們由此可知，這個人身處的局勢情境，已經求得調適，他的品質符合某些人所期待的規範，這些人一般是住在美國小城鎮裡的中產階級，眼界局促，獨立自處，亦步亦趨地活出新教徒的理念。

我倒是樂意接受這種令人安逸的自由主義實用取向的小世界，它想必存在於某個地方，否則也一定會被創造出來。而就創造它來講，似乎沒有什麼人群在理念上比上一代美國社會學家的尋常成員更合適，也沒有什麼觀念比自由主義實用取向更有助於這項任務。

五

過去數十年來，除了舊有的實用取向，又冒出來新的一種，事實上，是好幾種新類型。

自由主義已經變得愈來愈不再是一種改良思潮，而是福利國家中對於各項社會服務的管理。社會學已經喪失了它的改良動力，愈益偏重於支離破碎的問題，趨向於零散的因果關係，從而轉向保守主義，爲企業、軍隊和國家所用。隨著這類科層機構愈益主宰了經濟、政治和軍事諸秩序，「實用的」意思也發生了轉換。人們認爲，只有服務於這些大制度大機構的宗旨才能稱得上「實用的」。⑥

或許能夠用「工廠人際關係」學派來便捷地例示新型非自由主義實用取向（illiberal practicality）。⑦如果我們看看這種風格的「文獻」中指涉管理者和工人的所有用語，就會發現，談論管理者時，基本都是沿循「聰明—不聰明」、「合理—不合理」、「有見識—

---

⑥「社會問題」原本是自由主義實用取向在學院裡的主要落腳點，但就連這個專業方向也已經體現出實用取向的新舊類型的轉換。「社會解組」課程已不再維持原狀。到了一九五八年，踐行這類價值的人對於自己秉持的價值有了更爲成熟的自覺意識。從政治上說，這塊領域已經在一定程度上融入了整體意識形態，成爲福利國家中的關鍵壓力群體和行政輔助中的一員。

⑦有關「梅堯學派」（The Mayo School）的詳細描述，參見米爾斯，〈社會學對工業關係研究的貢獻〉（The Contributions of Sociology to Studies of Industrial Relations），刊於《工業關係研究學會首屆年會文集》（*Proceedings of First Annual Meeting of Industrial Relations Research Association*），Cleveland, Ohio，一九四八。

沒見識」這樣的路數，而提到工人時，基本都是沿循「快活—不快活」、「有效率—沒效率」、「士氣高—士氣低」這樣的路數。

這些學者提出的建議，無論直截了當還是間接默含，大多可以精確概括爲如下簡單公式：要讓工人快活、高效、合作，我們只需要讓管理者聰明、合理、有見識。這就是有關工廠人際關係的政治公式嗎？如果不是，那還包括什麼？如果是，結合實際地講，這個公式難道不是把工廠關係的有關問題給「心理學化」了嗎？它所依賴的基礎，難道不就是有關各種利益之間自然和諧的古典公式嗎？只是現在令人遺憾地攙雜了人際關係的脆弱性，體現爲管理者的不聰明，工人的不快活、不理性。基於這些研究概括出的建議，能在多大程度上讓人事管理者透過增進對於雇員的理解，抵銷他們針對管理方的非正式團結，放鬆自己自恃權威的做派，放寬對於雇員的操控，以此確保更爲寬鬆、順暢、有效的管理？上述種種，在士氣（morale）這個「概念」中凸顯無遺。

在現代工廠工作，就是在等級制下工作：有一條權威的脈絡，因此自下觀之，就有一條服從的脈絡。大量的工作是準例行化的，這意味著爲了提高產出，每一位工人的操作都是條塊細分，模式固定。工廠結構的等級制性質、大部分工作的準例行化特徵，如果我們把這兩樁事實結合起來，就會清楚看到，現代工廠中的工作包含著紀律：迅速地、相當模式化地服從權威。所以，人際關係專家如此遮遮掩掩地處理的權力因素，其實對於充分理解士氣問題可謂至關重要。

說到底，工廠既是實施工作的場所，也是形成社會關係的場所。有鑒於此，要界定士氣何謂，我們就必須同時考慮客觀標準與主觀標準。**從主觀角度上說**，士氣似乎意味著願意去做手頭的工作，高高興興去做，甚至享受做的過程。而**從客觀角度上講**，士氣好像是說工作做得富有效率，以最短的時間、最少的麻煩、最小的開支，完成最多的工作。因此，現代美國工廠中的士氣必然涉及工人這一方的樂於服從，其結果是富有效率地執行手頭工作，當然是由管理方來評判。

任何有關「士氣」的觀念要想明晰，都要求闡明用作標準的價值。似乎有兩種相關價值，一種是工人的快活或滿足，另一種是他有何等權力決定自己工作生活的進程。如果我們稍稍擴展一下思維，就會記起，有一種「士氣」是自我管理的工匠所特有的，他參與決定自己的工作，也樂於這樣做。這是亞當．史密斯和傑弗遜式的未被異化的人，或惠特曼（Whitman）筆下「自然生長的人」（man in the open air）。我們還會想起，由於引入了大規模等級制的工作組織，要設想這樣一種人所需要的全部預設都已經變得荒謬。事實上，單單引入這一項因素，就可以基於頗為嚴格的邏輯，從經典自由主義中演繹出經典社會主義。如此一來，從所謂「工人控制」的經典觀念中，就可以構想出第二類「士氣」，事實上已經構想出來了。而想像這種形式時，針對的就是處在大規模集體工作的客觀條件下未被異化的人。

與人際關係專家眼中的這兩類「士氣」相反的是無權無勢卻還樂呵呵的工人的士氣。當然，落入這一類的人也是五花八門，但關鍵在於，如果不改變權力結構，就不可能有任何集體性的工匠之道或自我指導。「人際關係」專家所構想出的士氣屬於這樣一些人，他們已經被異化，但服從被管理的或合慣例的對於「士氣」的期待。「人際關係」專家設定現存的工廠框架不可變異，設定管理者的目標就是所有人的目標，就不會考察現代工廠的權威結構，不會考察工人在裡面扮演的角色。他們對於士氣問題的界定非常狹隘，運用其技術，力求向他們的管理方客戶揭示，該如何在現存的權力框架內提升雇員士氣。他們的努力本身就是操控性的。他們會允許雇員「宣洩減壓」（blow off steam），而不改變他在其中活過自己工作生涯的那個結構。他們業已獲得的「發現」如下：⑴在現代工廠（所謂「正式組織」）的權威結構內部，存在地位組合（status formations）（所謂「非正式組織」）；⑵這些地位組合會抵抗權威，發揮作用，保護工人對抗權威的實施；⑶因此，管理方要想提高效率，防禦「不合作」趨勢（工會和工人團結），不應該試圖拆散這些組合，而應當設法爲己所用（「爲了整個組織的集體宗旨」）；⑷承認並研究這些組合，就有可能實現上述任務，以便操控其中涉及的工人，而不是一味發號施令的權威做派。換言之，人際關係專家已經延伸了現代社會的整體趨向，即以明智的方式合理化，服務於管理精英。⑧

⑧ 當然，也不能就設定，社會科學家在這塊研究領域裡的表現絲毫不比研究工廠人際關係的這個學派高明。

六

新的實用取向帶來了社會科學的新形象，也帶來了社會科學家的新形象。出現了新的機

正相反，已經有了許多出色的研究，而更多的研究目前還在進行。比如下列學者的作品：查爾斯・林布隆（Charles E. Lindblom）、約翰・鄧拉普（John T. Dunlap）、威廉・福姆（William Form）、德爾伯特・米勒（Delbert Miller）、艾倫（V. L. Allen）、西摩・李普塞特（Seymour Lipset）、羅斯・斯塔格納（Ross Stagner）、亞瑟・科恩豪澤（Arthur Kornhauser）、威廉・懷特（William H. Whyte）、羅伯特・杜賓（Robert Dubin）、亞瑟・羅斯（Arthur M. Ross）……就聊舉數例吧。

十九世紀社會科學的重大論題之一，就是在現代資本主義的演進過程中，人們被結構性變遷推動著，陷入缺權少力的境況，同時又在心理維度上變得躁動不安，索求過度。據此可以構想出歷史發展的核心脈絡：隨著理性自覺和知識的擴散，工人們會以新的集體聯合的方式覺醒，擺脫異化，發展成勝利的無產階級的士氣。馬克思有關結構性變遷的討論大多非常正確，只是對於變遷的心理後果，他看走了眼，也不夠充分。在士氣這個觀念中，工廠社會學的理論問題達到了學術上和政治上的極致，同時也成了要去探討異化和士氣的幾種類型的問題，當我們系統地考察權力的結構，考察其對於工人的個體生活具有的意義，就會碰到這樣的問題。它要求我們考察心理性轉換會在多大程度上相伴結構性轉換而來，兩者各自的起因又何在。正是在這類方向上，蘊含著有關現代人的工作生涯的社會科學的承諾。

構，包括工業關係中心，大學的研究部門，企業、空軍和政府中的新設研發分支，安置了這種非自由主義的實用取向。它們並不關注生活在社會底層的那些飽嘗打擊的人們，像惹是生非的壞小子、有失檢點的女人、居無定所的流動工、尚未歸化的移民。恰恰相反，無論在事實上還是在幻想中，它們都勾連著社會的頂層，尤其是那些通曉事理的工商經理和掌握大筆預算的軍隊將領。社會科學家們和遠超福利機構和郡府農業家政顧問⑨的高層級公私權力結成了專業上的關係，這在其各自學科發展史上都是頭一遭。

他們自己的定位從學院轉向科層，他們面向的公眾從改良運動轉到決策集團，他們研究的問題從自己的選擇轉為新主顧的要求。學者自己在思想上的叛逆對抗往往趨於和緩，更加迎合行政管理的實用考慮。他們大體接受了體制現狀，傾向於從管理者相信自己面對的那些困擾和議題中梳理出問題。我們已經看到，他們研究的是不安現狀、缺乏士氣的工人，考察的是「不理解」管理人際關係藝術的管理者。他們還兢兢業業地服務於傳媒廣告業的商企目的。

對於處理「人際關係」的管理技術專家，對於給作為權力體制的工商企業提供新的正當性辯護，需求都大大增加了，而新型實用取向就是學院對此趨勢的回應。對於人員和意識形

⑨「county agent」，美國聯邦政府和州政府聯合聘用，為各郡農民提供農業和家政方面的諮詢指導。——譯注

態的這些新需求之所以出現，是因爲美國社會裡的一些具體變遷，比如工會興起成爲競奪效忠的核心，比如蕭條期間公眾對於工商業的厭憎；也因爲現代企業權力的規模龐大，高度集中；還因爲福利國家愈益擴張，得到公眾接受，並加強對於經濟事務的干預。諸如此類的發展趨勢也都體現在商界高層的轉化中，他們從所謂經濟上講求實用的保守主義，轉向了政治上老於世故的保守主義。

實用保守主義者還帶有烏托邦式資本主義的自由放任意象，從未眞正接受工會是政治經濟體制的必要屬性或有用屬性。一待可能，他們就會敦促解散工會或加以限制。實用保守主義者的公開目標一向是爭取私人獲利的自由。這種直言不諱的觀點依然盛行於許多小型企業圈，尤其是零售商，但在大型企業那裡也是如此。其中最大的幾個，比如通用汽車公司和美國鋼鐵公司，往往在大企業中更明顯地體現出它們所稱的保守主義的那種「實用取向」。縱觀歷史，實用保守主義有賴於一點：事實上，商人從未覺得需要有什麼新創的或更老於世故的意識形態，他們的意識形態的內容與廣泛流傳、不受質疑的公共觀念的內容可謂水乳交融。

當新的權力核心尚未合法化，尚無能力用既有的權威符號來掩飾自己，卻已逐漸興起，就需要有新的意識形態來給出正當化辯護。老於世故的保守主義者的特點，就在於用著自由主義的符號，卻是爲了保守主義的目的。他們的源起至少可以回溯到十九世紀末二十世紀初，當時的工商業正受到專注揭露醜聞的調查人員和一意清除積弊的新聞記者的攻擊。在大蕭條的氛圍之下，加之通過了《瓦格納法》，⑩他們再度發展。而在二戰期間及戰後，他們開始占據支配地位。

與右翼實用主義者的普通成員截然相反，老於世故的保守主義者非常敏銳地捕捉到贏取利潤所面臨的新的政治條件：在當下的經濟體系裡，強而有力的工會與強而有力的工商聯盟針鋒相對，共處於不斷膨脹的自由主義國家的管理框架中。他們迅速看出，在這個時代，當工會和政府彼此競奪工人和公民們的忠誠，就需要有新的符號來為自己的權力提供正當化辯護。

在新型實用取向下，工商業者的關注點通常顯得一目了然。但教授們呢？他們的關注點是什麼呢？不同於工商業代言人，他們首要關注的並不在於實用取向的贏利性、管理性或政治性等方面的意義。對他們來說，諸如此類的結果基本只是通向其他目的的手段。我認為，其他目的最終彙聚在他們自己的「生涯」上。誠然，有了新的研究活動、新的諮詢業

⑩《瓦格納法》（*Wagner Act*），正式名稱是《國家勞工關係法案》（*National Labor Relations Act*），為美國在二十世紀通過的最重要的勞工立法。來自紐約的參議員、民主黨人羅伯特·瓦格納（Robert Wagner）提出法案，規定聯邦政府是勞資關係的管理者，也是最終仲裁者。法案設立常設的全國勞工關係局，保護工人組織自己選擇的工會的權利，並鼓勵集體談判，禁止雇主推動建立內部獨立工會和解雇或歧視組織或參加工會的工人。——譯注

務，自己的薪酬也可能有些許增長，教授們肯定也會歡迎的。他們不一定滿足於幫助管理者在管理其工廠的時候，掙的錢更多，惹的麻煩更少。他們幫著爲既存的工商權力打造更可接受的新型意識形態，自己的權力也不一定會大幅提升。只要他們還是學者，那些學術之外的目標就不一定聚焦在這樣的滿足感上。

工商業和政府總體規模擴張，也愈顯科層特徵；企業、政府和工會之間也出現了新的制度關係，這兩點趨勢都促生了新的工作機會。一定程度上，學者們的參與就是對此作出的回應。這些發展趨勢意味著對專家的需求不斷增長，與此相應，不僅在大學內部，在外部也開啓了職業生涯。爲了回應這些外部需求，高等學術中心愈益傾向於生產看似不涉足政治的技術專家。

即使那些留在學院中的人，也已經可以選取一種新式的職業生涯，不同於舊式的教授。不妨稱之爲「新式企業家」的生涯。這類雄心勃勃的顧問，透過確保大學外部的聲望乃至小規模的權力，也能增進其在大學**內部**的職業生涯。最重要的是，他能夠在校園內設立一所財源可觀的研究與教學機構，將學術共同體帶入與現世人事的鮮活接觸。這群新式企業家置身自己那些更固守書齋的同事，往往可能成爲大學校務的領導者。

我想我們必須承認，美國的學術職業常常不能夠使那些雄心勃勃的人滿足於單純的學術生涯。這門職業的聲望尙不能抵銷往往連帶著的經濟上的犧牲。許多學者所得的薪酬以及由此鑄就的生活方式常常頗爲悽慘，再加上他們意識到，相比於已經贏得其他領域裡可以獲取的權力與聲望的那些人，自己往往聰明得多，這就更加劇了他們的不滿。在這些悶悶不樂的教授看來，社會科學的管理應用方面的新發展提供了能讓人滿足的機會，這麼說吧，可以不必當上院系老大，去當經理好了。

不過，即使在愈發急切的年輕一代裡面，也時不時有證據表明，這些新式的職業生涯能把教授們拖出學院陳規，也完全可以把他們丟進至少同樣令人不快的某種境地。無論如何，這一切令人擔憂，新式學院企業家常常顯得並不清楚自己的新目標究竟是什麼。事實上，就連可以從哪些方面界定成功實現這些模糊目的，他們也往往顯得心裡沒譜。這不正是導致他們深陷心煩意亂、焦躁不安心境的根源所在嗎？

美國的學術共同體作爲整體，在道德上是對自己已然涉足其間的新型實用取向開放的。無論大學內外，處在學術中心的人們都成爲行政管理機器裡的專家。這無疑使他們的關注，使他們原本可能有的政治思考格局趨於狹隘。美國的社會科學家們作爲一個群體，大規模地參與政治，這種事情就算曾有，也是相當罕見。而轉向技術專家角色的趨勢更加固了他們與政治無涉的姿態，減少了（就算可能有）他們的政治涉入，由於棄之不用，他們就連把握政治問題的能力也往往弱化了。你經常會碰到一些新聞記者，相比起社會學家、經濟學家，甚至我要遺憾地說，相比起政治學家，在政治上都要更爲敏感、更有見識。之所以如此，上述趨勢也是原因之一。美國的大學體制就算能提供政治教育，也是非常少見，它很少教學生如何評估現代社會中整體權力鬥爭的事態。對於共同體中叛逆反抗的這些部分，絕大多數社會科學家很少甚或毫無持久接觸。不存在一家左翼出版社，能讓一位普通的學術從業者在其職業生涯當中，與之結成相互教育的關係。不存在一股運動，能爲政治知識分子提供支援，賦予聲望，更不要說給份工作了。而在勞工團體中，學術共同體即使有什麼根基，也是微乎其微。

凡此種種，意味著美國學者的處境如斯，使其有可能不經過任何意識形態的切換，不背負任何政治上的愧疚，就欣然承納新型實用取向。因此，要是說什麼人在「出賣自己」，未免既欠妥當，也太天眞。要知道，只有當眞有什麼東西在出賣的時候，使用這類尖刻的言詞才是恰如其分的。

第五章　科層制氣質

在過去二十五年間，社會科學的管理用途和政治意涵發生了決定性的轉變。「社會問題」在早先的那種自由主義實用取向依然還在起作用，但已經在更新進的管理型、操控型保守主義用途面前相形見絀。這種非自由主義的新型實用取向形式多樣，但稱得上是一種影響整個人文學科的總體趨勢。要討論它的氣質，不妨首先以反映其顯著合理化的例證作為導引：「對於那些計畫成為一位社會學家的學生，最後需要告誡一句，」保羅·拉扎斯菲爾德如此寫道：

> 他可能會擔憂世界局勢。戰端重啓的危險、社會體制之間的衝突，還有迅猛的社會變遷，他在自己國家觀察到的這一切或許讓他覺得，有關社會事務的研究可謂當務之急。危險在於，他可能指望自己就鑽研社會學那麼幾年，然後就有能力解決所有現行問題。不幸的是，實情並非如此。他將學習更好地理解周遭事態。偶爾他也會找到指引展開成功的社會行動。但社會學尚未發展到如許階段，能為**社會工程**提供**安穩的基礎**。……從伽利略到工業革命開始，自然科學花了大約兩百五十年，才能對世界歷史產生重大影響。而經驗性社會研究的歷史只有三、四十年。指望從後者那裡求取快捷答案以解決重大

世界問題，一味要求它給出直接實用的結論，只會破壞它的自然發展進程。①

近些年來人們所稱的「新社會科學」，不僅指抽象經驗主義，也包括非自由主義的新型實用取向。這一說法兼指方法和用途，並且完全可以成立：因爲抽象經驗主義的技術及其科層用途如今一般都融爲一體。我認爲，如此融爲一體，就會導致科層式社會科學的發展。

就目前人們踐行的抽象經驗主義而言，其存在本身及影響的方方面面特徵都呈現出一種「科層式」的發展。⑴抽象經驗主義風格的學術操作努力要把社會研究的每一個階段都變得標準化、合理化，就此愈來愈變得「科層式」。⑵這些操作如此做派，使得有關人的研究往往變得集體化、系統化。只要是被妥當貫徹了抽象經驗主義，那些研究機構和政府機構就會發展出各種慣例，和任何企業的財務部門一樣講求合理性，不是爲了別的目的，就是爲了提高效率。⑶而這兩種發展趨勢又在很大程度上，關係到在學校教職員工中篩選和塑造新型心智品質，既有思想上的，也有政治上的。⑷當「新社會科學」用於工商業，尤其是廣告業的溝通部門，用於軍隊，以及愈益增多地用於大學，也就開始服務於其科層主顧可能持有的任何目標。那些宣導並踐行這種研究風格的人，很容易從其科層主顧和頭頭的政治視角看問

① 保羅·拉扎斯菲爾德（Paul Lazarsfeld），同上引，第十九—二十頁。黑體爲引者所加。

題。而採取這樣的視角，往往也就順其自然地接受了它。(5)諸如此類的研究努力確實能卓有成效地達成它們所宣稱的實踐目標，因此有助於提高現代社會中科層形式的支配的效率，增進其聲名，到一定程度也會促進這類支配的流行。但無論是否有效地達成了這些公開宣示的目標（這個問題有待商榷），這些研究努力的確有助於將科層制氣質傳播到文化生活、道德生活和思想生活的其他領域。

一

恰恰是這些最急切地想要摸索出道德上冷靜客觀的方法的人，卻最深地參與了「應用性社會科學」和「人類工程」，這似乎頗爲諷刺。既然抽象經驗主義做派的研究耗資不菲，那就只有大型機構才能輕鬆負擔，其中包括企業、軍隊、政府，以及它們的分支機構，尤其是廣告、推銷和公關部門。還包括基金會，但是掌管基金會的人員做起事情來，往往傾向於遵照實用取向的新典範，也就是說，從科層角度來看是適宜的新典範。其結果，這種風格就已經逐步體現在確定的機構核心：二〇年代以後的廣告和市場部門，三〇年代開始進入企業和綜合民調機構，四〇年代以後蔓延到學術生活，特別是一些研究機構，而到二戰期間，擴展到聯邦政府的研究部門。機構模式目前還在不斷擴張，但上述這些依然是其堅強堡壘。

這些所費不貲的技術頗具形式主義，這倒使它們特別有助於爲那些有能力並樂意掏錢的人提供他們所需要的那類資訊。新的應用研究的焦點一般會落在具體的問題，旨在針對實際的舉措，也就是資金和管理方面的舉措，搞清楚存在哪些可行方案。都說只有發現了「一般原則」，社會科學才能提供「可靠的實踐指導」，但事實絕非如此。管理者往往需要了解某些細節性事實和關係，但他需要了解或想要了解的也就只限於此。踐行抽象經驗主義的人往往不太在意要設定自己的實質問題，所以他們非常樂意改變自己對於具體問題的選擇。

從事應用性社會研究的社會學家通常不會以「公眾」作爲自己的受眾。他有自己特定的客戶，後者各自有其利益（interests）和難局（perplexities）。從公眾轉向客戶，顯然破壞了漠然超然的客觀性（objectivity-as-aloofness）這一理念，該理念或許有賴於對缺乏焦點的模糊壓力做出回應，所以更取決於研究者的個人興趣（interests），而後者可能不經意間分散多處，因此難以操縱。

對於學院人士的職業生涯來說，任何「思想流派」都是有意義的。要界定什麼是「好的研究」，就是看它如何契合於特定的流派，因此學術上的成功往往有賴於主動接受占據支配地位的流派的信條。只要還存在許多個或至少幾個各持異見的「流派」，這種要求並不需要強加給任何人，在一個不斷擴張的職業市場上就更是這樣。

在從事社會科學研究的個體治學者和第一流的研究之間，除了他自己的個體局限，並沒有多少別的阻礙。但這樣一種無所依附的人並沒有能力去做規模相稱的抽象經驗研究，因爲要想實施那類研究，必須有某個研究部門充分發展起來，提供相應的材料，或許我應當說是相應的工作流程。要踐行抽象經驗主義，就要有一家研究機構，學術角度上講，需要有大筆的資金支援。隨著研究成本的增長，隨著研究團隊的形成，隨著研究風格本身變得耗資龐大，也就帶來了對於分工的企業化控制。過去認爲，大學就是一群職業同儕的圈子，他們各授其徒，各行其藝。這種舊觀念慢慢被新的觀念所取代，即認爲大學是一套從事研究的科層組織，各自包含一組精詳的分工，因此也就各自容納一群知識技術專家。即便沒有別的理由，就爲了有效地利用這些技術專家，也愈來愈有必要系統編撰程序步驟，以便人們學習掌握。

研究機構也很像是一種培訓中心。它和其他機構一樣，挑選某些類型的心智，並透過提供酬報，對某些心智品質的培育發展給予鼓勵。在這些機構中，除了比較老派的學者和研究者，出現了兩類對於學術舞臺來說頗爲新鮮的人。

其一，是學術管理者和研究推銷者，對於他們，我感覺自己已經說不出什麼學術圈裡還不熟悉的事情了。他們的學術聲望有賴於他們的學術權力；他們是「委員會」的成員；他們躋身「董事會」；他們能給你工作崗位、旅費報銷、研究資助。他們是一群奇特的新型官僚。他們是心智經理人，是專司基金會的公關人員。對他們來說，和任何地方的推銷者與經理人一樣，備忘錄正在取代書本。他們可以極富效率地創立另一項研究規劃或機構，也能管理「書本」的生產。他們談論起自己的研究來，時間單位是「天文數字一般的技術勞動工時」。與此同時，我們也不能指望會有多少實質性的知識：首先必然會有許多方法論探究，探究方法，探究探究本身，因此整個必然都是「前導性研究」（pilot studies）。許多基金會管理者喜歡把錢撥給某些類型的規劃：相比於數量更多的個體手藝型規劃，那些規劃規模較大，從而也較好「管理」；那些規劃的「科學性」（Scientific）帶有大寫的「S」，往往只是意味著由於只處理瑣碎話題從而比較「安全」（safe），因爲它們並不希望被弄成政治關注的對象。有鑒於此，大型基金會往往會鼓勵對小規模問題進行大規模科層式研究，並尋找能夠勝任此項工作的學術管理者。

其二，還有一批比較年輕的新入行者，與其說是社會科學家，不如描述成研究技術專家。我也明白，這個講法有些橫掃一片，但我會謹愼使用。要理解一種思想風格的社會意涵，我們必須始終分清領導者與追隨者，分清銳意創新的人和墨守成規的人，分清創建它的「第一代」和貫徹它的第二代、第三代。所有的流派，如果取得了成功，都會包括這兩類人，因爲這恰恰是判斷一個流派之「成功」的標準之一。它還是把握成功在學術上的後果的一條重要線索。

尋常追隨者與創新者、奠基者各自特有的心智品質往往會有差別。在這一點上，思想流派之間的差異是非常深層的。這些差異在相當程度上取決於每個流派的研究風格允許或鼓勵什麼類型的社會組織。至少我們這裡考察的風格的一些創新者和管理者的心智都是非常有教養的。他們在年輕的時候，在這種風格尚未繁榮的時候，就吸收了西方社會數一數二的那些思想模式。這樣的人有著多年的思想文化閱歷。他們都是貨眞價實受過教育的人，富有想像力，清楚自己的感受，有能力不斷增進自我修養。

但要說到第二代，那些年輕人來自美國高中這種思想貧乏的背景，閱歷上無法比擬，我想大家會同意這麼說。他們在大學裡的功課多半有所欠缺，至少有理由懷疑，這類研究機構能選到的學生算不上特別聰明，雖說我並不能確定。

一旦仔細打量這些年輕人，我很少看到其中有哪一位處在眞眞切切的思想困惑境況中。我也從未看到有誰對某個重大問題抱有由衷的好奇，而正是這種好奇推動著心智任意馳騁，千方百計在有必要的時候重塑自身，以求**有所發現**。在這些年輕人身上，有條不紊多過焦慮不安，沉穩耐心多過富於想像，最關鍵的是，他們都很教條，無論從這個詞的哪一種歷史意涵和神學意涵來說都是如此。當然，其中某些只不過是如今美國大專院校裡眾多學生令人遺憾的思想境況的局部表現，但我的確相信，在踐行抽象經驗主義的研究技術專家裡面，這種狀況尤其顯著。

他們選擇社會研究作爲職業生涯，早早進入非常狹隘的專業分工，並對所謂「社會哲學」養成了一種漠然乃至蔑視，認爲它意味著「從其他書本裡攢出書來」，或「無非是些玄想思辨」。聽聽他們彼此之間的交談，試試掂量一下他們那份好奇的品質，你會發現心智的局限簡直要命。社會世界讓如此眾多的學人感到奧妙難解，卻不會讓這些人生發困惑。

科層式社會科學在宣傳上的力量大多源於它在哲學上訴求的是所謂「科學方法」；而它吸納新人的力量則大多在於，對個體進行培訓，並送他們進入有一份未來的職業生涯開始工作，相對比較容易。在這兩種情況下，有編碼明晰的方法，有方便接觸的技術專家，就是獲得成功的主要訣竅。在有些奠基者那裡，經驗研究技術是為想像力服務的，誠然，想像力往往奇怪地遭到抑制，但你總會覺得它在那裡。當你和一位奠基者交談，你總是在和一個獨立的心智打交道。而一旦一位年輕人在這種事情上耗了三、四年光景，你其實無法和他討論有關如何研究現代社會的問題。他的立場和職業生涯，他的野心和那份自尊，在很大程度上就只是基於這一種視角、這一組詞彙、這一套技術。說實話，除此之外，他一無所知。

在這類學生中，有些人的智力本身與人格往往相脫離，而這在他們看來，正是一種訓練有素的小把戲，他們希望能成功推銷開來。他們屬於人文素養貧乏的人，生活中參照的價值排斥了任何源自對於人類理性的尊重的東西。他們屬於充滿幹勁、野心勃勃的技術專家，教育成規有缺陷，所懷需求也令人敗壞，這些都使得他們無法養成社會學的想像力。你只能指望，當這些年輕人中有足夠多的人爬到了他們職業生涯中的副教授層級，會出於某種思想轉變，意識到其實他們再也不依賴那些沒穿衣服的國王了。

抽象經驗主義的做派，它所維持的方法論上的約束，它的實用取向關注的焦點，它的機構傾向於選擇和培訓的心智品質，這些發展趨勢都使得有關社會科學的社會政策的問題愈發緊迫。這種科層風格及其機構體現都符合現代社會結構及其特有的思維類型所呈現出的主流趨勢。我認為，如果不認識到這一點，就無法說明其原因，甚至不能充分理解它。事實上，就是這些社會趨勢，影響的不僅是社會科學，也是美國整體的思想生活，其實影響到理性在今日世間人事中所扮演的角色本身。

爭議的焦點似乎一目了然：如果社會科學並不獨立自主，就不可能成爲一項對公眾負責的事業。由於研究的手段變得愈來愈規模龐大、耗資不菲，研究也就往往被「徵用」了。有鑒於此，只有當社會科學家以某種集體性的方式，對這些研究手段實施完整的控制，這種風格的社會科學才能眞正實現獨立自主；只要社會科學家個體的研究依賴於科層機構，就會逐漸喪失其個體自主；只要社會科學由科層式研究組成，就會逐漸喪失其社會維度和政治維度的自主性。我的確是想強調「只要」，因爲顯然我這裡討論的並不是我們所面臨的全部事態，而是一種趨勢，儘管是一種主要的趨勢。

二

我們要想搞明白某個思想文化工作領域的發展現狀，就必須弄懂它直接所處的社會背景。因此，現在我必須岔開來，簡單談談學院派系。當然，如果一個觀念生機強韌，意義顯著，那麼任何特定的大老或者派系都無非是其風靡一時的符號，事實的確如此。不過，「派系」（cliques）、「大老」（personalities）、「學派」（schools）的整體情況要比這複雜得多。它們對於塑造社會科學發展態勢發揮著重要作用，值得引起我們更多的警醒。任何文化活動都要求得到某種資金支持，同時，也得有某種公眾透過批評來幫助該活動，就衝這個原因，我們就必須直面它們。無論提供金錢還是提出批評，都不是僅僅基於客觀的價值評判的，更何況對於評判本身的客觀性也好，對於價值也好，通常都存有爭議。

學院派系的功用不單在於調控競爭，還在於確立競爭規則，並隨時依照這些規則爲所做的工作分配報酬。派系在思想上最重要的特徵，就是據以評判人物、批評工作的那些標準（canons）。我前文已經談了科層式社會科學的「技術專家氣質」，談了它們的心智品質，談了它們如何影響到聲望的打造，以及由此影響到社會科學中的主導時尚，影響到通行的評判標準，這裡只需要再補充談談派系透過哪些手段完成內部任務，包括給予新進後學善意指點、提供工作崗位、推薦晉升機會、把著作呈交受人敬仰的評論人、樂意接受文章發表和著作出版、分撥研究經費、在專業協會和專業期刊編委會裡安排或遊說體面的職位。這些手段等於是在分派學者個人的聲望，而這又會在相當程度上決定他的學術生涯，就此而言，它們既影響到他在職業上的聲望，又影響到他在經濟上的前景。

曾幾何時，人們一般預期學術聲望乃是基於著作、研究、專論的發表，總之是基於觀念和學術作品的發表，基於學術同行和頭腦清楚的票友對於這些作品的評判。至於社會科學和人文學科中情況爲何如此，原因之一在於，過去的學術界裡在能力方面並沒有什麼享有特權的位置，一個人是否具備能力，可以接受核查。對於像公司老總這樣的人，他據稱的能力究竟是來自其個人才幹，還是源於他借助其位置而能獲得的權力和便利，卻很難搞清楚。但由於老派的教授們像工匠那樣進行研究，這種對於學者研究的懷疑毫無立足之地。

然而，新式的學術活動家（academic statesman）就像工商經理和軍事首領，借助其聲望特權而獲得展示能力的手段，而這樣的能力必須與其個人能力相區別，可在其聲望籠罩之下，卻又不是那麼容易分辨。常任專業祕書、來往圖書館跑腿的文書、電動打字機、聽寫設備、印刷機、或許還有每年三、四千美元用來買書訂雜誌的小筆經費，如此等等，就連這些不起眼的辦公設備和職員配備都會大大增進任何學人的能力外觀。這些人事財物配備在任何工商經理看來，都會覺得微不足道，一笑置之。但學院教授們卻不會這麼看。很少有教授，哪怕是高產的教授，能夠高枕無虞地擁有這類便利。但這些配備卻是充實資格能力、增進職業生涯的手段，而安定的派系成員資格得到這些的機會，遠勝於保持無所依附的學人身分。派系的聲望擴大了獲得這些配備的機會，而擁有這些配備又會擴大製造聲望的機會。

因此，我認爲，這種狀況有助於說明人們如何有可能既獲得可觀的聲望，但說實話卻不曾有多少產出。對於這種人，一位在意身後之事的同事最近以頗爲客氣的口吻談道：「只要他還活著，他就是所在領域最顯赫的人，而死後半個月，就沒人會記得他了。」這種說法如此尖刻，或許也證明，活動家們在其學院派系傾軋的世界裡必然常常深陷焦慮，困苦不堪。

如果在某個研究領域，幾個派系之間相互競爭，那麼幾位競爭者之間的相對位置往往會決定派系策略。居首的派系自然會預期規模較小、不被重視的派系玩一陣就該退出江湖了。後者的成員會被忽視、擊敗或拒棄，最終淡出舞臺，沒能培養出接班人。始終要記住，派系的一項重要功用，就是培養學術上的接班人。說一個派系無關緊要，等於是說它在這種培養方面不會有多少聲音。但假如說有兩個領頭的學派，各自的領軍人物都很有權力，也都得享尊榮，那麼這兩個學派之間的關係往往會變成合併的問題，變成打造一個更大的聯盟的問題。當然，如果一個學派遭到外人或其他派系的有力攻擊，最先採取的防禦策略之一就是否認眞的有什麼派系乃至學派。正是在這類場合下，活動家們（statesmen）回歸了他們政客（statesmen）的本色。

對派系來說重要的任務，往往會與對於學派的實際工作重要的任務混淆。在新進後學當中，這一點會影響到他們職業生涯的機會；而對資歷較老的人來說，派系會額外獎賞管理、推銷、政治和交際等方面的一技之長。尤其是這些前輩，他們的聲望基礎因此可能變得非常曖昧。外人或許會問，這個人聲望這麼高，究竟是因爲實際完成的工作的學術價值，還是出於他在派系中的位置？

我們一旦考察派系之間的關係，立刻就會遇到有些特別的人，他們不是哪一個派系的代言人，而是整個「領域」的代言人。他們並不只是一家企業的經理，而是整個行業的代言人。如果某人很想扮演代表整個領域的活動家的角色，通常就必須切實否認，在比如說領域的兩個領頭派系之間，學術上並不存在什麼眞正的差異。實際上，他作爲它們的聯合代言人，學術上的首要任務就是揭示出「它們的工作其實是致力於同一目標」。他開始充當每個派系都宣稱自己特有的聲望的象徵，也充當它們「實際上」或至少是最終會達成的統一性的象徵。他從每個派系那裡借取聲望，又將聲望轉授予它們。他就像是個經紀人，處理各方的聲望調配。

比如說，假定在某個研究領域裡，有兩個領頭的學派，一個叫「理論」，一個叫「經驗研究」。成功的活動家在兩端之間忙碌穿梭。他在人們眼裡，既像是兼在兩者之中，又像是居於兩者之間。他靠著自己的聲望，似乎承諾「理論」和「經驗研究」不僅可以相容，而且同屬於作爲整體的社會科學中某個整合一體的研究模式。而他自己就是這一承諾的象徵。該承諾並非基於他實際寫的什麼書或做的什麼研究。實情乃是：在所有爲人稱道的「經驗研究」工作中，活動家尋求「理論」，方式是完全碰運氣的，結果無一例外都能找到。而在任何值得稱道的「理論」工作中，活動家也會尋求「經驗研究」，同樣，以完全碰運氣的方式，找到了它。這些「發現」相當於長篇書評，與其說是考察研究本身，不如說是在把聲望分派給各人。這樣完成的研究，眞正把「理論」和「經驗研究」展示爲一體，如我前文所言，相當於一項承諾、一種象徵。與此同時，活動家的聲望也不依賴於任何這種研究，事實上，它幾乎根本不依賴於任何研究。

我認爲，所有這類活動家角色中，都含有一樁不幸的事實。扮演這類角色的人常常有著一流的心智，事實上，平庸之輩沒有能力眞正扮演這樣的角色，雖說當然也有不少人競相仿效，但只是徒具其名。活動家逐漸習慣扮演這樣的角色，會使其遠離實際工作。他所積攢的聲望較之實際的成就是如此不相稱，他所宣揚的承諾是如此宏大，往往會非常限制他具體從事「研究」。而當他眞的在某項研究或著作中承擔重要角色，卻又會遲遲疑疑，不想完成或公開發表，哪怕別人都覺得其實已經完成了。然後，他就會抱怨自己肩負了好多委員會及其他活動負擔，卻同時大量接受更多此類負擔，事實上，他往往還主動尋求這類負擔。他作爲活動家的角色本身既是他不從事具體工作的原因，也是他爲此開脫的藉口。他喋喋不休地抱怨自己深陷羅網，但其實又一定會繼續作繭自縛，否則他作爲活動家的角色就會被別人和他自己視爲無非藉口而已。

派系的世界並不是學術界的全貌。也有無所依附的人，他們其實形形色色，其研究也是豐富多樣。從居首派系的角度來看，不妨認爲無所依附者對派系的學派是友善的，或至少持中立態度。也許他們在研究中「博採眾長」，或者只是不表現出「社會傾向」。他們的研究愈來愈受人青睞，或被評判爲有長處、有用場或有價值，就此而言，派系的成員可能會力求吸引他們，指點他們方向，最終招他們入夥。稱頌如果只是相互稱頌，出於派系成員，屬於派系成員，爲了派系成員，那是不夠的。

但在無所依附者當中，也可能有些人並不參與遊戲，不想透過宣揚聲望撈好處。當然，有些人只是對此不感興趣，醉心於自己的工作，而有的則是對這類行徑深惡痛絕。他們是學派工作的批評者。如果可能的話，派系會對這些人及其工作都視而不見。但只有在派系本身享有眞正崇高的聲望的時候，這種簡單的策略才是合適且安全的。不僅如此，只有當派系的範圍幾乎相當於整塊研究領域，並近乎鐵板一塊地控制著該領域，這種策略實施起來才是眞正不失體面的。當然，情況通常並非如此。在同一塊領域中，一般會有許多中立人士，會有些博採眾長的實際研究者，以及其他派系。還有其他相互關聯的研究領域，除此之外，還有各式各樣學界之外的受眾和公眾群體，它們的興趣或讚許攪亂了派系對於聲望、名譽、生涯的鐵板一塊的控制，至少到目前爲此是這樣。

有鑒於此，如果不能對批評者視而不見，就必須採取其他策略。用來對學派成員進行內部管理的各種手段，當然也都可以用來對付敵對的外人。我只需要簡單討論一下其中之一：書評。這是調配聲望最常見的手段。假設有一位無所依附的學人出了一本書，引起了足夠的關注，再要視而不見就不合適了。簡單粗暴的做法是交給派系的某位大老，尤其是大家知道與作者觀點相互競爭甚或針鋒相對的人，或者至少是與對立觀點有關聯的人。比較高妙的辦法是派給派系中某位人微言輕，但正嶄露頭角的成員，他自己還沒怎麼發表作品，因此其觀點尚未廣爲人知。這樣做有不少好處。對於年輕人來說，這是對他的忠誠的回報，也是一次機遇，透過批評比他更有資歷且更有名的人來贏得認可。而相比於派給一位傑出學人，如此發落這本書也間接意味著它不那麼重要。年輕人扮演這個角色也很安全：更有名的人出於某種勢利心理，可能不願「回應」評論。書的作者對專業評論者的批評做出回應並不是什麼慣例，事實上，有些學術雜誌的政策是不鼓勵甚或不允許這麼做。不過，就算評論得到了回應，其實也不意味著什麼。所有既寫評論也寫書的人都知道，一切學術任務中最容易的就是用一兩頁紙「批駁」一本書，不管是什麼書，而要以同等篇幅「回應」這樣的評論幾乎是不可能的。如果參與爭論的所有讀者都還算仔細地讀過書本身，這倒也不是不可能，但我們無法假定如此，這就使評論者占盡優勢。

如果說，無論被討論的書高下如何，都會在所屬領域內部或/和外部贏得大量關注，那麼唯一要做的事情就是把它派給派系的某位大老，最好是活動家，他會給出尺度合適的稱讚，但不過多著墨於其內容，而是指出該書如何以自己的方式，對整個領域中富有前景的主導趨勢做出了貢獻。任何不做事輕忽、心思散漫的派系，都必須努力避免讓這書落到另一位無所依附的學人手中，他首先會清晰準確地闡述書的內容，然後會從完全獨立於學派、派系和時尚的角度來做出評論。

三

社會科學各類學派所使用的口號中，最常見的莫過於「社會科學的宗旨就在於預測並控制人的行爲」。現今，在某些圈子裡，我們還能聽到許多有關「人類工程」的討論，這個沒有明確定義的用語經常被誤當做一項清晰顯見的目標。人們相信它清晰顯見，因爲它有賴於「主宰自然」和「主宰社會」之間不被質疑的類比。有些人非常熱衷於「把社會研究打造成眞正的科學」，認爲自己的工作在政治上保持中立，在道德上無所掛懷，那些習慣於使用上述用語的人，很可能就屬於這類人。他們的基本觀念通常都會被闡述爲社會科學「滯後」於自然科學，從而需要縮小差距。對於我前文所描述的許多「科學家」來說，這些技術專家至上論的（technocratic）口號等於充當著某種政治哲學。他們設想自己正在努力對社會做的事情，正好像他們設想自然科學家對自然所做的事情。他們的政治哲學就蘊含於一個簡單的觀點：只要人們現在用來控制原子的那些「科學方法」被用來「控制社會行爲」，人類面臨的諸般問題就會迎刃而解，人人都能安定和平、盡享豐足。

這些用語的背後隱含著一些有關權力、理性和歷史的奇特觀念，它們都不清不楚、混淆一團、可悲可歎。這類用語的用法暴露出一種只追求合理性的空洞無物的樂觀主義，究其根基，是對理性在世間人事中可能承擔的幾種角色、對權力的性質及其與知識的關係、對道德行動的意涵、對知識在道德行動中的位置、對歷史的性質，一概渾然無知，不知道事實上，人不僅是歷史的被造物，而且有時會是歷史中的創造者，甚至是歷史本身的創造者。這些議題都會影響到社會科學的政治意涵，因此我得來討論一番。不過在此之前，我想先簡要考察一下持技術專家至上論的哲學家們的核心口號，即有關預測和控制的這一條。

要想像許多人那樣輕鬆平常地談論預測和控制，就要接受科層官僚的視角。馬克思曾經指出，在這些人眼裡，世界就是一個有待操控的客體對象。要說清楚這一點，不妨舉個極端的例子：如果有個人擁有一套精妙而強大的裝置，能夠控制一股駐紮在一個沒有任何敵人的孤島上的軍隊，你必然會同意說，此人處在控制的地位上。如果他充分使用其權力，也制定了明確的計畫，他就能夠在相當小的誤差範圍內預測出，在某年的某一天的某個時辰，每個人都會做什麼。他甚至能夠非常準確地預測出這群人裡各色人等的情緒，因爲他就像操控無生命的客體對象那樣操控他們。他有權力推翻他們自己可能有的許多計畫，有時還可能蠻有道理地自視爲全能的專制君主。如果他能控制，他就能預測。他掌控了「規律性」。

但我們作爲社會科學家，或許不會覺得自己的研究對象可操控性這麼高，或許不會自視開明專制君主，傲視芸芸眾生。至少可以說，要做出上述任何一種設定，就等於採取了某種對教授們來說似乎很奇怪的政治立場。歷史上沒有任何社會，是在緊密包裹我假設的軍隊的那種嚴格框架下構造出來的。社會科學家也不是歷史上的將軍，我們不妨爲此感到欣慰。但要像許多人那樣將「預測與控制」相提並論，通常就得假定某種單向控制，就像我想像出來的那位將軍，我爲了說清楚觀點，其實在一定程度上誇大了他的權力。

我想把這一點說清楚，以便揭示科層制氣質的政治意涵。它主要的應用範圍和服務對象，就是社會中的非民主領域，比如軍營、公司、行銷機構、政府管理部門。許多社會科學家受邀去工作的範圍和服務對象就是這類科層組織，而他們在那裡所操心的問題，也就是這類管理機器中更具效率的成員所操心的問題。

我看不出人們如何才能有理有據地反駁羅伯特·林德（Robert S. Lynd）教授對《美國士兵》一書（*The American Soldier*）的評論：

> 這幾卷書刻畫了人們如何以嫻熟的技能運用科學，來對人進行篩選和控

制，使其服務於非出己願的目的。這是衡量自由民主體制的無能程度的重要尺規，它在運用其社會科學來應對民主自身的問題時，不得不愈來愈採取迂迴間接的方式，而不能直接面對。它不得不撿拾零碎，借鑑糾纏於如何測量受眾反應以綜合規劃影視廣播節目之類問題的私人工商研究，或者就像眼下這個例子，借鑑討論如何將膽小的新兵訓練成堅強的戰士、能爲自己並不理解其宗旨的戰爭去戰鬥的軍隊研究。諸如此類無關社會核心痛癢的宗旨控制著社會科學的應用，使得其應用的點滴推進都傾向於讓它愈發成爲大眾控制的工具，從而進一步威脅到民主體制。②

人類工程師的口號有助於推動科層制氣質超出這種思維風格和探究方法的實際應用。運用這些口號來闡述「所欲何爲」，就等於接受了科層角色，即使此刻並不在扮演該角色也是如此。簡言之，承擔這種角色絕大多數時候都是**彷彿以爲**的。採取了技術專家至上論的視角，並作爲一名社會科學家努力循此行事，就等於**彷彿以爲**自己眞的是一位人類工程師而行事。人們現在往往就是在這種技術專家至上論的視角下，來理解社會科學家的公共角色

② The Science of Inhuman Relations, *The New Republic*，一九四九年八月二十七日。

的。如果在一個社會裡，人的理性得到了廣泛而民主的確立，那麼以這種「彷彿以為我是一位人類工程師」的做派行事，或許只會讓人一笑置之，但美國並不是這樣的社會。不管它在其他方面如何，這一點是顯而易見的：在這個社會裡，秉持功能合理性的科層機構愈來愈廣泛應用於世間人事和塑造歷史的決策。在各個歷史時期裡，其間的歷史變遷如何獨立於人類意志的控制，背著所有人發生，程度不一。而在我們所處的歷史時期，似乎委身科層建制中的精英們是否做出關鍵決策，愈來愈成為歷史變遷的泉源。不僅如此，在這個時期，這個社會，控制的手段、權力的手段，都在不斷擴大和集中化，現在已經包括相當廣泛地應用社會科學，以實現控制這些手段的人可能指派給社會科學的任何目的。一個學者談論「預測與控制」，卻不直面這類發展趨勢所引發的問題，等於是放棄了他原本可以擁有的道德上和政治上的自主。

有沒有可能用科層視角之外的什麼視角來談「控制」？是的，當然有可能。人們已經構想出各式各樣的「集體性自我控制」。要想充分闡述任何這類觀念，就得全面討論有關自由和理性的話題，既把它們看成觀念，也將它們視為價值。它還包括「民主」的觀念，既是作為一類社會結構的民主，也是作為一套政治期待的民主。民主意味著那些受法律控制的人擁有權力和自由，遵照協商同意的規則，改變法律，甚或改變這些規則。但還不僅如此，它還意味著對於歷史本身的結構性機制具備某種集體性自我控制。這個觀念比較複雜棘手，我稍後再來詳細討論。這裡只想指出，如果社會科學家置身一個蘊含民主渴求的社會，希望嚴肅地討論有關「預測與控制」的話題，就必須仔細考察這類問題。

那麼，有沒有可能用科層視角之外的什麼視角來談「預測」呢？是的，當然也有可能。預測可能有賴於「非意圖的規律性」，而不是預先規定的控制。沒有控制，我們也能夠非常好地預測某些社會生活領域，其中沒有任何人能享有多少控制，而「自願的」、非例行性的活動也降到了最低限度。比如說，語言用法的變與不變就是「背著人」發生的。或許這類規律性的發生也與歷史的結構性機制有關聯。如果我們能夠把握約翰·史都華·彌爾（John Stuart Mill）所稱的社會的「中介原則」（principia media），如果我們能夠把握其主導趨勢，簡言之，如果我們能夠理解我們時代的結構性轉型，或許就有了「預測的根據」。

但我們必須記住，在具體的情境下，人們的確常常控制著自己行事的方式，而他們究竟在多大程度上能夠如此，正是我們研究的對象之一。我們應當記住，除了假設的將軍，也有眞實的將軍，公司經理和政府首腦也是如此。不僅如此，人們也常常指出，事實上，人並非無生機的客體對象，這意味著他們會意識到有關其活動而做出的預測，因此能夠並常常眞的做出調整。他們可以使預測實現，也可以使預測落空。迄今爲止，他們會怎麼做還不曾得到非常好的預測。只要人還擁有一定程度的自由，他們會怎麼做並不是那麼容易預測的。

但我的觀點在於：要說「人類工程」或「社會科學」的「實際的、最終的目標」就在於「預測」，就等於用技術專家至上論的口號替代了本應合乎情理的道德選擇，也等於接受了科層視角。只要充分採納這種視角，裡面可以採取的道德選擇就少得多了。

社會研究的科層化是一股相當普遍的趨勢；假以時日，或許任何科層慣例逐漸君臨一切的社會裡都將出現這種狀況。隨之而來的自然還有一種頗具詭辯色彩的不切實際的理論，它與行政管理性的研究倒是沒有什麼關聯。那些專門的研究一般是統計性的，注定用於行政管理的目的，並不影響對「概念」詳加闡釋。而這樣的闡釋又與專門研究的結果毫無關係，倒是關係到政權及其變動中的特性的合法化。在科層官僚看來，世界就是一個由事實組成的世界，需要遵照穩固的規則加以處理。而在理論家眼中，世界就是一個由觀念組成的世界，操弄起來往往不需要任何明晰可辨的規則。理論以多種多樣的方式爲權威的意識形態正當化提供辯護。爲著科層目的的經驗研究爲權威計畫者提供有用的資訊，從而有助於讓權威更有效果、更富效率。

人們以科層的方式應用抽象經驗主義，儘管它當然具備明確的意識形態意涵，有時人們也直接應用這些意涵。如前所示，宏大理論並不具備任何直接的科層功用。它的政治意涵是意識形態性質的，可能的用途不難想見。要是抽象經驗主義和宏大理論這兩類研究風格逐漸形成學術上的「雙頭壟斷」，甚或成爲主導性的研究風格，將會對社會科學的學術承諾形成巨大威脅，也深深威脅到有關理性在世間人事中的角色的政治承諾，因爲依循古典傳統，人們認爲西方社會的文明中始終具備這樣的角色。

第六章 各種科學哲學

有關「科學」的本質始終聚訟不已，掩蓋了社會科學內部的混亂，雖說這種混亂現在應當顯而易見了。多數研究社會的學人肯定會同意，他們雖然欣然接受了「科學」，卻往往既徒具形式，又含混曖昧。「科學經驗主義」意涵豐富，並沒有一個公認的版本，更不用說對某一個版本做系統性的運用了。對於職業的期待就頗爲含混，而究竟何謂治學之道，也可以從五花八門的探究模式入手來認識。從某種角度上說，正是因爲這種狀況，自然科學的哲學家們所主張的那些認識論模式才會具有如許魅力。①

許多學人一旦認識到社會科學存在不同的工作風格，就迫不及待地達成共識：「我們應當將它們統一起來。」有時，這種規劃還說得蠻動人心：據說，接下來幾十年的任務就是用二十世紀通行的研究技術，尤其是美國人搞的那些東西，將十九世紀的各大問題和理論工作，尤其是德國人搞的那些東西，統合一體。在這一套宏大的辯證發展下，似乎就能在精深的觀念與嚴格的程序兩方面都實現顯著而持續的推進。

作爲一個哲學問題，「統一起來」並不很難。②但相關的問題在於：假設我們眞的以某

---

① 參見第三章第一節。

② 比如下面這例頗爲輕忽的嘗試：〈當前社會研究中的兩種研究風格〉（Two Styles of Research in Current Social Studies）, *Philosophy of Science*, Vol. 20, No. 4, October，一九五三，第二六六—二七五頁。

種宏大的探究模式把它們「統一起來」了，對於社會科學中的工作、對於貫徹其主要的任務，這種模式又有何用？

我相信，這類哲學工作對於從事實際研究的社會科學家**還是有**一定用場的。意識到這一點，會使我們更清楚自己都在用哪些概念和步驟，並予以闡明。它提供了一套語言讓我們做這些事情。但它的應用應當是一般性的。任何從事實際研究的社會科學家都不需要太拿這類模式當一回事。最重要的是，我們應當認爲它能解放我們的想像力，能爲我們的研究步驟源源不斷地提供建議，而不是限制我們能夠去探究哪些問題。在我看來，以「自然科學」的名義限制我們該研究哪些問題，其實是一種令人不解的膽怯。當然，如果半吊子訓練的研究者希望讓自己只研究這類問題，那倒可能是一種明智的自我約束；但除此之外，這樣的限制就沒有什麼有力的理據了。

一

經典風格的社會分析家都避免照搬刻板的研究步驟，致力於在自己的工作中摸索並應用社會學的想像力。他不喜歡將一堆「概念」拼來拆去，也很少使用需要精微闡發的術語，除非他有充分理由認爲，使用這樣的術語能夠讓自己的感受更加寬廣、指涉更加精確、推理更加深刻。他不會被方法和技術束縛手腳；經典的路數就是學術巧匠的路數。

無論是關於理論還是關於方法，有用的討論往往都來自有關實際工作或將要著手的工作的隨記。「方法」首先必須交代如何提出並解答問題，並在一定程度上確信答案能維持一段時間。而「理論」則必須首先密切關注人們正在使用的詞彙，尤其是這些詞彙的概括程度及其邏輯關係。這兩者的首要宗旨就在於讓觀念盡可能明晰，步驟盡可能簡潔。至於當下，最重要的是釋放而非約束社會學的想像力。

所謂成爲「方法」和「理論」的主人，就是要成爲一位具備自覺意識的思想家，既從事實際工作，又能意識到自己從事的無論什麼工作的潛在預設和隱含意義。而所謂「方法」或「理論」成了他的主人，其實就是無法自如地去工作、去嘗試，也就是去探察世事的現狀。要是缺乏對正在貫徹的治學之道的洞察，研究的結果就是靠不住的。而如果不能確定一項研究會否得出重要的結果，所有方法都將是毫無意義的矯飾。

對於經典風格的社會科學家來說，無論方法還是理論，都算不上自成一體的領域。方法只是針對一定範圍問題的方法，而理論只是針對一定範圍現象的理論。它們就像是你生活其間的那個國度的語言：你會說這種語言並沒有什麼值得誇耀的，但你要是不會說，那可就很丟臉，也很不方便。

從事實際工作的社會科學家對於手頭的問題必須始終保持最充分的了解。顯然，這就意味著必須在實質內容上非常熟悉自己研究領域的知識現狀。同時，這還意味著如果所進行的幾項研究都關係到同一研究領域，就能最好地完成這類工作，個中關節深淺，我覺得難以言明。最後，如果只是一個人的唯一專長，更不要說如果只是一個毛頭小伙，即使做過什麼實際工作，其實也是微乎其微，或者他參與的都是以這樣那樣特定風格實施的研究，這類工作也不會做得特別好。

當我們在研究中暫停下來，反思理論與方法，最大的收穫就是重新陳述我們的問題。或許正因爲如此，在實踐中，每一位從事實際工作的社會科學家都必須是自己的方法論專家，是自己的理論家，而這只是意味著他必須成爲一名學術巧匠。當然，每一位巧匠都有能力從總結編纂各種方法的諸般嘗試中有所獲益，但常常比一種泛泛的自覺強不了多少。因此，方法論中的「速成方案」（crash programs）並不太可能促進社會科學的發展。眞正有用的方法闡述可不能用這樣的方式逼出來。如果它們與社會研究的實際工作之間並不存在牢固的關聯，從事實際工作的社會科學家的頭腦中就不可能充分展現對重要問題的感受，對解決這一問題的激情。在今天，這樣的感受和激情往往已經喪失殆盡。

所以說，最有可能發生方法上的推進的，恰恰是從正在進行的工作中得出最謹慎的概括。有鑒於此，我們在各自的實踐中、在我們學科的組織中，應當在方法與所進行的工作之間保持非常密切的互動。只有在有關方法論的一般性討論直接涉及實際工作時，才需要認眞對待。社會科學家當中的確有這類方法討論，下文會在附論中嘗試揭示展開這類討論的一種可能方式。

有關方法的陳述，有關這些陳述的爭論、理論的辨析、進一步的辨析——無論這些多麼讓人興奮，甚至讓人享受，都只是些承諾。有關方法的陳述承諾引導我們走向某些更好的方法來研究某個東西，事實上往往能研究幾乎任何東西。理論的精細闡發，無論是系統性的還是非系統性的，都承諾會提醒我們注意到，我們可能看到的東西當中存在精微差別，或者當我們試圖解釋我們之所見時，可能得出的解釋當中存在精微差別。但無論是「方法」還是「理論」，切割開來看，都不能充當社會研究的實際工作的要素。事實上，兩者的作用往往恰恰相反：它們只是像活動家一般，回避了社會科學的有關問題。我們已經看到，它們通常基於某種宏大的探究模式，能把其他人搞得一頭霧水。這種宏大模式並不能放諸四海皆充分可用，但這或許並不太重要，因爲它還是可以被儀式性地使用。如前文所釋，它往往基於某種自然科學哲學，而且通常源於哲學上對物理學的某種曲解，或許還有些過時。這種小把戲，以及其他有著類似規則的做法，與其說通向進一步的工作，不如說通向某種科學不可知論（scientific knownothingism）。馬克斯・霍克海默（Max Horkheimer）曾就此談道：「如果總是警告人們不要貿然得出結論、不要做出含糊的概括，意味著可能構成對於一切思考的禁忌，除非做出恰當的限定。如果所有的思考都得暫且擱置，直到經過澈底的確證，那似乎就不可能有任何基本的思路了，我們會自我限制在單純的徵象層次上。」③

③ *Tensions That Cause Wars*, Hadley Cantril 主編，Urbana, Illinois, University of Illinois Press，一九五〇，第二九七頁。

人們總說，年輕人容易被帶壞，但是看到社會科學的前輩學人也被我們當中科學哲學家們的故弄玄虛搞得心神不寧，難道不令人驚異嗎？一位瑞士經濟學家和一位英國經濟學家在對談中清楚描繪了有關方法的地位的經典觀點：「許多作者發乎本能地以正確方式著手處理這些問題。但在研究了方法論之後，他們開始自覺意識到眼前有諸多陷阱和其他危險等待著他們。其結果是，他們喪失了此前的確定感，誤入歧途，抑或走上了並不適合自己的方向。該提醒這類學人遠離方法論。」④ 較之有些美國社會學家的高談闊論，這樣的陳述富於見地、深具啓發，不知要高到哪裡去了。

我們提出的口號當然應該是這樣的：

人人都是自己的方法學家！
方法學家們！做點實在的！

④ W. A. John 與 H. W. Singer 合著，《經濟學家作爲政府顧問的角色》（*The Role of the Economist as Official Adviser*），London, George Allen & Unwin，一九五五，第三—四頁。順便說一句，此書有關社會科學方法的討論方式得當，堪稱範例。值得注意的是，它是基於兩位富有經驗的治學者的對談寫出來的。

儘管我們不能太把這些口號當眞，但作爲從事實際工作的社會科學家，我們的確需要捍衛自己；考慮到有些同行抱持著一種有失學人風度的過分熱情，或許我們也有理由爲自己的誇張開脫。

二

常識中的日常經驗主義充斥著有關這個或那個特定社會的預設與刻板印象，因爲常識決定了人們能看到什麼，又如何去說明所看到的東西。如果你試圖借助抽象經驗主義擺脫這種狀況，最終會停留在微觀層次或亞歷史的層次，你會努力逐漸積累有關所處理的東西的抽象化細節。如果你試圖借助宏大理論擺脫常識的經驗主義，就會從所處理的概念中抽離出清晰的、當下的經驗指涉，而如果不夠仔細，你將在自己築造的跨歷史世界中變得孑然無依。

所謂觀念，就是有經驗內容的想法。如果想法相對於內容而言過於寬泛，你就容易滑入宏大理論的陷阱；而如果內容吞噬了想法，你又容易墜入抽象經驗主義的圈套。這裡涉及一個一般性問題，往往被說成是「對於索引的需要」。對於今日社會科學中的實際工作而言，這是首要的技術挑戰之一。所有學派的成員都意識到這一點。抽象經驗主義者要想解決索引的問題，常常會盡力消滅被索引的東西的範圍和意義。宏大理論則沒能有效地應對這一問題，而只是從其他同樣抽象的「概念」的角度出發，對「概念」進行詳細闡發。

抽象經驗主義者所稱的經驗「材料」體現了對於日常社會世界的一種非常抽象的觀照。它們通常會處理某些中等規模的城市的某個收入檔位的某個性別範疇的某個年齡層級，諸如此類。這裡有四個變數，許多抽象經驗主義者能從其對世界的點滴認識中成功獲取的認知，還遠沒有這麼豐富。當然，這裡還有另一項「變數」：這些人都生活在美國。但在構築起抽象經驗主義的經驗世界的那些瑣碎、精確、抽象的變數中，並不包括這一種「材料」。把「美國」包括起來，就需要有一種社會結構的觀念，同時有關經驗主義的觀念也不能那麼嚴格。

絕大多數經典風格的研究（就此而言有時被稱爲**宏觀**研究）都是介於抽象經驗主義和宏大理論之間。這類研究也包含了對於日常情境中可以觀察到的東西的某種抽象，但其抽象的方向是趨向社會歷史結構。人們對於社會科學經典問題的梳理，正是在歷史現實的層面上，也就是說，正是從特定的社會歷史結構的角度出發，也正是從這樣的角度來解答。

這類研究的經驗成分絕不少於抽象經驗主義。事實上，它往往還更加重視經驗，更加貼近日常意義和經驗的世界。我想說的其實很簡單：弗朗茲·諾伊曼（Franz Neumann）有關納粹社會結構的闡述，相較於薩繆爾·斯托弗有關一〇〇七九部隊士氣的闡述，其「經驗性」和「系統性」至少不相上下；馬克斯·韋伯有關中國士大夫的闡述，尤金·斯塔利（Eugene Staley）有關低度發展國家的研究，巴林頓·摩爾（Barrington Moore）對於蘇維埃俄國的考察，相較於保羅·拉扎斯菲爾德對於伊利郡或艾爾邁拉小城的輿論的研究，

「經驗性」程度難分伯仲。

不僅如此，無論是亞歷史的研究層面還是跨歷史的研究層面，所使用的**想法**絕大多數其實都源於經典研究。又有哪些關於人、社會及其關係的觀念、哪些眞正富有裨益的想法，是來自於抽象經驗主義或宏大理論的呢？就想法而言，這些學派都是靠社會科學經典傳統過活的寄生蟲。

三

經驗證明的問題就在於「如何認眞對待事實」，但不是被事實所淹沒；在於如何將想法與事實緊密關聯，但不是埋沒了想法。問題首先在於要證明**什麼**，然後才是**如何**去證明它。

在宏大理論中，證明就是滿懷期望地演繹。目前看來，無論是要證明什麼，還是如何去證明它，似乎都還不是非常明確的問題。

而在抽象經驗主義裡，要證明什麼似乎不被視爲值得重視的議題。如何去證明它則幾乎是自動由陳述問題的方式給出了。這些方式融入了相關分析等統計步驟。事實上，對於這類證明的教條式要求似乎常常成了唯一的關注點，因此限定了甚至是決定了那些恪守這種微觀風格的人使用什麼「概念」，鑽研哪些問題。

在經典風格的研究實踐中，要證明什麼往往被認爲是重要的，甚或比如何證明它更爲重要。想法的闡發與特定的一系列實質問題密切相關，而決定選擇要證明什麼的時候，遵循的是諸如以下的規則：努力證明所闡釋的想法中據稱與闡釋的推論最相關的那些特徵。我們把這些特徵稱爲「關鍵性的」，倘若**這一點**的確如此，那麼下一點、下一點、再下一點也必然都是如此。而如果這一點並非如此，那麼會有另一系列的推論。這種步驟的理由之一，就是覺得需要簡化研究工作：經驗證明、證據、文獻附注、事實的確定，這些都非常耗時，而且往往單調乏味。有鑒於此，人們會希望這類工作會是對自己正在採用的想法和理論最具影響力的。

經典風格的治學者通常不會只針對一項大型經驗研究搞出一套大型方案。他的方針是聽任乃至挑起宏觀觀念和細節闡釋之間的持續交流。爲此他把自己的工作設計成一系列小型經驗研究（其中當然可能包括微觀的、統計性的工作），裡面每一項都似乎是對他在闡發的解決方案的某個部分起到關鍵作用。根據這些經驗研究的結果，這個解決方案也就得到了確證、修正或駁斥。

在經典風格的實際研究者看來，如何證明陳述、命題與推定事實，似乎並不像微觀視角的研究者常常搞得那麼費勁。經典風格的實際研究者透過細緻闡發一切相關的經驗材料來證明一項陳述。當然，我再說一遍，如果我們已經覺得需要以這種方式結合我們的問題，選擇並處理我們的觀念，往往可能以統計調查的那種更爲精確的抽象方式來展開細緻闡發。而對於其他的問題和觀念，我們的證明則類似於歷史學家的做法，問題轉向了證據。當然，我們從來也不會很確定。事實上，我們往往是在「猜測」。但我們不能說所有的猜測都有同等機會被證實。我們不妨滿懷敬意地說，經典社會科學的一項宏旨就是提高我們有關重要事項的猜測的正確機率。

所謂證明，就在於以理性的方式說服別人，也說服自己。但要做到這一點，我們就必須遵循公認的規則，首要的規則就是必須以特定的方式呈現研究工作，使其每一步都是開放的，以供他人核查。而要完成這一規則，並不存在「唯一正道」。不過，它總是要求我們倍加謹慎，留心細節，養成明晰的習慣，抱持懷疑態度對據稱的事實進行審核，對其可能有的各種意涵，及其對於其他事實和觀念所具有的影響，始終充滿好奇。它要求系統有序。簡言之，它要求我們堅定不懈地踐行學術倫理。如果這一條不具備，無論什麼技術，什麼方法，都將徒勞無益。

四

從事社會研究的每一種路數，對於研究主題以及研究這些主題的方法的每一樣選擇，都蘊含著「有關科學進步的一種理論」。我想，所有人都會同意說，科學的進展是累積性的。它不是一人之手的創造，而是眾人反覆修正和批評、彼此擴充和簡化各自努力的產物。要想讓自己的工作有分量，就必須結合此前已經做過的研究，也結合當下進展中的其他研究。爲了相互溝通，爲了「客觀性」，就需要這樣做。你必須以特定的方式說清楚自己做了些什麼，讓其他人可以查核。

抽象經驗主義者有關進步的策略是非常具體的，是滿懷希望的：且讓我們逐步積累起許多微觀的研究，日積月累，點滴推進，就像蟻群聚屑成堆，我們終會「築造起科學」。

而宏大理論家的策略則似乎是：終有一日，總有一處，我們會接觸到鮮活的經驗材料。當這一天來臨之時，我們應當做好準備，「系統地」處置這些材料。然後我們應當知道，這樣的處置對於提出系統性的理論，可以合乎邏輯地用於經驗證明的科學方式，究竟意味著什麼。

那些立志實現經典社會科學承諾的人所秉持的科學進步理論使他們無法假定，一系列的微觀研究就一定能積累成一種「充分發展」的社會科學。他們不願假定，不光是當下的目的，對於其他任何目的，諸如此類的材料也一定會有用。簡言之，他們不認爲靠著一磚一瓦的築造（或是眾人織被的拼湊），就能取得社會科學的發展。他們不認爲從這樣的工作中會湧現出一位牛頓或達爾文來統合全域。他們也不認爲達爾文或牛頓所做的事情就是把諸如此類的微觀事實「統合」起來，就像今日微觀社會科學所做的堆積一樣。經典風格的踐行者也不願意像宏大理論家那樣認定，對「概念」做聰明的闡發和辨析，到時候自然就會以某種方式，系統性地與經驗材料產生相關性。他們主張，絲毫沒有理由認爲這些概念上的闡發最終會比現在有所推進。

概而言之，經典社會科學既不是從微觀研究中「逐步築就」，也不是從概念闡發中「演繹而出」。它的踐行者力圖在同一個研究過程中同時築造和演繹，而要完成這一點，靠的是對各項問題進行反覆而充分的梳理，並給出充分的解答。我很抱歉還要重申，不過這一點確實是要害所在：要貫徹這樣的方針，就要在現實的歷史層面上討論實質問題；從適宜的角度陳述這些問題；然後，無論理論的昇華有多麼宏遠高妙，無論細節的爬梳是多麼耗人心神，研究的每一步結束之時，都要從問題的宏觀角度陳述解答；簡言之，經典模式的焦點乃在於實質問題。這些問題的特點限定並提示了能夠使用哪些方法和觀念，以及如何使用它們。要時刻保持與實質問題的密切關聯，以適宜的方式展開有關「方法論」和「理論」的不同觀點的爭論。

五

一個人對自己面臨種種問題的次序安排，即他怎麼陳述這些問題，賦予每個問題的輕重緩急，都取決於運用什麼方法、理論和價值，無論他自己是否清楚，都是這樣。

但必須承認，對於如何排列他們的問題這一有標誌意義的提問，有些從事社會科學實際研究的人並不能胸有成竹地回答。他們覺得不需要確定自己都在研究哪些問題。事實上，他們也搞不清楚。有些人聽任普通人在其日常情境中遭遇的切身困擾來設定自己研究的問題；另一些人則接受權威機構和利益集團以官方或非官方的方式界定的議題，作爲自己的努力方向。關於這一點，我們在東歐和俄國的同行們會比我們明白得多，因爲我們絕大多數人從未生活在那樣一種政治組織體制下，能夠以官方的方式控制整個思想文化領域。但這絕不是說在西方世界就不存在這種現象，美國就肯定不是這樣。對於社會科學家來說，問題的政治取向，不過尤其是商業取向，可能是出於他們自願的甚至是急切的自我協調。

在老式的自由主義實踐取向的社會學家那裡，困擾主要是出於自身立場來考慮的。至於他們的問題是基於哪些價值考慮而發現的，從未澄清過。在什麼樣的結構性條件下有可能認識到這些問題，既沒有得到探究、也沒有直接面對。未經消化的事實阻礙了研究工作，學人們並不具備相應的學術技巧來吸收和理順這些事實。這就導致了不切實際的所謂多因並存的多元論觀念。不管怎麼說，持有自由主義實踐取向的社會科學家曾經秉持的那些價值，無論是否受人擁戴，現在已經在相當程度上融入了福利國家在行政管理上的自由主義。

在科層式的社會科學中，抽象經驗主義是最合用的工具，而宏大理論則彌補其理論的欠缺。在這種社會科學裡，整個社會科學事業都縮減成向正當其時的權威機構提供服務。無論是舊式的自由主義實用取向，還是科層式的社會科學，都不能很好地處置公共議題和私人困擾，以使這兩者融入社會科學探討的那些問題。這些學派的學術品格和政治用途並不容易切割開來（就此而言，不管是社會科學的什麼學派都是這樣）：它們的學術品格（及其學院組織），以及它們的政治用途，共同導致它們在當代社會科學中占據這等位置。

社會科學的經典傳統會以適宜的方式梳理問題，使其陳述融合形形色色的人遭遇到的大量具體情境和私人困擾。而這些情境又會從更大的歷史結構和社會結構的角度被定位。

要充分地梳理任何問題，都必須先說清楚它們蘊含的價值和面臨的明顯威脅。這些價值及危險就構成了問題本身的切入角度。我認爲，自由和理性就是曾經統貫經典社會分析的價值；至於威脅它們的那些力量，今日看來，就算還沒有構成當代的標誌性特徵，有時也像是與當代社會的主導潮流相吻合的。今日社會研究最重要的那些問題在這一點上達成了一致：它們都關注似乎正威脅著這兩種價值的那些狀況與趨勢，都關注這樣的危險對於人的本性，對於歷史的塑造，會產生哪些後果。

但在這裡，我與其說是關注特定的一系列問題，包括我自己的選擇，不如說更關注社會科學家需要反思，自己的工作和計畫中眞正默認哪些實際問題。只有透過這樣的反思，他們才能明確而審愼地考慮自己面臨哪些問題，也才能考慮存在哪些其他的可能性。只有循此而爲，他們才能客觀行事。這是因爲，在社會科學的工作中保持客觀性，就要求不懈努力，明確意識到這項事業中牽涉到的方方面面因素，要求學者們能夠富有批判性地廣泛交流各自的努力。社會科學家要想以富有成效地積累的方式發展各自的學科，既不能依賴「科學方法」的教條模式，也無法仰仗煞有介事地宣告所謂「社會科學的問題」。

因此，對於問題的梳理應該包括明確關注一系列公共議題和個人困擾，並且應當開啓對於情境與社會結構之間因果關聯的探究。我們在梳理問題的時候，必須搞清楚在所涉及的困擾和議題中，眞正遭受威脅的都是哪些價值，搞清楚是誰奉行這些價值，它們又受到哪些人或哪些事的威脅。事實上，最後被發現面臨威脅的價值並不總是個人和公眾相信面臨威脅的那些價值，或者至少不完全是，這就常常使得這樣的梳理大大複雜化了。有鑒於此，我們還必須問諸如以下這樣的問題：行動者相信是哪些價值遭受威脅？他們相信是受到哪些人或哪些事的威脅？要是他們充分意識到眞正蘊含的價值，會為其面臨威脅而感到不安嗎？我們在梳理問題的時候考慮這些價值、情感、爭論和憂懼，都是很有必要的，因為這樣的信念與期待無論可能多麼有欠缺，多麼有誤解，都是各種議題和困擾的眞正素材。不僅如此，如果問題眞有什麼解決方案，要得到檢驗，在一定程度上也得看它在說明人們體驗到的那些困擾和議題時的有效性。

順便說一句，所謂的「基本問題」及其解答，通常都要求既關注人生的「深層」中孕育的不安，也關注某個歷史社會的結構本身中生發的漠然。我們必須借助對於問題的選擇和陳述，首先將漠然轉譯成議題，將不安轉譯成困擾，然後，我們必須在陳述自己的問題時，同時包容這些困擾和議題。在這兩個階段上，我們都必須努力盡可能簡明而準確地陳述所涉及的價值和威脅，並嘗試將它們關聯起來。

進而，任何對於某個問題的充分「解答」，都將包含尋找戰略干預點，即尋找據此維持或改變結構的「槓桿」，並對那些有能力干預但卻沒有這麼做的人作出評估。在梳理問題時還涉及到其他問題，這裡只是很少一部分，但我在此只想略陳一二。

第七章　人的多樣性

我已經花了很長篇幅，對社會科學中的幾股流行趨勢進行批判，現在打算回來談談有關社會科學承諾的一些更具建設性甚至綱領性的想法。社會科學或許亂成一團，但我們對此不該只是扼腕歎息，而應該加以利用。它確實可能是生病了，但認識到這一點，能夠被視為也應該被視為呼籲人們做出診斷，甚或是表露出即將痊癒。

一

人的多樣性正是社會科學研究的題中應有之意，人們過去、現在和未來生活的所有社會世界都有這個特點。這些世界裡，有據我們所知千年幾無變化的原始共同體，也有彷彿驟然成為暴烈存在的強權大國。拜占庭和歐洲、傳統中國和古羅馬、洛杉磯城和古祕魯印加帝國，人們所知的這些世界如今都擺在我們眼前，接受我們的審視。

在這些世界裡，有開闊的拓殖地、壓力群體、少年團夥和納瓦霍（Navajo）油井工人；有隨時準備定點摧毀方圓數百里都市區域的空軍；有巡視街角的員警；有共處一室的親密圈子和陌生公眾；有犯罪集團；有某個夜晚湧動在全世界各大城市廣場和路口的人潮；有霍比族（Hopi）兒童、阿拉伯奴隸販子、德國諸政黨、波蘭各階級、門諾派（Mennonite）的學校、西藏的精神迷狂者、遍及全世界的廣播網。①各個種族血統和族裔群體在電影院裡混雜一團，但也相互隔離；已婚家庭彼此快樂相處卻也澈底相互看不順眼；工商百業、各級政府，乃至幅員遼闊的大國，都容納了千百個分工細密的行當。每時每刻都發生著百萬次不起眼的交易，隨處隨地形成的「小群體」數量之多，任憑誰都數不過來。

人的多樣性還包括人類個體的多樣性。這些多樣性也同樣是社會學的想像力所必須把握和理解的。透過這種想像力，一八五〇年的印度婆羅門和伊利諾的開荒農夫並肩而立；十八世紀的英國紳士與澳洲土著站在一起，旁邊還有百年前的中國農民、當代玻利維亞的政治家、封建時代的法國騎士、參加一九一四年絕食抗議的英國女權運動者、②好萊塢新星、古

① 霍比族（Hopi），美洲原住民部落，主要居住在美國亞利桑那州的印第安人居留地中。門諾派（Mennonite），基督新教中的一個福音主義教派，一五三六年由荷蘭人門諾．西蒙斯（Menno Simons）創立，目前主要分布在美國、加拿大等地，一般立場保守，持和平主義立場。尤其是著名的美國阿米什人一派（Amish），統一服飾，排斥現代電器，過著集體農耕文明生活。——譯注

② 一九一四年一月十一日，英國的女權運動者此前早已開始的公開請願、爭取贏得婦女投票權的運動達到了高峰。她們衝擊白金漢宮，向英王喬治五世請願。員警逮捕了一批人，而後者在獄中展開了絕食運動。官方採取了喉部插管強制進食、「貓捉老鼠」（先放犯人出獄，待其體力恢復後再逮捕其入獄）等嚴厲手段，在社會公開後反應強烈，加上一戰開始後，大量男子走上戰場深刻影響了就業市場和國內生活，女權運動進入了飛速發展期。——譯注

羅馬貴族。要談「人」，就得談所有這些眾生男女，既要談巨匠歌德，也要談鄰家女孩。

社會科學家力圖以某種有序的方式來理解人的多樣性，但考慮到這種多樣性的廣度與深度，他很可能面臨這樣的追問：這眞的可能嗎？社會科學的這種混亂局面，不正是踐行社會科學的人力求研究的事情的必然反映嗎？我的回答是：也許多樣性並不像單純羅列其中一小部分而使其顯露出的那麼「無序」，甚或不像大專院校裡教授的那些研究課程往往使其顯露的那麼無序。無序也好、有序也罷，端賴於視角：要對各種人群和社會達成有序理解，就必須採取一套特定的視角，既要足夠簡單，促成理解，又要足夠綜合，使我們能夠在看問題時涵括人的多樣性的廣度和深度。奮力獲取諸如此類的視角，正是社會科學首要而不懈的奮鬥方向。

當然，無論什麼視角，都有賴於一套問題。只要堅持認爲社會科學的方向在於研究人生、研究歷史、研究它們在社會結構中的交織的相關問題，就很容易想到社會科學的全域性問題（第一章已有所提及）。要研究這些問題、要認識人的多樣性，就要使我們的研究與歷史現實的層面，與這種現實對眾生男女個體的意義，保持持續而緊密的關聯。我們的目標就是確定這一現實，辨識這些意義；正是從這些角度出發，可以梳理經典社會科學的那些問題，進而捕捉它們所蘊含的那些議題與困擾。它要求我們對於史上曾經出現和當世確實存在的各種社會結構具備充分的比較性理解。它要求我們從大規模歷史結構的角度出發，對小範圍情境進行篩選和研究。它要求我們避免囿於學院科系之間任意武斷的專業化，而是根據話題，首先是根據問題，靈活調整我們的工作的專業化定位。在此過程中，我們會從對於作爲歷史行動者的人的所有合宜研究中，借鑑相關的視角與想法、素材與方法。

回顧歷史，社會科學家最關注的是政治制度和經濟制度，但在軍事制度、親屬制度、宗教制度、教育制度等方面也有眾多研究。這種分類的根據是制度總體上履行的客觀功能，簡單明瞭，雖然只是假象，但畢竟方便合用。如果我們搞懂了這些制度性秩序是怎樣彼此關聯的，也就搞懂了一個社會的社會結構。這是因爲，「社會結構」這個觀念最通常的用法，指的就是這個，就是根據各自執行的功能來分類的各項制度的組合。基於這種用法，它就成了社會科學家所使用的最具包容性的操作單位。有鑒於此，社會科學家最寬廣的目標就是逐一理解社會結構的組成要素和總體上的多樣性。「社會結構」這個術語本身的定義就五花八門，也用到其他術語來定義這個觀念。但如果牢記情境與結構之間的區別，再加上制度的觀念，那麼無論誰碰到社會結構這個想法，都不會不明白。

二

在我們這個時代，社會結構通常是在一個政治國家下組織起來的。無論從權力的角度來看，還是就其他許多引人關注的方面而論，社會結構最具包容性的單位都是民族國家。縱觀世界歷史，民族國家現在成了主導形式，也因此成爲每個人生活中的主要事實。民族國家既分裂又組合著全世界各「文明」、各大洲，程度不一，方式多樣。它的擴散程度，它的發展階段，就是理解現代史的重要線索，現在則成了理解世界史的重要線索。政治、軍事、文化和經濟諸方面的決策手段和權力手段現在都是在民族國家內部組織起來的。絕大多數人的公共生活與私人生活所處的一切制度和特定情境，現在都組織進了某一個民族國家。

當然，社會科學家並不總是只研究國族範圍的社會結構。但關鍵在於，他們一般都會覺得，即使是更小或更大規模的單位的相關問題，也需要以民族國家為框架來梳理。而其他「單位」會很容易被理解為「前國族的」或「後國族的」。原因就在於，雖說國族單位當然也可能「屬於」某個「文明」，這通常意味著它們的宗教制度是某個「世界宗教」的制度，但是這種「文明」的事實同其他許多事實一樣，也可能意味著可以由此衡量今日民族國家的多樣性。不過，在我看來，當「文明」被像阿諾德·湯恩比這樣的作者使用時，範圍過大，籠統含糊，無法作為社會科學的首要單位，難以成為「清楚明白的研究領域」。

我們選擇國族社會結構作為通用的研究單位，就是採取了一種合宜的概括層面。在這個層面上，我們能夠既避免放棄我們的問題，又能包容當今人類行為的許多細節和困擾中顯然涉及的那些結構性力量。不僅如此，選擇國族社會結構還能使我們非常方便地把握公共關注的重要議題，因為現今，那些行之有效的權力手段，因此在相當程度上也是行之有效的塑造歷史的手段，無論好壞，正是在世界各民族國家內部，以及它們相互之間，被緊密組織起來。

各個民族國家在塑造歷史的力量方面並不都強弱一致，這一點是可以肯定的。有些國家非常弱小，高度依賴於另一些民族國家，以至於要想理解其國內狀況，只能透過研究強權大國。但這在我們的研究單位即國族的有效分類中，在必然涉及到的比較研究中，無非是另一個問題。同樣可以肯定的是，所有民族國家都相互作用，其中一些小集團乃是源於類似的傳統背景。但這也適用於我們可能選來作爲社會研究對象的任何具備一定規模的單位。不僅如此，每個有能力的民族國家都變得愈來愈自力更生，一戰以來尤其如此。

大多數經濟學家和政治學家都認爲，顯然，自己的首要研究單位是民族國家。即使他們在考慮「國際經濟」和「國際關係」，也必然是緊密扣合各式各樣具體的民族國家來進行研究。人類學家的處境及其不懈的活動，當然是研究一個社會或「文化」的「整體」，如果他們研究現代社會，會很容易力圖去理解作爲整體的國族，這樣做的成功程度也是高低不一。但要說到社會學家，或者更準確地說，做經驗研究的技術專家，並不會死抱著社會結構的觀念不放，往往會認爲國族在規模上太宏大，令人生疑。顯然，這也得怪他們有某種偏見。他們偏好「數據採集」，如果一心關注小規模單位，就不那麼花錢。當然，這就意味著他們對於單位的選擇並不切合選擇研究的不管什麼問題之所需。相反，無論是問題還是單位，都是由方法的選擇來決定。

從某種意義上說，本書總體上是在反駁這種偏見。我認爲，當絕大多數社會科學家都開始認眞考察一個重大問題，卻發現如果從任何比民族國家規模小的單位出發，都會很難梳理。研究分層和經濟政策是這樣，研究輿論和政治權力的性質也是這樣，研究工作和閒暇還是這樣；就連市政管理的有關問題，要是不充分結合其所屬的國家框架來考慮，也無法得到完備的梳理。所以說，任何在研究社會科學有關問題方面富有經驗的人，都能獲得豐富的經驗證據，證明民族國家這一單位實爲佳選。

三

縱觀歷史，社會結構這個觀念，連同有關它作爲社會科學通用單位的爭論，與社會學的關係極爲密切，而社會學家也是該觀念的經典闡釋者。無論是社會學，還是人類學，傳統的研究主題都是總體上的社會或人類學家所說的「文化」。對於一個總體社會的任一特定性質的研究，其「社會學」特色就在於不懈努力將該特性與其他特性相關聯，以求獲得有關整體的概念。如前所述，在相當程度上，社會學的想像力正是這種努力的培訓結果。不過，放眼今日，這樣的眼光、這樣的做法，已經絕不僅限於社會學家和人類學家。曾經是這些學科裡的承諾，如今已經成了整個社會科學當中的宗旨和做法，至少已是蹒跚上路。

至於文化人類學，就其經典傳統和當前發展而言，在我看來都與社會學研究沒有什麼根本的分別。曾幾何時，在對當代社會的調查寥寥無幾甚或付之闕如的時候，人類學家不得不蒐集荒遠之地粗樸無文的人群的資料。其他社會科學，特別是歷史學、人口學和政治學，則從學科肇始之時就依賴於有文字社會裡積累起來的文獻資料。這一事實往往成了學科之間的分隔。但是現在，各式各樣的「經驗調查」被用於所有社會科學，其實還要說是心理學家和社會學家在研究各歷史社會時最充分地發展起了相關技術。當然，近些年來，人類學家也研究了發達共同體，甚至是民族國家，只是往往保持著相當的距離；反過來，社會學家和經濟學家也考察了「不發達的人群」。今天，無論是方法上的分別，還是主題上的邊界，都談不上真正把人類學與經濟學和社會學區分開來。

絕大多數經濟學和政治學都一直在關注社會結構的特定制度領域。針對所謂「經濟」，所謂「國家」，政治學家在較小程度上，經濟學家在更大程度上，都已經發展出了一些「經典理論」，並由學人們代代傳承。簡言之，他們都構築了一些模型，只是對於自己的模型，政治學家（和社會學家一樣）一向不如經濟學家那麼自覺。當然，經典理論就在於構造一些概念和假設，由此做出演繹和概括；然後再將這些與各式各樣的經驗命題相比較。在這些任務中，概念、步驟甚或問題都有系統的規則，至少是隱含如此。

上述種種或許都挺不錯。然而，在過去的形式模型裡，國家與經濟邊界分明，也就是說有形式上的邊界，在相當程度上是互斥的，現在出現了兩股發展趨勢，使這類模型愈來愈不合時宜，這對於經濟學已經可以肯定，對於政治學和社會學也是遲早的事情：(1)所謂不發達地區的政治經濟發展；(2)二十世紀「政治經濟體制」，無論是極權主義的還是形式上民主的，出現的新趨勢。對於敏銳的經濟理論家，事實上，對於名副其實的所有社會科學家，二戰的結局都既產生侵蝕惡果，又蘊含積極機遇。

單純經濟學意義上的「價格理論」在邏輯上或許清晰分明，但在經驗上卻未臻充分。這樣一種理論要求我們考察工商機構的管理，考察決策者在機構內部和機構之間所擔當的角色。它要求我們關注有關人們的成本預期尤其是薪酬預期的心理機制，關注小型工商卡特爾實施的價格限定，同時必須理解其領導人，如此等等。與此類似，要想理解「利率」，除了非人化的經濟機制，往往還要求了解銀行家與政府官員之間官方及私人的交往。

我認爲，每一位社會科學家都要投身社會科學，運用社會科學來進行充分的比較，我相信這在當下已是頗爲強勁的關注動向。除此再無它途。無論是理論性的還是經驗性的，比較性研究都是當今社會科學最具前景的發展路徑。而在一種統合一體的社會科學下，能夠把這類工作做到最好。

四

不同社會科學領域之間的互動會隨著各自的發展不斷增強。經濟學的研究主題重新恢復了肇始之時的模樣——「政治經濟體制」，人們愈來愈把它放在總體社會結構裡面來看。像約翰．加爾布雷思這樣的經濟學家，其政治學家的成分與羅伯特．達爾（Robert Dahl）或大衛．杜魯門（David Truman）不相上下；事實上，他有關當代美國資本主義結構的作品，堪比約瑟夫・熊彼得有關資本主義和民主體制的觀點，或是厄爾・萊瑟姆（Earl Latham）有關群體政治的看法，都是有關某種政治經濟體制的社會學理論。哈洛德・拉斯威爾（Harold D. Lasswell）、大衛・理斯曼（David Riesman）或加布里埃爾・阿爾蒙德（Gabriel Almond）都可以說融合了社會學家、心理學家與政治學家三種色彩。他們在各門社會科學之間進退自如，也因此等於兼通眾門。只要一個人開始把握這些「領域」中的任一個，他就被迫進入了其他領域的勢力範圍，也就是說，進入了所有屬於經典傳統的那些領域。當然，他們也可以就某一制度性秩序有所專擅，但只要他們把握了個中的精髓，也會逐漸開始在總體社會結構中理解其位置，從而理解它與其他制度領域之間的關係。這是因爲，在相當程度上，人們愈來愈清楚，制度的全部實在就在於這些關係。

當然，我們不應當假定，面對如此紛繁多樣的社會生活，社會科學家已經對手頭的研究做了合理的分割。首先，所涉及的每個學科都是應對特定的要求和條件而自己發展起來的，沒有哪個學科只是作爲某個通盤計畫的組成部分而發展起來的。其次，有關這幾門學科之間的關係，當然存在諸多爭議，而關於專業化的程度如何算合宜，也是頗有分歧。但今天有一樁事實壓倒一切：現在與其把這些不同意見看成是思想上的棘手之處，還不如視之爲學院生活的既存現實。我認爲，即使從學院的角度來看，它們如今也往往傾向於自我消解，逐漸落伍。

從學院角度來說，今天的核心事實就在於邊界的流動性愈來愈高，觀念愈來愈容易從一門學科移到另一門學科。頗有幾例值得注意的職業生涯，幾乎完全是以精通某個領域的詞彙爲基礎，卻靈活運用於另一個領域的傳統範圍。專業化已是既成現狀，未來也不會消失，但不應當是從如我們所知多少屬於偶然構築起來的這些學科的角度來分隔。它應當是沿循特定的問題脈絡，而要解答這些問題，所需要的思想裝備傳統上屬於好幾門學科。人們愈來愈看到，所有的社會科學家都在使用類似的觀念和方法。

每一門社會科學都是由某種思想方面的內部發展所塑造的，同時也都受到制度方面的「偶然因素」的決定性影響，它們在西方諸大國各自受到不同路徑的塑造，就清楚地揭示了這一事實。包括哲學、歷史學和人文學③在內的業已確立的學科，它們的態度是寬容抑或漠視，往往影響著社會學、經濟學、人類學、政治學和心理學等領域的形貌。事實上，在某些高等學術機構裡，是否具備這樣的寬容，已經決定了社會科學有沒有作爲學院科系存在。例如牛津和劍橋，根本就沒有「社會學系」。④

過分拘泥於社會科學的科系化蘊含著危險，即在於會隨之假設，經濟、政治及其他社會

③ 原文即爲現在一般視作包括哲學和歷史學在內的「humanities」，並非包括社會學、政治學、經濟學、人類學乃至地理學等在內的「human sciences」。——譯注

④ 雖然這是二十世紀五〇年代的情況，但可以參照的是，二十五年後，安東尼·吉登斯於一九八四年發表其最著名的作品《社會的構成》，次年獲聘劍橋大學歷史上首位社會學教授。——譯注

制度各自都是獨立自主的系統。當然，如前所示，這項假設一直被用來建構一些「分析模型」，往往還眞的非常有用。有關「政制」（the polity）和「經濟」的經典模型或許眞的近似於十九世紀早期英國的結構，尤其近似於美國的結構。它們被一般化，並固化爲學校中的院系。實際上，放眼歷史，要解釋經濟學與政治學作爲專業的理由，在一定程度上必須扣合現代西方世界的某個特定歷史階段，其時每個制度性秩序都被宣稱是個自主領域。但顯而易見的是，一個由各自主制度性秩序組成的社會的模型，當然不是社會科學研究所使用的唯一模型。我們不能拿這一個類型作爲我們整個學術勞動分工的合適基礎。對於這一點的認識，正是目前推動人們致力於統合各門社會科學的原因之一。無論在研究的理想設計中，還是在學院課程的計畫中，好幾門學科，像政治學與經濟學，文化人類學與歷史學，社會學和心理學的至少一個重要分支，都在發生著相當積極的融合。

各門社會科學的統合一體，也引發了學術上的一些問題，主要牽涉到特定社會和歷史時期下各制度性秩序之間的關係，如政治秩序與經濟秩序，軍事秩序與宗教秩序，家庭秩序與教育秩序。如前所述，這些都是重要的問題。這幾門社會科學之間在實際研究時的關係引發了不少實際的困難，牽涉到課程體系的設計、學術生涯的籌劃、語言運用上的混亂，以及各領域研究生畢業時要面對的既有就業市場。社會科學的研究要統合一體，面臨的一大障礙就是針對單一學科的入門教科書。相比於其他任何學術產品，教科書最頻繁地進行「領域」的內部整合和邊界劃定。很難想像有比這更不合適的場合了。然而，就算生產者和消費者只是出於短期目的，教科書批發商們卻在這產品裡有實實在在的既得利益。隨著教科書的整合，整合社會科學的嘗試倒也有所進展，但與其說是問題與主題的整合，不如說是觀念與方法的整合。與此相應，各自獨立的「領域」這個觀念的理據，與其說是切實牢固的問題範圍，莫若說是虛有其表的「概念」。話說回來，這些「概念」難以棄之不用，我也不清楚未來是否還是這樣。但我覺得，在學院科系的世界裡會有機會，時機成熟，某些結構性的趨勢將會征服那些仍舊囿於其專業化情境中的往往抱殘守缺的人。

與此同時，可以肯定，還是有許多社會科學家認識到，只有更明確地承認社會科學的共同宗旨和任務，才能在「各自的學科」裡最好地實現自己的目標。對於做實際研究的個人來說，現在已經完全有可能忽略科系的「偶然」發展，選擇並塑造屬於自己的專業，而不會遇到科系方面的太多障礙。如果他開始切實感受到意義重大的問題，滿懷熱情要去求取答案，往往會被迫去掌握某些觀念和方法，而它們只是碰巧出自這幾門學科中的某一門。對他來說，沒有任何社會科學專業會在任何重大思想意義上是一個自我封閉的世界。他還會逐漸認識到，事實上，他在做的是社會科學，而不是任何一門具體的社會科學。無論他在研究中最感興趣的是哪一塊社會生活領域，概莫能外。

人們往往斷言，沒有人能夠有一副廣博涉獵的頭腦卻又不遊學無根。我不知道是否的確如此，但如果屬實，我們難道不能至少擁有某種廣博涉獵式的感受？當然，要把握所有這些學科的全部材料、觀念、方法，基本上沒有可能。不僅如此，如果想透過「概念轉譯」或對材料的細緻闡發來「整合各門社會科學」，通常只會淪爲華而不實的廢話。因此，所謂「社會科學總論」的課程系列裡的許多內容，大抵不過如此。可是，諸如此類的把握、轉譯、闡發、課程，並不是「各門社會科學的統合一體」的眞義。

眞義乃在於：要陳述並解答任何一項我們時代的重大問題，都必須從這幾門學科中不止一門選取材料、觀念和方法。一名社會科學家要想足夠熟悉某領域的材料和視角，用來搞清楚自己所關注的問題，並不需要去「把握該領域」。應當專業化的是這類重點關注的「問題」，而不是恪守學院邊界。在我看來，這正是當下的趨勢。

第八章 歷史的運用

社會科學所處理的問題關乎人生、關乎歷史，也關乎它們在社會結構中的相互交織。人生、歷史與社會這三者就是有關人的恰當研究的座標點。我意在以此爲主要立足點，批判當代社會學幾股流派的踐行者割棄了這一經典傳統。要想充分說清我們時代面臨的問題，當下還包括人的本性爲何的問題，就不能不堅持貫徹歷史是社會研究的著力點的觀點，承認需要進一步發展一種特別的有關人的心理學，既要接社會學的地氣，又要有歷史學的關聯。社會科學家如果不運用歷史，不對心理的東西有歷史的感受，就不能充分說清某些問題，而這些問題現在理當成爲其研究的方向。

一

歷史研究是否屬於一門社會科學，或者是否應當被視爲一門社會科學，這樣的爭論經年累月，令人厭倦，既無關要害，也甚是乏味。具體結論爲何，顯然要看你說的是哪些類歷史學家、哪些類社會科學家。有些歷史學家明顯只是在編纂所謂的事實，力圖避免「解釋」；他們埋首於歷史的某個斷片，似乎不願意結合任何更大範圍的事件來定位它，往往有不少斬獲。有些則超越了歷史學，沉迷於有關末日將至或是榮耀將臨的跨歷史視野中，常常也能頗有成果。作爲一門學科的歷史學的確鼓勵人爬梳細節，但它也宣導人開闊眼界，領悟那些左右社會結構發展趨勢的劃時代事件。

或許絕大多數歷史學家滿腦子想的都是將那些理解社會制度的歷史轉型所需的「事實確認確鑿」，並且對這類事實做出解釋，通常要借助敘事。不僅如此，許多歷史學家會在研究中毫不猶豫地涵蓋社會生活的任何一塊領域。因此，他們涉獵的就是整個社會科學領域，儘管他們和其他社會科學家一樣，也可能會專擅於政治史、經濟史或觀念史。只要歷史學家考察各類制度，他們往往會強調歷經相當時間跨度的變遷，並以非比較性的方式進行研究。而許多社會科學家在研究各類制度時，其工作會更具比較取向而非歷史取向。不過，可以肯定的是，這一差別只是同一任務內部的各有側重、各司分工而已。

眼下，有許多美國歷史學家都受到幾門社會科學的觀念、問題和方法的深刻影響。巴爾贊與格拉夫最近提出，或許「社會科學家始終在敦促歷史學家將其研究技術現代化」，因爲「社會科學家們都太忙，沒空讀歷史」，「當他們自己的材料換了一種模式呈現時，連他們自己都認不出來」。①

誠然，任何歷史研究遇到的方法問題都比許多歷史學家通常憑空想像的要多。但現在他們有些人卻真的在憑空想像，更多地是在憑空想像認識論而不是方法，其方式只能導致令人

① 巴爾贊（Jacques Barzun）與格拉夫（Henry Graff）合著，*The Modern Researcher*, New York, Harcourt, Brace 一九五七，第二二一頁。

不解地脫離歷史現實。某些「社會科學」領域對於部分歷史學家的影響往往非常糟糕，但這種影響尚未波及廣泛，還不足以必須在此詳加討論。

歷史學家的主要任務就在於秉筆直錄人間世事，但這樣來陳述目標，其實過於簡化，帶有欺騙性。歷史學家呈現著人類有組織的記憶，而這種記憶作爲書面歷史，可塑性相當大。在不同代歷史學家之間，它往往會發生劇烈的變化，原因不僅僅是日後有更細緻的研究，將新的事實和文獻引入紀錄。它之所以發生改變，還因爲關注點有了改變，構築紀錄的通行框架也有了改變。就是後兩者，構成了從難以計數的可用事實中做出篩選的標準，同時也是對這些事實的意義做出的主導解釋。歷史學家無法回避對於事實做出某種篩選，雖說他可能會在做出解釋時保持謹慎克制，試圖以此否認這一點。我們要想了解歷史在被反覆重寫的過程中是多麼容易被歪曲，並不一定需要去讀喬治．歐威爾（George Orwell）富於想像力的預測，儘管他的《一九八四》戲劇化地凸顯了這一點，也恰如其分地嚇了我們的一些歷史學家同行一跳——我們也希望眞能這樣。

歷史學家的事業面臨的所有這些危險，使其成爲最具理論性的人文學科之一，也使得許多歷史學家的那種茫然不覺愈發讓人印象深刻。是的，讓人印象深刻，但更讓人無法安心。我想曾經有些歷史時期，人們的視角刻板而單一，歷史學家們也可能始終對那些被不言自明接受的主題缺乏自覺意識。但我們所處的並非這樣的歷史時期。如果歷史學家毫無「理論」，他們也可以提供材料來撰寫歷史，只是他們自己寫不來。他們可以自得其樂，卻不能秉筆直書。那樣的任務現在要求明確關注的東西，遠不限於所謂的「事實」。

不妨把歷史學家的產品想作是一份龐大的檔案，所有社會科學都不可割棄。我相信，這種看法合乎實情並且富有裨益。作爲一門學科，歷史學有時也被認爲包含了各門社會科學，但這只是少數誤入歧途的「人文主義者」的看法。還有一種觀念比上述兩個觀點都更接近要害：每一門社會科學，或者更準確地說，每一種思慮周詳的社會研究，都要求其觀念具備歷史視野，並能充分運用史料。這個提法簡單明瞭，但卻是我要論證的主要想法。

首先，我們也許會遇到社會科學家對於運用史料常有的一點異議：據說，相比於當代可用的那些更能確認、更爲精確的材料，這類材料不夠精確，甚或了解不全，不能允許使用。這點異議當然也指出了社會研究中一個非常惱人的問題，但只有當你限定了哪些種類的資訊是被承認的，它才有說服力。如前所述，經典風格的社會分析者的首要考慮，應當是也一直是一個問題有哪些要求，而不是什麼刻板的方法的限制。不僅如此，這個異議只適用於某些問題，實際上，也經常遭到有力的反駁。因爲對於許多問題，我們能夠獲得的充分資訊**只是**關於過去的。官方與非官方的祕密的有關事實、公共關係的廣泛運用，都是我們判斷有關過去與現在的資訊的可信度時當然必須考慮的當下事實。一句話，這點異議只不過是另一種形式的方法論上的約束，往往也是政治上消極無爲的「不可知論」意識形態的一個特點。

二

相比於歷史學家在何等程度上是社會科學家，或者他們應當如何作爲，更重要的是爭議更大的一種說法：社會科學本身就屬於歷史學科。社會科學家要想履行其任務，甚或只是想說清楚這些任務，都必須運用史料。除非你接受某種有關歷史本質的跨歷史理論，或者你同意說社會中的人是一種非歷史性的實體，否則沒有任何社會科學可以被認爲超越了歷史。所有名副其實的社會學都是「歷史社會學」。保羅．斯威齊（Paul Sweezy）說得很好，「歷史社會學」就是力求撰寫「作爲歷史的當下」。歷史學與社會學之間之所以存在如此親密的關係，有以下幾點原因：

(1)我們在陳述何者有待說明時，需要非常充分的涉獵，而只有了解人類社會在歷史上的多樣性才能提供這樣的背景。一個特定的問題，比如各種形式的國族主義與各種類型的軍國主義之間的關係，如果是針對不同的社會和不同的時期來問，往往必然得到不同的答案。這就意味著問題本身也常常需要重新梳理。就算只是爲了以恰當的方式提出社會學問題，我們也需要歷史提供的多樣性，更不用說解答這些問題了。我們會給出的答案或說明，常常會甚或通常會採取比較的方式。無論是形形色色的奴隸制，還是犯罪的特定意涵，無論是各式各樣的家庭、農村社區或是集體農莊，不管我們試圖理解什麼，要想理解其本質條件可能是什麼，都要求進行比較。不管我們感興趣的是什麼，都必須放在多種多樣的環境下進行觀察。否則我們就只限於膚淺的描述。

而要想有所超越，我們就必須考察可能範圍內的所有社會結構，既包括當代社會結構，也包括歷史上的社會結構。如果不考慮可能的範圍，當然這並不意味著所有既存實例，那麼我們的陳述在經驗角度上就無法做到充分。在社會的某些特性上可能具備的這類規律或關係，也不是那麼容易清晰分辨的。簡言之，對於我們所研究的東西來說，歷史類型是非常重要的組成部分。而對於我們就研究對象做出的說明而言，歷史類型同樣不可或缺。如果從我們的研究中除去這類材料，即對人們所作所爲及其變化的一切紀錄，那就像是號稱研究一朝分娩，卻無視十月懷胎。

如果我們僅限於研究某個當代社會（通常是西方社會）的某個國族單位，就不可能指望捕捉到各種人的類型和社會制度之間許多眞切存在的根本差異。這是一條泛泛的眞理，但對於社會科學的工作卻有著相當具體的意涵：無論哪個社會，在其典型解剖的時刻上，往往都能找到信仰、價値、制度形式等方面如此眾多的共同特性，乃至於無論我們研究得多麼細緻、多麼精確，都找不到在這個社會，在這一時刻，人群與制度當中有什麼眞正顯著的差異。事實上，局限於一時一地的研究往往假定或隱含了某種同質性，而就算眞的存在這樣的同質性，也亟需**被視作問題來研究**。在目前的研究實踐中，基本上都是將它化約爲一個抽樣步驟的問題，這樣做不可能取得有益的成果。我們不能把它梳理成僅從一時一地的角度出發來看的問題。

各個社會在內部特定現象的變化範圍上，以及在更爲一般的意義上，就其社會同質性的程度而言，都互見差異。莫里斯・金斯伯格（Morris Ginsburg）嘗言，如果我們正在研究的東西「展示出同一社會中或同一時段內個體之間足夠的差異，就有可能確立起眞切的關聯，而不必超出該社會或時段。」②很多情況下的確如此，但通常又不那麼確定，可能只是假定而已。我們要想知道是否的確如此，往往必須把自己的研究設計成比較各種社會結構。要想把這種比較做得充分，通常要求我們利用歷史提供的多樣性。如果我們不以比較的方式考察一定範圍的當代社會與歷史社會，甚至都不能對社會同質性的問題做出恰切的陳述，遑論充分的解答，對於現代大眾社會是這樣，抑或相反，對於傳統社會亦是如此。

例如，如果不進行這類工作，就無法搞清楚政治學中諸如「公共」和「公共輿論」之類的核心主題的意涵。如果我們在自己的研究中不把範圍弄得更充分一些，往往就會注定得出淺薄且有誤導性的結論。比方說，我想任何人都不會反對說，政治漠然的現狀是當代西方社會政治景觀的重要事實之一。然而，那些有關「選民政治心理」的研究一無比較視角，二無歷史視角，我們在裡面甚至都找不到一種能夠眞正考慮這類漠然的有關「選民」或「政治

② Morris Ginsberg, *Essays in Sociology and Social Philosophy*, London, Heinemann，一九五六，第二卷，第三十九頁。

人」的分類。實際上，以這類選舉研究通常的角度，根本就無法梳理這種具有歷史特定性的政治漠然觀念，更不用說它的意涵了。

說前工業世界裡的農民「在政治上漠然」，和說現代大眾社會裡的人這樣的話，這兩種說法傳遞的並不是同一個意思。一方面，在這兩類社會裡，政治制度對於人們的生活方式及其境況的重要性有著天壤之別。另一方面，人們參政議政的正式機會也不一樣。再說，現代西方世界資產階級民主的整個進程引發了對於政治參與的期待，而這在前工業世界並不總能激發出來。要理解「政治漠然」，要說明這種現象，把握其對於現代社會的意義，我們必須考察漠然的紛繁多樣的類型與條件，而我們就必須考察歷史和比較性質的材料。

(2)非歷史的研究通常傾向於對有限情境做靜態或相當短期的研究。但這只能是一種期望，因為當更大的結構發生變遷時，我們很容易就會意識到它們的存在；而只有當我們開拓眼界，涵括足夠合適的歷史跨度，我們才有可能意識到這類變遷。因此，我們要想有機會理解較小的情境和較大的結構如何相互作用，要想有機會理解作用於這些有限情境的較大的原因，就必須處理歷史材料。無論結構這個關鍵術語的意涵是什麼，要對結構有所意識，要充分陳述有限情境中遭遇到的那些困擾與問題，我們都必須承認社會科學是歷史學科，並依此付諸實踐。

歷史的研究使我們更有機會意識到結構；不僅如此，我們要是不使用史料，也無法指望理解任何一個社會，哪怕是一樁靜態的事件。有關任何社會的意象都有其歷史特定性。馬克思所說的「歷史特定性原則」，首先指的是如下方針：要理解任何一個給定的社會，都必須從它所處的特定時期的角度出發。不算怎麼定義「時期」，在任一給定時期裡盛行的那些制度、意識形態、眾生男女的類型，所構成的東西都具有獨一無二的模式。這並不等於說無法拿這種歷史類型與其他類型相比，當然也不是說只能透過直覺來把握這樣的模式。但它的確意味著，在這種歷史類型中，各式變遷機制會交織成某種特定的關聯，這正是該原則的第二層指涉。卡爾．曼海姆追隨約翰．史都華．彌爾的腳步，把這些機制稱爲「中介原則」（principia media），而關注社會結構的社會科學家們希望把握的正是這些機制。

早期的社會理論家試圖梳理出永恆不易的社會法則，這些法則將適用於所有社會，就像自然科學中那些抽象化的步驟所引出的法則，能夠洞徹「自然」表面上的質的豐富性。但我相信，沒有哪一位社會科學家所提出的任一「法則」是跨歷史的，可以不被理解爲必然關聯著某個時期的特定結構。其他「法則」最後也都證明其實是空洞無物的抽象命題或相當含混的同義反覆。「社會法則」的唯一意涵，乃至「社會規律」的唯一意涵，就是我們針對某個具有歷史特定性的時代中的某個社會結構，可能發現的或者你也不妨稱爲可能建構的這類「中介原則」。我們並不知曉有關歷史變遷的任何普遍原則，我們的確知曉一些變遷機制，但會隨著我們考察的社會結構不同而各見差異。這是因爲，歷史變遷**就是**社會結構的變遷，就是它的各個組成要素之間關係的變遷。一如社會結構紛繁多樣，歷史變遷的原則也是五花八門。

(3)任何一位經濟學家、政治學家或社會學家，一旦丟開自己所在的發達工業國家，去考察某種不同的社會結構裡的制度，如中東、亞洲、非洲等地的制度，都會非常清楚一點：要理解一個社會，了解有關它的歷史的知識往往不可或缺。他在研究「祖國」時，常常會暗自用到歷史；有關歷史的知識就體現在他研究中用到的那些概念。當他考慮的範圍更全面、當他展開比較，他就會更清楚地意識到，對於自己想要理解的東西而言，歷史範疇屬於題中應有之意，而不單單是「整體背景」。

在我們的時代，西方社會的問題幾乎不可避免地也是整個世界的問題。在我們的時代，它所包含的紛繁多樣的社會世界第一次都處在重要、迅疾而顯著的相互影響中，這或許是我們時代的一個規定性特徵。要研究我們這個時代，就必須對這些世界及其相互作用進行比較性的考察。或許正是出於這個原因，曾經是人類學家的異域保留地的那些地方，如今都成了這個世界上的「不發達國家」，政治學家和社會學家都視同尋常地將其納入自己的研究對象，經濟學家也是不遑多讓。當今所做的最出色的社會學研究中，有些就是研究世界不同區域，原因正在於此。

比較研究和歷史研究彼此有著非常深切的關聯。即便是不發達的、共產主義的、資本主義的政治經濟體制在當今世界的存在實態，單單透過缺乏時間縱深的膚淺比較，你也是無法理解的。你必須拓展自己分析的時間範圍。要對當今擺在你眼前的可供比較的事實做出理解，給出說明，你必須知曉各個歷史階段，知曉是哪些歷史原因，造成了發達的速度不一，方向各異，造成了低度發展。比如說，你必須知曉為什麼西方人十六、十七世紀在北美和澳洲建立的殖民地順利發展成了工業繁榮的資本主義社會，而在印度、拉美、非洲建立的那些卻直到二十世紀依然是一片貧困、農業為主的低度發展地區。

就這樣，歷史的觀點導向了對於各社會的比較研究：無論針對哪一個現代西方國家，單單基於其各自的國別史，你無法理解或說明它們經歷的主要階段或當今具備的形貌。我的意思不光是說在歷史現實中它與其他社會的發展相互作用，還想表明，我們的頭腦思考這個單一社會結構的歷史角度和社會學角度的問題，要是不與其他社會相互比較異同以求得理解，甚至連問題的系統闡述都無法做到。

(4) 即使我們的研究並不具備明確的比較性質，即使我們關注的只是某一國內社會結構的某個有限區域，我們也需要歷史材料。我們要想固定住某個搖擺不定的時刻，就只能進行抽象提煉，而這會對社會現實造成不必要的破壞。當然，我們也可以建構出諸如此類的靜態速寫甚或靜態連拍，但不能用這樣的建構作為自己研究的結論。既然我們知道自己研究的東西會發生變化，那麼即使在最簡單的描述層面上，我們也必須問：有哪些明顯的趨勢？而要回答這樣的問題，我們就必須至少對「原先如何」和「未來怎樣」有所交代。

我們所陳述的趨勢可以短暫一瞬間，也可以綿延整個時代。當然，這取決於我們的宗旨。但在一般情況下，無論是多大規模的研究，我們都會發現需要考察具有相當時段跨度的趨勢。考察較為長期的趨勢通常都是必要的，哪怕只是為了克服歷史狹隘主義，即假設當下是某種獨立自主的創造。

我們想要理解當代某個社會結構中的動態變遷，就必須努力捕捉其更爲長遠的發展態勢，並據此追問：這些趨勢賴以發生的機制是什麼？這個社會的結構賴以發生變遷的機制是什麼？正是透過此類問題，我們對趨勢的關注發揮到了極致。這裡必須討論到從一個時代到另一個時代的歷史過渡，討論到我們所稱的一個時代的結構。

社會科學家希望理解當下這個時代的性質，勾勒其結構，捕捉其中發揮作用的主要力量。每一個時代，只要得到恰當的界定，都是「可以理解的研究領域」，能夠反映出獨特的塑造歷史的機制。比如說，權力精英在塑造歷史的過程中的角色輕重不一，就看制度性的決策手段的集中化程度。

有關「現代」的結構與動力，以及可能具備的這類關鍵而獨特的性質，這些觀念對於社會科學來說至關重要，儘管人們往往認識不到這一點。政治學家研究現代國家，經濟學家研究現代資本主義。至於社會學家，尤其是與馬克思主義相對立的社會學家，其問題中有許多是從「現時代的特徵」的角度來提的。而人類學家在考察前文字社會的時候，也運用了他們對於現代世界敏銳的感受力。其實，縱觀現代社會科學，無論是社會學還是政治學與經濟學，最經典的問題或許就牽涉到一個頗爲具體的歷史解釋：通常與「封建時代」相對而言的所謂「現代西方」，這種都市化工業社會的興起、要素和形貌，應該作何解釋。

社會科學中最常用的概念中，有許多涉及到從封建時代的鄉村共同體到現時代的都市社會的歷史過渡：梅恩（Maine）的「身分」和「契約」；滕尼斯（Tönnies）的「共同體」與「社會」；韋伯的「地位」和「階級」；聖西門（St. Simon）的「三階段」；赫伯特・斯賓塞的「尚武社會」與「工業社會」；巴瑞圖（Pareto）的「精英迴圈」；庫利（Cooley）的「首屬群體」和「次屬群體」；愛彌爾・涂爾幹的「機械團結」與「有機團結」；雷德菲爾德（Redfield）的「鄉俗文化」與「城市文化」；貝克爾（Becker）的「神聖的」與「世俗的」；拉斯威爾的「協商社會」（bargaining society）與「警備國家」（garrison state），如此等等。這些概念無論在多麼寬泛的意義上使用，都是扎根於歷史的觀念。即使有些人自認爲並沒有從歷史的角度從事研究，一般也都會因爲運用了這類術語，暴露出有關歷史趨勢的某種觀念，甚至是一種時代感。

要理解社會科學家對於「趨勢」通常該有的關注，就該看他們對於「現時代」的形貌和動力、對於其危機的性質的那種警覺。我們研究趨勢，試圖洞察事件的表面，加以有序的領會。在這類研究中，我們往往試圖聚焦於每一股趨勢，只比其現狀稍稍超前一點點；更重要的是，試圖同時觀察全部趨勢，視之爲組成時代總體結構的變動中的各個部分。當然，相較於殫精竭慮，整體觀之，一次只承認一股趨勢，任其散亂自處，彷彿實情如此，在學術上要容易一些（政治上也更爲明智）。有些人只寫些四平八穩的小文章，首先談這股趨勢，然後說那股趨勢，對於這些紙上談兵的經驗主義者來說，任何「整體觀之」的嘗試都往往顯得屬於「極端主義者的誇大其詞」。

當然，在嘗試「整體觀之」的過程中，**蘊含有**許多學術上的危險。一方面，一個人眼中的整體，到了另一個人眼裡可能只是局部，有時候，因爲缺乏統攬全域的眼光，這樣的嘗試被鉅細靡遺的描述的需要所吞噬。嘗試當然也可能存有偏見，但我認爲，最大的偏見莫過於只挑選那些可以精確觀察的細節，卻完全不考慮有關任何整體的觀念，因爲這樣的挑選必然是任意武斷的。即使是在具備歷史取向的研究中，我們也很容易將「描述」與「預測」混爲一談。話說回來，這兩者也並不能分得一清二楚，它們也算不上是探討趨勢的唯二路徑。我們要考察趨勢，可以嘗試解答「我們將去往何方？」這一問題，這正是社會科學家常常試圖做的事情。但我們這麼做，是要努力研究歷史，而不是退隱其間；是要關注當代趨勢，但不能「只做新聞記者」；是要評估這些趨勢的未來，但不能憑空預言。這一切都殊非易事。我們必須牢記，自己**正在**處理歷史材料，它們的確會迅速變化，也會有反向趨勢存在。一面是搖擺不定的當下的即時性，一面是要梳理出特定趨勢對於整個時期意味著什麼所需要的普遍性，我們始終必須平衡這兩方面。不過，社會科學家畢竟正在努力將幾股主要趨勢合而觀之，並且從結構的角度來看，而不是看成散落在一堆情境中的偶發事件，累積起來毫無新意，事實上，根本也就沒有累積。出於這樣的宗旨，對於趨勢的研究有助於我們理解一個時代，並要求我們充分而靈活地利用歷史材料。

三

今日社會科學裡，有一種「歷史的運用」相當常見。事實上，這種運用與其說是貨眞價實，莫若是說儀式文章。我指的是那種單調乏味的零碎貼補，即所謂「歷史背景的勾勒」，往往作爲有關當代社會的研究的序言；或者是一個專門的步驟，即所謂「給出歷史角度的說明」。這樣的說明依賴於某一單個社會的過去，很少能達到充分。有關上述種種，應當說明如下三點：

第一，我認爲，有一點必須承認：我們之所以研究歷史，往往只是爲了走出歷史。我的意思是，常常被當作歷史說明的東西，其實更應該被視爲屬於有關被說明的東西的陳述。我們不應只是把什麼東西「說明」成「來自過去的某種延續」，而應當追問：「它爲何會延續下來？」通常我們會發現，不管我們研究的是什麼，根據它歷經的階段不同，答案也會變化。接下來，針對其中每一個階段，我們都可以嘗試找出這個答案扮演了什麼角色，又是如何以及爲何轉到了下一個階段。

第二，在研究一個當代社會時，我認爲有一條規則一般不會錯：在說明該社會在當代的特徵時，首先看其在當代的功能。這就意味著要定位它們，視之爲當代環境的一部分，甚至是當代環境的其他特性所引發的。即便只是爲了對它們做出定義，做出清晰的限定，使其組成要素更加具體，最好也首先從一個多少有些狹隘的跨度開始，當然，仍是歷史跨度。

有些新佛洛伊德主義者，可能以卡倫．霍妮（Karen Horney）爲代表，在探討個體成年後的問題時，似乎也使用了類似的一系列步驟。他們只是在窮盡了個體性格在當下的所有特性和環境後，才去回溯遺傳和人生經歷方面的原因。當然，有關整個事情的經典討論，還是發生在人類學裡的功能學派和歷史學派之間。我猜想，之所以如此，有一個原因是所謂的「歷史說明」往往會變成保守立場的意識形態：諸項制度歷時彌久，演化至今，因此不能草率待之。另一個原因在於，歷史意識也往往會變成某種激進意識形態的根源：逐項制度說到底皆屬過眼雲煙，因此這些特定的制度對於人來說都既非永恆不易，也不是「順乎自然」，它們都會發生變遷。而這兩方面的觀點都往往依賴於一種歷史決定論，甚或是容易導致消極無爲姿態的歷史必然性，這樣來理解歷史如何演變至今、如何成型若此，實屬誤解。我一直致力於獲取這樣的歷史感，可不想讓它歸於無聲，但我也不想以保守或激進的立場來運用歷史命運的觀念，借此支撐我的說明路數。我不贊成將「命運」視爲某種普遍的歷史範疇，稍後我將予以說明。

我想說的最後一點甚至更具爭議。即便如此，它依然非常重要：我認爲，就理解它們是否需要直接訴諸「歷史因素」而言，各個時期和各個社會都不盡一致。一個給定社會在某個給定時期的歷史性質或許在於，對於理解它而言，「歷史過去」只具有間接相關性。

當然，如果一個社會變動緩慢，貧困、守舊、疾病、愚昧，歷數百年而惡性循環，積重難返，要理解這樣的社會，我們就必須研究其歷史根源，考察其深陷於自身歷史而不能自拔的歷史機制，這是顯而易見的。要說明這樣的迴圈，說明其各個階段的動力機制，我們就必須進行非常深入的歷史分析。要說明的首先就是整個迴圈的機制。

但是在美國，或西北歐諸國，或澳大利亞，就其現狀而論，並未陷入任何歷史閉環。像在伊本・赫勒敦（Ibn Khaldoun）③筆下的荒棄世界中的那種迴圈，並沒有攫取過它們。在我看來，從這些角度理解它們的所有嘗試都失敗了，事實上，往往還成了跨越歷史的無稽之談。

簡言之，歷史的**相關性**本身就受制於歷史特定性原則。誠然，「世間萬物」可以說總歸「源於過去」，但「源於過去」這個短語究爲何意，卻是爭議不休。有時候，世上也會湧現出全新的事物，也就是說，「歷史」有時「重演」，有時並不「重演」；這取決於社會結構，取決於我們所關注的歷史所屬的時期。④

---

③ 參見 Muhsin Mahdi，*Ibn Khaldoun's Philosophy of History*, London, George Allen and Unwin，一九五七；*Historical Essays*, London, Macmillan，一九五七，內中收有崔佛—羅珀（H. R. Trevor-Roper）富有見地的評論。

④ 比如說，我在沃爾特・加倫森有關勞工史諸類型的出色描述中，注意到可以支撐我講法的論證：「……爬梳陳舊的領域所獲得的邊際收益大抵會是比較小的……如果缺失……重要的新材料的話。但是，這並不是把注意力放在更晚近的事件的唯一理由。當代勞工運動與三十年前的勞工運動相比，不僅有量的差異，而且有質

這項社會學原則或許適用於當代美國；我們的社會或許正處在一個特別的時期，相比於其他許多社會和時期，歷史說明的相關性要更弱一些。我相信，上述情況有助於我們理解美國社會科學的幾項重要特點：⑴爲什麼那麼多的社會科學家只關注當代西方社會，甚或更爲狹隘，只關注美國，認爲歷史研究與自己的工作無關；⑵爲什麼有些歷史學家現在用在我看來非常任性的口吻，談論什麼「科學主義史學」（Scientific History），試圖在研究中運用高度形式化的技術，甚至是明確非歷史性的技術；⑶爲什麼其他歷史學家又一而再、再而三地給我們留下特別的印象，尤其是在那些週日增刊中，說歷史其實都是些大空話，就是出於當前的意識形態用途，無論是自由主義的還是保守主義的，而對過去進行的某種神話塑

的差異。在二十世紀三〇年代以前，它具有宗派性的特點：它的決策並不出於什麼重要的經濟因素，它更多關注的是狹隘的內部問題，而不是全國性的政策。」（Walter Galenson，〈勞工史書寫反思〉〔Reflections on the Writing of Labor History〕，*Industrial and Labor Relations Review*, October，一九五七）當然，就人類學而言，「功能」說明和「歷史」說明之間的爭論由來已久。人類學家大多還是功能立場的，因爲他們無法找到其所研究的那些「文化」的任何所謂歷史。他們眞的不得不努力借助當下來說明當下，透過一個社會的各式各樣當前特徵蘊含意義的相互關聯，來尋求說明。有關晚近的一篇富有洞察力的討論，參見恩尼斯特·蓋爾納（Ernest Gellner），〈社會人類學中的時間與理論〉（Time and Theory in Social Anthropology），*Mind*, April，一九五八。

造。美國的過去可眞是製造快樂意象的令人驚歎的泉源。如果我說大部分歷史在當代無關緊要所言非虛，那麼這一點其實就使這種對於歷史的意識形態運用變得愈發方便。

歷史研究之於社會科學的任務和承諾的相關性，當然不僅限於對這種「美國類型」的社會結構做出「歷史說明」。不僅如此，所謂歷史說明的相關性會各見差異，這種觀念本身就是一種歷史性的想法，必須基於歷史的理據來討論和檢驗。即便對於這種當代社會來說，歷史的無關緊要也很容易被做出過多推論。我們只有透過比較研究，才能清楚意識到一個社會**缺失**了某些歷史階段，而這對於理解該社會的當代形貌往往是不可或缺的。缺乏一個封建時代，是造成美國社會的許多特性的一個根本前提，包括它的精英群體的特點，以及地位的高度流動性，人們往往誤以爲是缺乏階級結構，「缺乏階級意識」。社會科學家可能會試圖透過將「概念」和技術做過度的形式化處理來擺脫歷史，事實上，許多社會科學家現在就是這麼做的。但這些嘗試要求他們就歷史和社會的本質做出假設，而這些假設一無豐厚成果，二不符合實情。如此擺脫歷史，使得即便只是理解這個社會最具當代特色的性質也變得不可能——我選用這個詞是很小心的，因爲這個社會是一種歷史結構，除非我們接受具備歷史特定性的社會學原則的指導，否則我們別指望能理解它。

四

在許多方面，具有社會和歷史維度的心理學問題是我們當下能夠研究的最引人入勝的問題。正是在這塊領域，我們時代的各主要思想傳統，事實上，整個西方文明的各主要思想傳統，眼下形成了讓人十分興奮的交匯。也正是在這塊領域，「人性的本質」，即從啓蒙運動傳承下來的有關人的整體意象，在我們這個時代遭受到一系列趨勢的質疑：極權主義政府的興起，民族志相對主義，人的非理性潛力之巨大，以及衆生男女明顯遭受歷史轉型影響的速度之迅疾。

我們已經逐漸看到，要想理解衆生男女的人生，理解他們何以變成紛繁多樣的個體，就必須扣合那些讓他們的日常生活情境在其中組織起來的歷史結構。歷史變遷承載著豐富的意義，不僅對個體的生活方式有意義，也針對性格本身，即人所面臨的種種限制與可能。生氣勃勃的民族國家作爲塑造歷史的單位，各色男女也在其中被篩選、被塑造、被解放、被壓迫，一句話，它也是塑造人的單位。正因爲如此，各國或國家集團之間的鬥爭，也是各類人之間的鬥爭，從中東、印度、中國到美國，最終都將盛行這樣的鬥爭；正因爲如此，文化與政治當下如此緊密地關聯在一起；也正因爲如此，才會有對於社會學想像力的如此需要、如許要求。我們如果想要充分地理解「人」，就不能視之爲孤零的生物體，看作是一堆反射或一系列本能的集合，當成是某個「可理解的領域」或獨立自在的系統。無論人還可能是什麼，他是一種社會性和歷史性的行動者；如果能夠被理解，就必須在與社會歷史結構密切而複雜的相互作用中來理解人。

當然，有關「心理學」與「社會科學」之間的關係，爭論永無寧日。絕大多數爭論都屬於在形式上嘗試將有關「個人」和「群體」的各式觀念整合起來。毫無疑問，這些嘗試總會以某種方式對某些人有用。幸運的是，我們在此嘗試梳理社會科學的格局時，不必考慮它們。無論心理學家們可能怎麼界定其研究領域，經濟學家、社會學家、政治學家、人類學家，還有歷史學家，在研究人類社會時，都必須就「人性」做出相關預設。而這些預設現在通常落入「社會心理學」這一交叉學科。

對於社會科學的研究來說，心理學和歷史學一樣至關重要，乃至於只要心理學家還沒有轉向相關問題，社會科學家就得做自己的心理學家，所以對於該領域的研究興趣也就愈益增長。經濟學家原本一向是社會科學家當中最講究形式化的，卻也開始意識到，舊有的追求享樂、精於計算的「經濟人」意象，已經不再能設定為有關經濟制度的充分研究的心理學基礎。人類學已經對「人格與文化」產生了濃厚興趣。而對於社會學來說，和心理學一樣，「社會心理學」已經成為一個頗為活躍的研究領域。

作為對於這些學術發展趨勢的反應，有些心理學家已經開始從事各式各樣的「社會心理學」研究；另一些人試圖透過各種方式重新界定心理學，杜絕明顯屬於社會性的因素滲入這塊研究領域；更有些人把自己的活動限定在研究人體生理學。不過，我在此並不打算考察心理學內部的學術專業分工；這塊領域已經被折騰得十分零碎，更不要說加以評判了。

有一種心理學反思的風格，學院派心理學家通常不會公開採用，但仍然影響著他們，也影響著我們整個學術生活。在精神分析中，尤其是在佛洛伊德本人的研究中，有關人性本質的問題得到了最爲廣泛的探討。簡言之，就在上一代人的時間裡，精神分析學家中不那麼死板的人，以及受他們影響的一些人，已經做出了兩大推進：

其一，他們超越了有關單個有機體的生理學，開始研究那些發生令人恐懼的事件的小家庭圈子。不妨說，佛洛伊德從一個出乎意料的視點，即醫學的視點出發，開啓了對處在雙親小家庭中的個體的分析。當然，人們早就注意到家庭對於人的「影響」，但新鮮的是，在佛洛伊德眼中，家庭作爲一種社會制度，成了個體的內在性格及其生活命運的固有影響因素。

其二，在精神分析的透視之下，尤其是應該稱作有關超我的社會學研究的功勞，社會要素也被大大拓展了。在美國，精神分析傳統中又融入了許多不同的泉源，在喬治·米德（George H. Mead）的社會行爲主義中，結出了早期的碩果。但此後就陷入了束縛或徘徊。人們現在已經對「人際關係」的小範圍場景看得很清楚了，但這些關係本身，因此也是個體本身所處的更廣闊的背景，卻還看不清楚。當然，也有一些例外，尤其是埃里希·弗洛姆（Erich Fromm），他把經濟制度和宗教制度聯繫起來，並探究它們對於各類個體的意涵。整體上徘徊不前的原因之一，就在於精神分析學者的社會角色受限，從職業角度上說，他的研究、他的視角都維繫於個體患者；在他實踐活動的專業化條件下，能夠讓他比較方便意識到的問題也是有限的。不幸的是，精神分析尚未成爲學術研究牢固而有機的組成部分。⑤

精神分析研究的下一步推進，就是將佛洛伊德開始在特選類型的親屬制度中出色完成的工作，充分推廣到其他制度領域中去。這裡所需要的觀念，是將社會結構視作多個制度性秩序的組合，其中每一個我們都必須展開心理學角度的研究，就像佛洛伊德對某些親屬制度所做的研究一樣。在精神病學，即對「人際」關係的實際治療中，我們已經開始質疑一個令人困擾的核心觀點，就是傾向於將價值與規範根植於個體本身據說的需要當中。但是，如果說不緊密扣合社會現實，就無法理解個體的性質，那麼我們就必須在這樣的關聯中進行分析。這樣的分析不僅包括將作爲一個人生歷程實體的個體定位於多種人際情境，而且包括將這些情境定位於它們所組成的社會結構當中。

⑤ 之所以出現「人際關係」被神化的趨勢，還有一個重要原因，就是「文化」這個詞有其局限，非常籠統，而人的內心深處許多社會性的因素就是從這個角度被認識和斷言的。相較於社會結構，「文化」這個概念是社會科學中最籠統的詞彙，雖說或許也正因爲如此，在專家手上就能大有可爲。在實踐中，「文化」這個概念與其說是充分表述了社會結構，不如說往往是含糊地指稱社會情境以及「傳統」。

五

說完了精神分析領域的發展以及整個社會心理學的發展，我們現在可以簡單談談社會科學的心理學關懷了。我在此盡可能簡要概括，開列出的那些命題只是我認爲最富成果的啓發，或者至少是從事實際研究的社會科學家所認爲的合法假設。⑥

要充分理解個體的生活，就必須結合他的人生歷程在其間展開的那些制度。原因就在於，這樣的人生歷程記錄了他如何獲得、失去、調整某個角色，並以非常切近的方式記錄他在不同角色之間的轉換。你可以是某類家庭裡的孩子、某種孩童群體裡的玩伴、一個學生、一名工人、一個工頭、一位將軍、一位母親。人的生活大部分就在於在特定制度裡扮演上述種種角色。我們要想理解一個個體的人生歷程，就必須理解他過去和現在扮演的種種角色的意涵和重要性。而要理解這些角色，我們就必須理解它們所屬的那些制度。

但是，把人看成一種社會性生物，這樣的視角使我們的探究大大深入，而不僅限於作爲一系列社會角色的外在人生歷程。這樣看問題，要求我們理解人最內在、最具「心理性」的

⑥ 有關此處表述的觀點的細緻討論，參見格特與米爾斯合著之《性格與社會結構》（Gerth and Mills, *Character and Social Structure*, New York, Harcourt, Brace，一九五三）。

特性；具體而言，就是他的自我意象、他的良知，其實就是他的心智的成長。晚近心理學和社會科學最激進的發現很可能是，人最私密的那些特性有如此之多受到社會性因素的調整安排，甚至直接灌輸。在腺體和神經系統的寬泛限制下，要理解恐懼、憎恨、愛戀、憤怒等各式各樣的情緒，都必須始終緊密扣合人們體驗和表達這些情緒時所處的社會生活歷程和社會背景。在感覺器官的生理機制的寬泛限制下，我們對於自然世界的知覺本身，我們所分辨的顏色、所察覺的氣味、所聽到的聲音，都受到社會性因素的調整和限制。要理解人的動機激發，甚至是不同類型的人一般會察覺到這些東西的不同程度，也都要看一個社會裡通行的動機詞彙，看這些詞彙當中的社會性變化與混淆。

如果只看所處環境，當然不完全是嬰兒和孩童時期的早期環境，是不可能理解個體的人生歷程和性格的。要想取得充分的理解，我們必須把握這些私密環境與其所處更大結構框架的相互作用，考慮這種框架的變遷以及由此對情境產生的效應。一旦理解了社會結構和結構變遷會對更爲私密的場景與體驗產生影響，我們就能夠理解在具體情境中的人自己都未察覺到的那些個體行爲與情緒的致因。要檢驗有關任一類型的人的觀念是否充分，不能只看這種類型的人是否覺得該觀念令人滿意地符合其自我意象。由於人們生活在有限的情境中，就不知曉也不能指望他們知曉造成其境況的一切原因，知曉其自我的種種局限。能夠眞正充分認識到自己、認識到自己所處的社會位置的人群，其實是非常罕見的。而要做與之相反的假設，就像依賴部分社會科學家所使用的那些方法往往做出的假設，就是假設人們具備相當程度的理性自覺和自我認知，其程度之高，就連十八世紀的心理學家都不能接受。馬克斯・韋伯所闡述的「清教徒」，這種人的動機，以及他在宗教制度和經濟制度裡所履行的功能，使我們能比這種人自己更好地理解他。韋伯這樣運用結構觀念，使他能夠超越「個體性的」對於自身及其所處情境的意識。

早期經歷的相關性，孩童時期在成年性格心理中的「權重」，本身也要看不同社會裡通行哪一類孩童期、哪一類社會生活歷程。比如說，現在已經能明顯看出，要說清楚「父親」在塑造人格中所扮演的角色，必須結合特定家庭類型的限制，也要看這類家庭在其所屬的社會結構中處在什麼位置。

單單看特定系列的個體及其對所處情境的反應，並不能基於這樣的觀念或事實構築起有關社會結構的觀念。基於有關「個體」的心理學學說來說明社會事件和歷史事件，這樣的嘗試往往有賴於假定，社會無非是眾多散布的個體，有鑒於此，如果我們全面熟悉了這些「原子」，就能以某種方式累積資訊，從而弄清楚社會。但這不是一項富有收穫的假設。事實上，我們透過把「個體」當成社會角度上相互孤立的生物來進行的心理學研究，甚至都搞不清楚「個體」最基本的性質是什麼。經濟學家並不能設定「經濟人」，除非是抽象的模型建構，那當然可能還有些用處。研究家庭生活的精神病學家（事實上，幾乎所有的精神病學家都是這塊社會領域的專家）也不能假定經典的「伊底帕斯人」（Oedipal Man）。這是因爲，正如目前對於理解個體的經濟行爲來說，經濟角色和政治角色的結構性關係往往至關重要；同樣，自從維多利亞父權時代以來，無論是家庭內部的各種角色，還是家庭作爲一項制度在現代社會中的位置，都發生了巨大的變化。

歷史特定性原則既適用於社會科學，也適用於心理學。就算是人的內心生活中相當私密的特性，也最好作爲處在特定歷史背景中的問題來梳理。縱觀人類歷史的整個進程，眾生男女展示出了如此紛繁多樣的面貌，你只需對此稍加思索，就能認識到，上述假設完全合乎情理。和社會科學家一樣，心理學家在對何爲「人」這一主題發表任何定論之前，也應當好好想想這一點。

人是如此紛繁多樣，乃至於在我們所知範圍內，沒有任何「基礎」心理學，任何「本能」學說，任何有關「基本人性」的原則，能幫我們說清楚難以計數的人的類型和個體本身。除了人的生活所處的社會歷史現實中內在固有的一些特點，再要就人做出什麼斷言，也就只有人這個物種所具有的廣泛的生物性限制和潛能了。但正是在這些限制之中，正是透過這些潛能，我們看到了人的眾生相。如果試圖透過一套所謂「基本人性」理論來說明人的歷史，等於是將人的歷史本身局限在有關「人性」的「概念」的某種枯燥牢籠中，而這種「概念」往往是從有關迷宮中的老鼠之類，精確但無關痛癢的瑣碎結論中構建出來的。

巴爾贊和格拉夫指出：「金賽博士（Dr. Kinsey）的名著《人類男性的性行爲》（*Sexual Behavior in the Human Male*）標題就凸顯了一個隱含的假設，但在此例中該假設並不成立：該書其實並非探討人類男性，而只是討論二十世紀中葉美國的男人。……人性觀念本身就是社會科學的一項假設；說它構成了其報告的主題，等於回避了要害問題。或許有的只是『人類文化』，一種變動不居的事情。」⑦

所謂存在某種人之爲人所共有的「人性」，這一觀念有悖於社會特定性和歷史特定性，而有關人的研究中的細緻工作正需要有這兩種特定性。說到底，研究社會的學人尚未贏得權利去做出這樣的抽象。當然，我們應當時常記起，其實我們對於人並沒有多少了解；我們所具備的知識加在一起，也不能徹底去除歷史與人生所揭示的東西：圍繞著人的多樣性的那種神祕莫測。有時候，我們的確是想沉溺於這樣的神祕莫測，去感受我們畢竟是其中的一部分，或許我們也應當如此。但作爲一個西方人，我們最終還是要研究人的多樣性；對我們來說，這意味著從我們的有關觀點中去除掉這樣的神祕。在此過程中，我們不應忘記自己正在研究什麼；不應忘記，對於人，對於歷史，對於人生，對於我們既是創造物也是創造者的那些社會，我們的了解其實微乎其微。

⑦ Barzun & Graff, *The Modern Researcher*, New York, Harcourt, Brace，一九五七，第二二二—二二三頁。

第九章 論理性與自由

社會科學家對於歷史的關注的極致體現，就是他如何把握自己生活其間的那個時代。而他對於人生的關注的極致體現，就是他如何把握基本人性，把握歷史進程對於人的改造可能設置的限制。

所有經典社會科學家都很關注所處時代的顯著特徵，以及歷史如何在其中被塑造出來的問題；他們都關注「人性的本質」，以及他們所處的時代開始盛行的個體多樣性。馬克思、宋巴特（Sombart）、韋伯、奧古斯特・孔德、赫伯特・斯賓塞、愛彌爾・涂爾幹、托斯丹・韋伯倫、卡爾・曼海姆、約瑟夫・熊彼得、米契爾斯（Michels），每一位都以自己的方式回應了這些問題。但到了我們當下，許多社會科學家卻未能如此。不過，也恰恰是在當下，在二十世紀下半葉，這些關注開始成爲亟待解決的議題，成爲揮之不去的困擾，在我們有關人的研究的文化取向中占據重要地位。

一

無論何處，人們眼下都在努力獲知自己正身居何處，又將去往何方，而對於在當下創造歷史，爲未來擔當責任，他們如果可以有所作爲，又該如何行事。對於此類問題，沒有人能夠給出一勞永逸的回答。每個時期都有屬於自己的答案。但我們眼下就面臨一個難題。我們目前正處在一個時代的終末，而我們不得不找出自己的答案。

我們正處在一個可稱爲「現代」的時期的終末。正如「古代」之後是數百年的東方優勢時代，西方人出於自己的偏狹，稱之爲「黑暗時代」，「現代」如今又正在被一個後現代時期所接替。或許我們可以稱之爲：「第四紀元」（The Fourth Epoch）。

誠然，一個時代何時終結，另一個時代何時開啓，端賴於如何定義。但就像一切社會性的東西一樣，定義也具有歷史特定性。當前，我們對於社會和自我的基本定義都正在被新的現實所推翻。我的意思不單是說，短短一代人之間，人們就如此澈底、如此迅疾地承受了如此劇烈的變化，這一現象前所未有。我也不僅僅是說，我們感到自己正處在一個劃時代的過渡期，竭力想把握我們猜想自己正在進入的新時代的概貌。我的意思是說，一旦我們試圖爲自己找到方向——假設我們眞的如此努力，就會發現，到頭來，原來有那麼多我們曾經的期待與意象深陷於歷史的束縛；有那麼多我們奉爲圭臬的思想範疇和情感範疇，既幫助我們說明自己周遭的事態，也往往使我們迷失方向；有那麼多我們的說明是源於從「中世紀」到「現代」的重大歷史轉折；而當它們被推廣應用於今天，就變得頗爲笨拙，不合時宜，難以令人信服。我還想說，我們的主要取向，即自由主義和社會主義，幾乎已經垮臺，不再能夠充分說明世界，說明我們自身。

這兩種意識形態都源於啓蒙運動，其實共用許多假設和價值。兩者都認爲，合理性（rationality）的增長是自由增長的首要條件。理性（reason）推動進步的解放性觀念，對科學作爲純潔之善的信仰，對大眾教育的要求，對這種教育之於民主體制的政治意義的信念，上述種種啓蒙運動的理念，都仰賴於一個樂觀的假設：理性與自由有著內在固有的關聯。對塑造我們的思維方式影響最大的那些思想家，都是基於這一假設而展開推論的。佛洛伊德的研究的進退曲折，字裡行間，都隱含著這樣的假設：個體要想自由，就必須具備更多的理性自覺；治療有助於讓理性更有機會在個體生活進程中自由地發揮作用。同樣的假設也支撐著馬克思主義作品的主線：人深陷於生產的非理性無政府狀態，必須對自己在社會中的位置有理性的自覺；他們必須獲得「階級自覺」，這個詞的馬克思主義意涵所具有的理性主義色彩，堪比邊沁（Bentham）提出的任何術語。

自由主義一向關注自由與理性，視之爲有關個體的首要事實；馬克思主義則視之爲有關人在透過政治塑造歷史過程中所扮演角色的首要事實。「現代時期」的自由派和激進派其實大致都是同一類人，相信自由的個體透過理性塑造歷史，也塑造自己的人生。

但我認爲，放眼當今世事，我們已能明確看出，自由和理性觀念爲什麼現在往往顯得十分曖昧，無論是在我們時代的新型資本主義社會，還是在共產體制社會，皆是如此：爲什麼馬克思主義往往成了對於科層制的辯稱和濫用的乏味修辭，而自由主義也淪爲掩飾社會現實的一種無關痛癢的手段。我認爲，無論是對於政治和文化的自由主義解釋，還是馬克思主義解釋，都無法據以正確理解我們時代的主要發展趨勢。這些思維方式興起之時，被人奉爲指導方針來思考某些類型的社會，但這些思維方式如今已不復存在。約翰·史都華·彌爾從未考察過資本主義世界如今興起的這些類型的政治經濟體制。馬克思也從未分析過共產主義陣營中如今興起的這些類型的社會。他們均不曾深入思考所謂低度發展國家面臨的那些問題，而在當今這些國家裡，十分之七的人正掙扎在生存線上。如今我們面臨著一些新型的社會結構，以「現代」理念來看，抗拒著以我們所繼承的自由主義和社會主義術語來進行分析。

由「現代」生發而來的「第四紀元」在意識形態上的標誌，就是自由和理性的理念重新變得存有爭議了，合理性的增長或許並不一定能夠促進自由的增長。

二

理性在世間人事裡的角色，自由個體作爲理性載體的觀念，正是二十世紀社會科學家從啓蒙運動哲人那裡繼承下來的最重要的主題。如果說它們依然屬於核心價值，由此可以具體陳述困擾，聚焦議題，那麼現在就必須以比早前思想家和研究者可用的更爲精確、更有希望解決的方式，把理性和自由的理念重新陳述爲待討論的問題。因爲在我們所處的時代，理性和自由這兩項價值已經陷入危險，雖然顯而易見，但卻微妙難解。

根本趨勢已是眾人皆知。大型理性組織，簡言之，就是科層體制，確實是愈益增長，但大多數個體的實質理性卻並非如此。芸芸眾生困於日常生活的有限情境，往往沒有能力理性地思考自己所處情境所臣屬的龐大結構，無論後者是否具備合理性。有鑒於此，他們往往會執行一系列貌似具備合理性的行動，卻對所致力的目標渾無所知。而且人們也愈來愈懷疑，即使是那些位高權重的人，就像托爾斯泰筆下的將軍們，也只是裝做他們了解情況。隨著分工的不斷加劇，諸如此類的組織也愈益成長，設置了愈來愈多難以甚或無法進行理性思考的自我、工作、休閒領域。比如說，士兵「一絲不苟地執行全套符合功能合理性的行動，但對於這次行動的最終目的何在，或者每一項行爲在整體當中的功能如何，卻是一無所知。」①就連那些在技術方面具備卓越智慧的人，可以高效履行指派給自己的工作，但卻不知道這會導致第一顆原子彈的爆炸。

事實表明，科學並不是一次技術方面的「基督復臨」（Second Coming）。在一個社會中，科學的技術、科學的合理性被賦予了核心的位置，但這並不意味著人們就會理性地生活，不再有任何神話、欺詐與迷信。教育的普及也可能會導致技術白痴和民族主義者的偏狹，而不是開明獨立的頭腦。向大眾廣泛傳播歷史文化，或許也並不能提升文化感受力的檔次，而只會走向庸俗化，與創新機遇形成了強而有力的競爭。高度的科層合理性和發達的技術既不意味著高度的個體智慧，也不等於高度的社會智慧。你無法從前者推出後者。原因就在於，社會、技術或科層等方面的合理性，並不只是個體的理性意志和理性能力的宏大匯

① 參見 Mannheim, *Man and Society*, New York, Harcourt, Brace，一九四〇，第五十四頁。

總。事實上，獲取那種意志和能力的機會本身倒似乎往往被這種合理性阻礙了。以合理性方式組織起來的各種社會安排並不一定是增加自由的手段，對個體來說是這樣，對社會來說也是這樣。實際上，倒往往有人借助這些社會安排，實施暴政和操縱，剝奪理性思考的機會，剝奪作為一名自由人行事的能力。

在合理化的結構裡，只有從少數幾個領導位置上，有時也可能只是從有利的位置上，才比較有可能理解某些結構性的力量，它們在整體中起作用，也因此影響著普通人能意識到的各個有限部分。

形塑這些情境的力量並非源自內部，也不是那些深陷其中的人所能控制。不僅如此，這些情境本身也愈來愈合理化。無論工廠還是家庭，工作還是休閒，國家還是鄰里，也都傾向於成為一個功能合理化的總體的組成部分，或者受制於不可控制的非理性力量。

社會合理化程度的加劇，這種合理性與理性之間的矛盾，理性與自由之間原本據稱的和諧一致的崩潰，透過這些發展趨勢，我們看到了這樣一類人的興起：「有」合理性，卻沒有理性；愈來愈自我合理化，卻也愈來愈焦慮不安。正是從這類人的角度，可以對自由在當代面臨的問題做出最佳陳述。但諸如此類的趨勢和懷疑往往不被梳理成問題，當然也沒有被廣泛認識到屬於重要議題，或者覺得是一系列的困擾。其實，正是它這種未被認識的特點，它的缺乏梳理，是自由和理性在當代面臨的問題的最重要特性。

三

從個體的立場來看，所發生的事情大多似乎是操縱、管理、盲目漂流的結果。權威往往不是公開顯明的；享有權力的人也往往覺得不需要予以挑明並做出正當化辯護。當普通人身陷困擾，或當他們感到正面對議題，爲何不能找準思考和行動的目標，爲何不能確定是什麼威脅到他們模糊分辨出屬於自己的那些價值，原因之一就在於此。

合理化趨勢甚囂塵上，產生上述種種效應，個體也因此「竭盡所能」。他的渴望，他的工作，都維繫於他所處的情境，從中他找不到任何出路。他並不是在尋求逃脫之路，而是在摸索求適之道。他的生命中工作之外的那一部分被用來玩鬧、用來消費、用來「找樂」。但就連這塊消費領域也逐漸被合理化。他先是與生產異化、與工作異化，現在也與消費異化，與眞正的休閒異化。個體的這種求適及其對於他所處情境和自我的效應，不僅導致他喪失了獲取理性的機會，假以時日，也會導致他喪失獲取理性的能力和意志，還會影響到他作爲一名自由人行事的機會和能力。事實上，無論是自由的價值還是理性的價值，他似乎都無從知曉。

這種求得調適的人也不一定就缺乏智慧，哪怕他們已經在這樣的環境下生活、工作和娛樂了相當一段時間。卡爾・曼海姆已經把這一點說得很清楚了。他討論了「自我合理化」，指的是深陷合理化龐大組織的有限局部中的個體，怎樣逐步系統性地調控自己的衝動和渴望，調控自己的生活方式和思考方式，與「組織的規章條令」保持高度一致。所以說，合理化的組織是一種讓人異化的組織：行為與思考的指導原則，順勢發展，也包括情緒的指導原則，並不出於宗教改革風格人的個體良知，或笛卡兒風格人的獨立理智。事實上，指導原則與史上所知的所有個體性都產生了異化，構成了矛盾。發展到極致，隨著合理性甚囂塵上，隨著合理性的落腳點和控制權從個體移到大型組織，絕大多數人獲得理智的機會都被破壞了，這麼說並非誇大其辭。如此一來，就出現了沒有理性的合理性（rationality without reason）。這樣的合理性不會與自由共進退，而是自由的毀滅者。

這就難怪個體性的理念又出現了爭議：在我們所處的時代，人的本性是什麼，我們關於人之為人的種種限制與潛能的意象，都成了待決的議題。歷史尚未完成它對於「人性」的限制與意涵的探究。我們並不知道，從「現代」到當代，人的心理轉型究竟有多麼深刻。但我們現在必須以終極的形式發問：所謂的「快活的機器人」（The Cheerful Robot），是否將在當代人中間愈來愈多，乃至興盛於世？

當然，我們知道，借助化學和心理治療的手段、借助持續的強迫、借助受控的環境，可以把人變成一個機器人，即使壓力無章可循，環境變化沒有計畫，也能有這樣的效果。可是，能把人塑造成想要變成一個心甘情願的快活的機器人嗎？處在這種境況下他還能快樂嗎？這種快樂的性質和意義又是什麼呢？我們不再能單純設定，作為關於人性的一種形而上學，認為人之為人，內心深處蘊藏著渴求自由的衝動，求取理智的意志。現在我們必須追問：在人性當中，在今日之人的境況中，在種種社會結構當中，都有哪些東西促成了快活的機器人的興盛？又有哪些因素在反制？

異化的人的出現及其背後隱含的所有主題，現在都影響到我們全部的嚴肅思想生活，導致了我們當前的思想不適。這是當代人的境況的重大主題，是所有堪當其名的研究的重大主題。據我所知，在經典傳統中沒有別的任何觀念、任何主題、任何問題能如此深刻，也如此深入地涉及當代社會科學可能的疏失。

馬克思在其早期有關「異化」的著述中十分出色地捕捉到的就是這個主題；格奧爾格·齊美爾在其堪當盛名的討論「大都市」的文章中首要關注的也是這個主題；格拉漢·瓦拉斯（Graham Wallas）在有關「偉大社會」的研究中意識到的還是這個主題；埃里希·弗洛姆的「機械人」（automaton）概念也隱含著這個主題。許多更爲晚近的對於「身分與契約」、「共同體與社會」之類經典社會學觀念的運用也暗含著對這類人將日益占據上風的憂懼。而像理斯曼的「他人引導的」（other-directed）、懷特（Whyte）的「社會倫理」這樣的觀念，其深層意涵也正在於此。當然，還有更廣爲人知的，喬治·歐威爾的《一九八四》的核心意涵，就是這類人的勝利——如果可以叫做勝利的話。

如果從積極的方面，一個如今已讓人頗爲懷戀的方面來看，佛洛伊德的「本我」、馬克思的「自由」、喬治·米德的「主我」、卡倫·霍妮的「自發性」（spontaneity）等觀念更寬泛的意涵，就在於用這類觀念來對抗異化的人的勝利。他們試圖在作爲人存在的人身上找到某個核心，能讓他們相信，這樣的人歸根究柢是不會被塑造成這種異化的生物的，最終也不可能變成這樣的生物，與自然、社會、自我都產生異化。當人們籲求「共同體」，就是嘗試判定在什麼樣的條件下，能夠消除出現這類人的可能性，因爲有許多人文主義思想家開始相信，許多精神病專家的治療實踐本身就製造了這種異化的、自我合理化的人，所以拒絕接受這類調適性努力。但我認爲，這樣的嘗試屬於誤入歧途。在所有這一切的背後，更不用說在那些嚴肅而敏銳的研究人的學者當中，傳統和當下都有的憂慮和思考背後，其實是一樁簡單但舉足輕重的事實：異化的人正是西方對於自由人的意象的對立面。這種人、這種快活的機器人興盛於世的那個社會，正是自由社會的對立面，或者，用這個詞的字面直白意思來說，是民主社會的對立面。這種人的到來，使自由成爲困擾，成爲議題，同時我們也期望，成爲社會科學家所面對的問題。它成爲個體面臨的困擾，但其中包含哪些角度和價值，個體並不能清楚意識到，爲此深感不安。這樣的困擾就叫做「異化」。它也成爲公眾所面臨的議題，而其中包含哪些角度和價值，公眾大體上抱持漠然。這正是民主社會面臨的議題，現有的事實如此，人們的渴求亦如是。

這樣的議題，這樣的困擾，現在還沒能得到廣泛的認識，所以事實上還不是作爲明確的困擾和議題存在。但也正因爲如此，體現著這些議題和困擾的不安和漠然，意義才會如此深切，效果才會這般深遠。這是今日自由就其政治背景而言所面臨問題的主要部分，也是梳理自由問題向當代社會科學家提出的思想挑戰的主要內容。

要說自由與理智的價值支撐著困擾的缺失，支撐著不適與異化的不安情緒，並不只是自相矛盾。無獨有偶，對於自由與理智的現代威脅最典型會導致的議題，首先就是缺乏明確的議題，也就是說，不是導向明確界定的議題，而是導向漠然。

這些議題和困擾之所以未能得到闡明，是因爲闡明它們所必需的人的那些能力和品質，首先就是遭到威脅、趨於衰微的自由和理智。而本書一直批評的那些類型的社會科學也都沒能把這些困擾和議題作爲問題認眞加以梳理。但在相當程度上，經典社會科學的承諾正在於它們將會受到如此對待。

四

理智與自由面臨諸般危機，引發了這些困擾和議題，當然不能把它們梳理成一個宏大問題。但以微觀視角把它們各自處理成一系列小範圍議題，或是局限在各自散布的情境中的一系列困擾，同樣無法應對這些困擾和議題，更不用說予以解決了。這些都屬於結構性問題，要說清楚它們，我們就必須從人生歷程和時代歷史這兩個經典角度來進行研究。只有基於這樣的角度，才能追溯引發當今這些價值的結構與情境之間的關聯，也才能展開因果分析。個體性的危機，塑造歷史的危機，理智在自由個體生活中的角色，在塑造歷史過程中的角色——社會科學的承諾，正在於重述並闡明上述問題。

社會科學在道德上和思想上的承諾，就在於自由和理智將始終是受到珍視的價值，人們還將嚴肅認眞、持之以恆並富有想像力地運用它們來梳理問題。但這也是寬泛所稱的西方文化在政治上的承諾。在社會科學裡，我們這個時代的政治危機和思想危機交匯一處：其中一個領域裡的嚴肅研究也就等於在另一個領域裡的工作。經典自由主義和經典社會主義這兩股政治傳統加在一起，也就窮盡了我們主要的政治傳統。而這兩股傳統作爲意識形態趨於崩潰，也必然是與自由個體性的衰微、理智在世間人事中的消退有關。在當代，要從政治角度對自由主義和社會主義的宗旨做出任何重述，都必須包含下面這種特別的社會觀並賦予其核心地位：在這樣的社會裡，所有的人都將成爲具備實質理性的人，他們獨立的理性思考將對其所處社會、對這個社會的歷史，也因此對他們自己的生活命運，產生結構性的後果。

社會科學家之所以對社會結構感興趣，與任何認爲未來在結構角度上已經確定的觀點都沒有關係。我們研究人們決策所受的結構性限制，試圖找到行之有效的介入點，以便搞清楚，如果要擴大明確決策在塑造歷史的過程中的作用，在結構角度上可以改變什麼、必須改變什麼。我們之所以對歷史感興趣，與任何認爲未來不可避免、未來受過去限制的觀點都沒有關係。人都是生活在過去的某些類型的社會裡，但這並不會給他們在未來可能創造的社會類型設置精確或絕對的限制。我們研究歷史，是爲了捕捉一些替代選擇，讓人的理性與自由現在可以在其中塑造歷史。簡言之，我們之所以研究歷史上的社會結構，是爲了在其中找到一些方式，實際或者能夠包容並控制這些社會結構。因爲只有這樣，我們才能逐漸了解人的自由的限制與意涵。

自由並非單純的有機會任性而爲，也不是單純的有機會在一系列替代方案中做出選擇。自由首先是有機會梳理出可以利用的選擇，並加以探討權衡；接下來才是有機會做出選擇。正因爲如此，如果人的理性在世間人事中的作用不能擴大，自由也就無法存在。在一個個個體的人生歷程中，在一個社會的歷史中，理性所承擔的社會任務就在於梳理出各種選擇，擴大人的決策在塑造歷史過程中的作用範圍。世間人事的未來如何，並不只是一系列可以預測的變項。未來有待人類的決定，儘管這無疑受限於歷史的可能性。但這種可能性並不是固定不變的；在我們的時代，這些限制其實顯得非常寬鬆。

除此之外，自由的問題等於求問：有關世間人事的未來的決策如何做出、由誰做出。從組織角度看，這個問題關乎公平的決策機制；從道德角度來看，這個問題關乎政治責任；從思想角度來看，這個問題關乎世間人事如今看來有哪些未來走向。但是，今日之自由問題還有更爲寬廣的面向，它不僅關注歷史的本質，關注明確的決策影響歷史進程的結構性機會，而且關注人的本質，關注自由的價值無法以「基本人性」爲基礎這一事實。自由的終極問題就是快活的機器人的問題；它之所以在今天以這種形式出現，是因爲我們今天都明確認識到，也許，**並非人人都**發乎自然地**想要**自由，並非所有人都願意盡全力或能夠盡全力獲取自由所必需的理性。

那麼，在哪些條件下，人們會開始**想要**自由並且有能力自由行事呢？在哪些條件下，他們會願意並且能夠承受自由的確會施加的負擔，並視之爲快樂承受的自我轉化，而不是負擔呢？反過來，人們能被塑造成爲想要成爲**快活的**機器人嗎？

在我們所處的時代，我們是否必須面對如下可能性：人的心智作爲一種社會事實，可能會在品質上和文化層次上愈益下降，卻沒有多少人注意到這一點，因爲技術上的新巧玩意不斷累積，吞噬一切？這難道不意味著所謂沒有理性的合理性？不意味著人的異化？不意味著理性在世間人事中缺乏任何自由的角色？新巧玩意的累積掩蓋了這些：使用這些裝置的人並不理解它們，而創造出它們的那些人對除此之外的東西也是所知甚少。因此，可以大體確定，我們**不**能以技術上的豐足作爲指標，來衡量人的素質和文化進步。

要梳理任何問題，我們都必須說清楚涉及到哪些價值，這些價值又遭到怎樣的威脅。這是因爲，正是這些對備受珍視的價值，例如自由和理性這樣的價值，所構成的顯著威脅，才是社會探究的一切重要問題所必須具備的道德要旨，也是一切公共議題和私人困擾的道德要旨。

「文藝復興風格的人」的理念的所有蘊意，貼切地體現了個體性這一文化問題中涉及的價值。而對於這一理念的威脅，就是「快活的機器人」在我們當中愈益占據上風。

人類塑造歷史這一普羅米修斯式理念，體現出歷史塑造這一政治問題中涉及的價值。對於這一理念的威脅是雙重的：一方面，歷史塑造過程很可能是放任自流的，人們可以繼續放棄自願去塑造的努力，如此便只是隨波逐流；另一方面，歷史也確實可以是被塑造出來的，但只是出自狹小的精英圈子之手，而對於那些必須努力從他們的決策和疏失的後果中生存下來的人，他們卻不承擔實質性的責任。

我並不知道如何回答我們時代在政治上不負責任的問題，或是「快活的機器人」這一文化上和政治上的問題。但是，人們必須至少敢於直面這些問題，否則將找不到任何答案，這一點難道還不清楚嗎？相比於其他人，最應該直面這些問題的就是富裕社會裡的社會科學家，這一點難道不是顯而易見的嗎？但他們當中許多人現在並沒有這麼做。可以肯定，這是我們時代特權人士所犯下的最大的人爲疏失。

第十章 論政治

對於從事實際研究的社會科學家來說，根本沒有必要讓自己工作所處環境的「偶然事件」來塑造工作的政治意涵，或讓其他人的宗旨來決定工作的用途。討論工作的意涵、決定工作的用途，這基本都在他們的權力範圍內，屬於他們自己的方針。他們在相當大的程度上，但也是基本未經檢驗的程度上，可以影響甚或決定這些方針。享有如此決定權，就要求他們做出公開的判斷，對理論、方法和事實都要做出決定。這些判斷作爲方針，無論同行還是個體學人表示關注都是無可厚非。然而，相較於有關個人方針和職業方針的公開討論，不公開的道德判斷和政治判斷的影響要大得多，這難道不是顯而易見的嗎？人們只有把這些影響也變成需要爭論的方針，才會充分意識到它們，從而嘗試控制它們對於社會科學工作及其政治意涵所產生的影響。

任何一位社會科學家都無法避免做出價值方面的選擇，並在研究中貫徹始終。問題同議題與困擾一樣，都關注那些對人們預期的價值構成的威脅；如果不承認那些價值，問題就難以梳理清楚。無論是研究，還是社會科學家本人，都愈來愈服務於科層目的和意識形態目的。有鑒於此，作爲個體也好，作爲專業人員也好，研究人和社會的學人都面臨著如下問題：他們是否意識到自己所做工作的用途和價值，這些用途和價值是否在自己控制之下，他們又是否力求控制它們？他們如何回答或無法回答這些問題，如何在自己的工作中和職業生活中運用或無法運用相關答案，決定了他們對於最後這個問題的回答：他們在自己作爲社會科學家的工作中，究竟是：(1)在道德上是自主的，還是(2)受制於其他人的道德立場，抑或(3)在道德上隨波逐流。我確信，貫穿這些問題的關鍵字往往是出於好意，但已經不合時宜了。現在，社會科學家必須眞眞切切地直面這些相當關鍵的問題。要思考如何來回答它們，似乎必須涉及某些事情。我將在本章討論其中一些內容，並給出我最近幾年逐漸開始覺得合乎情理的一種回答。

一

從事實際研究的社會科學家並不是乍然撞上價值選擇的需要的。他已經在特定價值的基礎上展開工作了。這些學科目前所體現的價值也是從西方社會創造出的那些價值中選出來的。而在其他地方，社會科學只是一種舶來品。當然，有些人說起話來，好像他們選出來的價值眞的「超越」了西方社會或其他任何社會；還有些人說起自己的標準來，彷彿它們是某個既存社會中「內在固有」的東西，屬於某種尚未實現的潛能。但可以肯定的是，人們現在廣泛贊同說，社會科學諸傳統中蘊含的那些價值既不是超越性的，也不是內在固有的。它們只不過是有許多人宣稱的價值，在一些小圈子裡有限踐行。某人所稱的道德評判，只不過是他想把自己選擇的那些價值予以一般化，從而讓其他人也能採用。

在我看來，社會科學諸傳統中蘊含有三種主導性的政治理念，當然也是其學術承諾中所涉及的。首先就是眞實的價值，事實的價值。由於確定著事實，社會科學事業本身就具備了政治意涵。在這個無稽之談廣泛傳播的世界裡，任何有關事實的陳述都有著政治上和道德上的重要意義。憑其存在於世這一事實本身，全體社會科學家就參與了啓蒙與愚昧之間的鬥爭。處在我們這樣一個世界，踐行社會科學首先就是踐行有關眞實的政治。

但是，有關眞實的政治並不能充分陳述指引我們事業的價值。放到其所處的社會環境裡看，我們的研究結果的眞實性、我們的調查的準確性與世間人事可能相關，也可能不相關。而它們是否相關，又如何相關，本身就是第二項價值；簡言之，就是理性在世間人事中所扮演的角色的價值。隨之而來的就是第三項價值，即人的自由，無論其意涵有多麼曖昧不清。如前所論，無論自由還是理性，都是西方世界的文明的核心要義，都很容易被宣稱爲理想。但在任何具體應用中，不管是作爲準則還是作爲目標，它們都會引發諸多爭議。正因爲如此，我們作爲社會科學家的思想任務之一，就是闡明自由與理性這兩個理想。

如果說人的理性將在塑造歷史的過程中扮演更重要、更明確的角色，那麼社會科學家必然會是其主要承載者之一。這是因爲，社會科學家在工作中體現出理性在理解世間人事時的用途，他們幹的就是這個。如果他們希望以自覺選擇的方式進行研究，並以此方式行事，首先就必須把自己定位在所處時代的思想生活和社會歷史結構中。他們必須先在才智的社會領域裡找到自己的位置，然後必須將這些領域與歷史社會的結構相結合。此處不能展開詳論，我只想根據作爲一個理性人的社會科學家可能的自我設想，簡要地區分三種政治角色。

許多社會科學，或許尤其是社會學，都有著哲人王的主題。你能發現，從奧古斯特·孔德到卡爾．曼海姆，都在訴求「占有知識的人」應該得到更大的權力，並試圖給出正當化辯護。更具體地說，理性的加冕當然也就意味著「占有理性的人」的加冕。如此看待理性在世間人事中所扮演的角色，會大大促使社會科學家中始終有絕大多數人接受理性爲一種社會價值，事實上這快成了他們整個群體的態度。當這種觀念與有關權力的事實牽扯在一起時，他們也希望去除它的愚蠢之處。這個觀念還和許多形式的民主體制的氣質背道而馳，因爲它蘊含著某種貴族統治，哪怕這種貴族統治憑的是才智，而不是出身或財富。不過，所謂他應該成爲一名哲人王這種頗爲愚蠢的觀念，也只是社會科學家可能試圖履行的公共角色觀念之一。

政治的品質如何，很大程度上有賴於那些參與政治的人的思想品質。要是眞有「哲人」王，我可能很想離開他的王國；但如果國王們沒有任何「哲學」，就沒有能力實施負責任的統治了嗎？

第二種角色，現在也是最常見的角色，就是成爲一名國王的顧問。我已經描述過的那些科層用途正是這一角色的當代體現。社會科學家個體往往會捲入現代社會的許多趨勢，使個體成爲一套功能合理化的科層體制的組成部分，深陷於自己專門化的狹隘空間，乃至於無法公開關注後現代社會的結構。我們已經看到，在這種角色下，社會科學本身也往往傾向於變成一套功能合理化的機器，社會科學家個體往往會失去其道德自主和實質理性；至於理性在世間人事中所扮演的角色，也往往淪爲只是對管理性、操縱性用途的技術的精緻化。

但這只是國王顧問角色最壞的形式之一。我相信，這類角色並不一定具備科層風格的形貌和意涵。要以特定的方式履行這類角色，以維持道德和學術上的正直，並因此維持社會科學相關任務的工作自由，還是比較困難的。顧問們不難把自己想像成哲人，而他們的客戶則是被啓蒙了的開明統治者。但就算他們是哲人，他們服務的那些人也可能無法被啓蒙。有些顧問對自己侍奉的未能啓蒙的專制君主依然忠心耿耿，這讓我十分震撼，原因之一即在於此。不管是專制者的無能，還是教條化的愚蠢，似乎都不會使這種忠誠有所減損。

我並不是斷定顧問這類角色沒法做好。事實上，我知道它可以做好，也有人正在做。要是有更多的人承擔這類角色，那些選擇第三類角色的社會科學家的政治任務和思想任務就會輕省許多，因爲有所重疊。

社會科學家還可以嘗試透過第三種方式，來實現理性的價值，實現其在世間人事中所扮演的角色。該方式同樣廣爲人知，有時甚至已經做得很好。那就是保持獨立，做屬於自己的工作，選擇屬於自己的問題，不過這種工作既**針對**「公眾」，也**針對**國王。這樣一種觀念促使我們把社會科學想像成一種公共智力機器，關注公共議題和私人困擾，關注這兩者背後潛藏的我們時代的結構性趨勢。它也促使我們把社會科學家個體想像成某個自我控制的團體的理性成員，而我們把這個團體稱爲社會科學。

我稍後將更充分地說明這類角色。我們如果接受這類角色，就要努力遵照理性的價值**行事**。我們如果接受說自己可以不是百無一用，就是接受了一種有關歷史塑造的學說：我們等於承認，「人」是自由的，憑藉其理性的努力，能影響歷史的進程。這裡我並不打算介入自由與理性**價値本身**的爭論，而只想討論這些價値可以基於何種歷史學說實現。

二

人可以自由地塑造歷史，但有些人比其他人自由得多。這樣的自由要求掌握現在塑造歷史可以用上的決策手段和權力手段。但歷史並不總是如此塑造的。下文將只討論當代，在這個時期，塑造歷史的權力手段已經大大擴張，大大集中。以這個時期爲參照，我才可以認爲，如果人們不去塑造歷史，他們就愈來愈變成塑造歷史的人的工具，成爲歷史塑造過程的單純對象。

公開的決策在歷史塑造過程中究竟扮演了多大的角色，本身就是個歷史問題。它在很大程度上依賴於在某個特定社會的特定時間能夠利用的權力手段。在有些社會，無數人的無數行動調整著他們所處的情境，從而逐步調整著結構本身。這些調整正是歷史的進程。歷史兀自漂流，儘管總體而言是「人創造了歷史」。因此，數不清的企業家和數不清的消費者透過分分秒秒成千上萬次的決策，可以反覆塑造自由市場經濟的形貌。或許這就是馬克思在《路易・波拿巴的霧月十八日》中寫下這段話時腦子裡想的首要限制：「人們自己創造自己的歷史，但是他們並不是隨心所欲地創造，並不是在他們自己選定的條件下創造……」

命運，或者「必然性」，必然涉及到歷史中某些事件，它們不受任何哪怕具備以下三點特徵的圈子或人群控制：⑴足夠緊密，可被辨識；⑵足夠強大，可以做出有一定後果的決策；⑶所處位置能夠預見到這些後果，因此要爲它們負責。根據這個觀念，事件就是無數人無數決策所產生的意圖之外的總和後果。他們所做出的決策每一項在後果上都是微小的，容易被其他這類決策勾銷或增強。任一個人的意圖與無數決策的總和結果之間不存在任何關聯。事件超出了人的決策：歷史是背著人們被塑造的。

如此看來，命運並不是一樁普遍的事實。它並不是歷史本質或人的本性中內在固有的東西。命運是具有歷史特定性的社會結構類型的一種特性。如果在一個社會裡，來福槍就是終極武器，家庭農場和小商鋪就是典型的經濟單位，民族國家尚不存在，或者只是個渺遠的框架，而溝通交流靠的是口述、傳單和講壇，那麼，在**這樣一種**社會裡，歷史可眞的就是命運。

但是，想想當下我們所處境況的主要線索：一句話，不就是各種權力手段和決策手段，也就是各種塑造歷史的手段，都大大擴張，並呈現出確定無疑的集中趨勢嗎？在現代工業社會裡，隨著農民和手工匠人被私人公司和政府工業所取代，經濟生產的設施也不斷發展，逐漸集中。在現代民族國家，隨著國王控制了貴族，自備武器的騎士被常備軍所取代，現在又被令人恐懼的軍事機器所取代，暴力手段和政治管理手段也經歷了類似的發展。經濟、政治和暴力方面的所有這三股發展趨勢出現了**後現代的**巔峰，如今正在美國和蘇聯有著極爲戲劇化的表現。在我們所處的時代，塑造歷史的國內手段與國際手段都愈益集中化。如此看來，人的自覺能動作用在歷史塑造過程中所能享有的範圍和機會，如今都是史無前例的，這一點難道還不清楚嗎？雖然掌管這些手段的權力精英現在的確在塑造歷史，儘管「並不是在他們自己選定的條件下創造」，但相比於其他人，其他時代，這些情勢本身當然不會顯得無法阻擋。

當然，這就是我們當下處境的悖論所在：有關塑造歷史的新手段的上述事實，標誌著人們已經不再必然聽憑命運的擺布，現在**有能力**塑造歷史了。但這一事實卻被另一樁事實添上了諷刺意味：在西方社會，那些賦予人們塑造歷史的希望的意識形態，如今已經沒落或是正趨崩潰。而它們的崩潰也就意味著，啓蒙運動的期望，即理性和自由將逐漸盛行於世，成爲人類歷史上的至高力量，也趨於崩潰。而在這一現象的背後，也是整個學術界在思想上和政治上的疏失。

既能承載西方世界的宏大敘述，其作爲知識分子的工作又能夠深刻影響政黨和公衆，與我們時代的重大決策息息相關，**兼具這兩項任務**的知識階層該往何處尋覓？向這類人開放的大衆傳媒在哪裡？在掌管著兩黨制國家及其殘暴的軍事機器的人當中，又有誰關注知識、理性和感受的世界中正在發生些什麼？自由的知識界與權力決策爲何如此脫鉤？如今的位高權重者裡面爲何盛行著如此不負責任的極度無知？

放眼今日之美國，知識分子、藝術家、牧師、學者和科學家都在打著一場冷戰，官場的混亂在這裡得到了回應和闡發。他們既不要求當權者更換政策，也不在公眾面前闡述這類替代政策。他們並不試圖向美國政治輸入負責任的內容，倒是進一步助長並維持政治的空洞化。科學家被國家主義「科學機器」所捕獲，堪比於我們必須稱爲神職人員對於基督徒的疏失，都屬於這種令人遺憾的道德境況。新聞報導撒謊已成慣例，也屬於這種境況。至於冒充社會科學的那些矯揉造作的瑣碎玩意，當然也在其中。

三

我並不指望這一觀點能被所有社會科學家接受（我當下的觀點整體上也不需要）。我在這裡最想說的是，無論哪一位社會科學家，只要接受了理性與自由的價值，當務之急就變爲確定自由的限制，確定理性在歷史中所扮演的角色的限制。

社會科學家在接受第三類角色的同時，並沒有把自己看成是「外在於社會」的某種自主存在。他和其他絕大多數人一樣，**的確**會覺得自己外在於這個時代塑造歷史的主要決策；與此同時，他又明白，自己也是承受這些決策的許多後果的人當中的一員。他之所以在某種程度上意識到自己正在做什麼，成爲一名公開的政治人，主要原因即在於此。沒有人可以「外在於社會」，問題只是每個人在社會中身居何處。

社會科學家通常生活在階級、地位和權力皆屬中等的環境中。從他在這些情境中的活動來看，相比於普通個體，他在解決結構性問題時的位置往往毫無優勢可言，因爲這些問題的解決之道從來也不可能是純粹思想性的或私人性的。要恰當地陳述這些問題，就不能只限於開放給社會科學家的意志的情境；而它們的解決之道也同樣如此。當然，這意味著這些問題關係著社會、政治和經濟等方面的權力。但是，社會科學家又不單單是「普通人」。從思想上超越自己碰巧生活其間的情境，這正是他的任務所在。當他考察十九世紀英國的經濟秩序、二十世紀美國的地位等級、羅馬帝國的軍事制度，或是蘇聯的政治結構，都是在完成這一任務。

只要他還關注自由與理性的價值，他的一項研究主題就必須是去探討，處在給定類型社會結構中的給定類型的人，要想成爲自由而理性的個體，可以利用哪些客觀機會。他的另一項主題則要探討，處在不同類型社會中的不同位置的人，如果有機會的話，有哪些機會，首先借助其理性和經驗，超越其日常情境，其次借助其權力行事，並對其所處社會的結構及所處時代產生一定後果。這些都屬於有關理性在歷史上所扮演的角色的問題。

考慮了這些問題，就不難看出，在現代社會，有些人有權力展開頗具結構相關性的行事，並清楚意識到自己行動的後果；另一些人雖然擁有這樣的權力，但並沒有意識到它的有效範圍；還有許多人，既不能借助自己對於結構的意識來超越其所處的日常情境，也無法透過自己可用的任何行動手段來影響結構性變遷。

就這樣，作爲社會科學家，我們自己給自己定位。依照我們工作的性質，我們對社會結構有意識，對其運動的歷史機制也有一定的意識。但很顯然，我們並未獲得目前存在的可用來影響這些機制的主要權力手段。不過話說回來，我們的確擁有一種常常很脆弱的「權力手段」，透過它，可以認識到我們的政治角色，認識到我們工作的政治意涵。

我認爲，接受了自由與理性的理念的社會科學家，其政治任務正在於，針對我從權力和知識的角度區分出的其他三類人中的每一類，分別闡述自己的研究。

針對那些擁有權力並意識到這一點的人，他應該根據自己研究的發現，確定爲這類結構性後果擔負的不同程度的責任，並歸之於這些人的決策與否的決定性影響。

針對那些行動造成如許後果但似乎無所意識的人，不管他已經發現了什麼，他都要指向那些後果。他試圖教育這些人，然後，同樣要分派責任。

針對那些通常沒有這樣的權力，其意識也僅限於自己所處的日常情境的人，他借助自己的研究，揭示結構性趨勢和決策對於這些情境的意涵，揭示個人的困擾透過哪些方式與公共議題相關聯。透過這些努力，他同時也陳述了有關更具權勢者的行動，自己都發現了什麼。這些就是他主要的教育任務，而當他對任何更大範圍的受眾發言時，就是他主要的公共任務。現在，我們不妨來看看這第三類角色所設置的一些問題與任務。

四

社會科學家無論其有多少自覺意識，通常是位教授，這種行業事實在很大程度上決定了他能做些什麼。作爲一名教授，他向學生發言，偶爾透過演講和撰述，向更大範圍的公眾或位置更重要的人發言。要討論他可能擔當什麼樣的公共角色，我們不妨緊扣這些關於權力的簡單事實，或者你也可以稱之爲關於無權的簡單事實。

如果他關注通識（liberal）教育，即解放性的（liberating）教育，他所承擔的公共角色就有兩大目標：他應當爲個體所做的是將私人的困擾和關注轉化爲社會議題與問題，以接受理性的審視；他的目標就是說明個體成爲自我教育的人，只有到那時，後者才會是自由的，講求理性的。而他應當爲社會做的則是抗禦一切逐步毀壞眞正的公眾而創造一個大眾社會的力量。或者，以積極的目標來表述，他的宗旨就是幫助打造並鞏固一些自我教化的公眾群體。只有到那時，社會才可能是自由的，講求理性的。

這些目標都過於寬泛。我必須用比較間接的方式來加以說明。我們關注技能，關注價值。話說回來，在「技能」當中，有些與解放的任務更爲相關，有些則不太相關。我認爲，不能像我們探尋所謂「中立技能」時常常採取的辦法，將技能和價值輕易分離。這只是一個程度問題，技能與價值分處兩端。而在這個範圍的中段，就是我所稱的感受力。我們最該感興趣的是這些東西。要訓練一個人操作機床或是讀書寫字，很大程度上就是在訓練技能；而要幫助一個人確定自己眞的想從生活中得到什麼，或是和他辯論斯多葛主義者、基督徒和人文主義者的不同生活方式，就屬於有關價值的教化或教育。

除了技能和價值，我們還應當加上感受力，它除了包括前兩者，還包括別的東西。它包括古代意義上的某種治療，即澄清某人關於自我的知識。它包括所有那些爭辯技能的教化，與自身爭辯時我們稱爲思考的技能，與他人爭辯時我們稱爲辯論的技能。教育者必須從能最深切地打動個體的地方出發，哪怕它看起來非常瑣碎和庸俗。他所遵循的方式，所運用的材料，必須能夠讓學生對於這些關注點，也對於他將在自己教育過程中獲取的其他關注點，愈益獲得理性的洞察。教育者必須努力培養能夠並且願意獨立接續他所開啓的教育的人。而任何解放性教育的最終產品，無非就是能夠自我教育、自我教化的眾生男女；簡言之，就是自由而理性的個體。

根據民主這個詞的一個主要意涵，這類個體占據上風的社會，就是一個民主社會。還可以把這樣的社會定義爲盛行的是眞正的公眾，而不是大眾。我這麼說的意思如下：

處在大眾社會裡的人無論是否了解自己，都囿於個人困擾，而自己又沒有能力將其轉化爲社會議題。他們並不理解自己所處情境中的這些個人困擾與社會結構相關問題之間的相互作用。另一方面，處在眞正公眾當中的有見識的人卻有能力做到這一點。他明白在大多數情況下，自己所思所感的個人困擾也是其他人共有的問題；更重要的是，任何單一個體都沒有能力解決這種困擾，只有靠調整自己居處其間的那些群體的結構，有時甚至是調整整個社會的結構。處在大眾中的人也有困擾，但他們一般不會認識到這些困擾的眞實意涵和泉源；而處在公眾中的人會直面議題，一般會逐漸認識到這些議題的公共維度。

堅持不懈地將個人困擾轉譯爲公共議題，並針對形形色色的個體，將公共議題轉譯成人文意涵的表達，這就是社會科學家的政治任務，也是所有通識教育者的政治任務。不僅在他的工作中，而且作爲一名教育者，也在自己的生命中，展示出這樣一種社會學的想像力，這就是他的任務。面向他公開接觸到的眾生男女，教化這樣的心智習性，這就是他的宗旨。而確保實現這些目標，就是確保理性和個體性，就是讓這些價值在一個民主的社會中廣爲弘揚。

現在你可能暗自嘀咕：「好吧，又是這一套。他又要高蹈理想，說得什麼事都一定顯得低俗。」但我可能被人認爲在做這樣的事情，本身就證明了人們如今對民主這個詞的用法視同兒戲，證明許多觀察者對這個詞任何平白意思的偏離都無動於衷。當然，民主是一種複雜的觀念，會有許多合法的分歧。但同樣可以肯定，它還沒有那麼複雜、那麼曖昧，乃至於沒法再爲想要在一起理性思考的人們所用了。

我已經努力闡明，當我說民主是一種理想，究竟是什麼意思。究其本質，民主意味著那些受到人們做出的任何決策的關鍵影響的人，也要對這項決策擁有有效的發言權。而這就意味著一切做出此類決策的權力都必須得到公共的合法化，意味著做出此類決策的人都必須承擔公共責任。然而在我看來，在一個社會裡，除非我方才描述的那種公眾、那種個體能夠占據主流，否則這三點都無法通行。還要滿足一些特定的條件，下文很快就會看清楚了。

美國的社會結構並不是完全民主的。我們不妨以此作爲一點基本共識。我也不知道有哪一個社會是完全民主的，這還只是一種理想。我得說，今日美國的民主，主要體現在形式上，體現在相關期望的修辭上。而在實質上，在實踐中，它往往是不民主的，在許多制度領域，這一點已是非常明顯。企業經濟的運營既不是透過一系列市鎮集會，也不體現爲一套特別的權力，能夠對受其活動影響非常嚴重的那些人負責。軍事機器同樣如此，而政治國家也愈來愈如出一轍。我並不想讓大家覺得，我很樂觀地覺得，讓許多社會科學家能夠或願意履行一種民主公共角色，甚至如果眞有許多人那麼做，將必然導致重建公眾群體。我只是在勾勒一種在我看來相容開放的角色，事實上也有一些社會科學家在踐行。這種角色也恰恰符合自由主義和社會主義對於理性在世間人事中所扮演角色的立場。①

① 順便說一下，我很樂意提醒讀者，抽象經驗主義的風格（以及它所維持的方法論上的約束）與我正描述的民主政治角色並不能很好地契合，這與它當下的科層背景和用途頗爲不同。那些將這種風格作爲自己唯一的活動來踐行的人，那些視這種風格爲「社會科學的眞正工作」的人，那些秉持其精神氣質生活的人，都沒有能力履行解放性教育角色。這種角色要求個體和公眾相信自己有能力運用理性，並能借助個人的批評、學習和實踐，拓展理性的範圍，增進理性的品質。它要求鼓勵個體和公眾，用喬治・歐威爾的話來說是「衝出鯨腹」（get outside the whale，典出喬治・歐威爾一九四〇年的《鯨腹之家》，意思是反對精神寂靜主義，不

我想說的是：社會科學的政治角色，包括這種角色可能是什麼，該如何履行，會如何有效，都與民主普及的程度息息相關。

如果我們承擔了理性的第三種角色，即獨立自主的角色，我們就是在一個並不完全民主的社會裡，努力以民主的方式行事。但我們在做事情的時候，又彷彿身處一個充分民主的社會，並嘗試透過這麼做來去掉那個「彷彿」。我們在努力使社會更加民主。我認爲，唯有借助這樣一種角色，我們作爲社會科學家才可能嘗試做到這一點。至少我還不知道有什麼其他方式，可以讓我們努力築造一個民主的政體。正因爲如此，社會科學作爲理性在世間人事中

默然接受社會既存的壓迫，而是奮起抗爭。——譯注），或是用美國人的妙語來說，「成爲自己的主人」。如果告訴他們，只有依賴一種必要的科層式研究，他們才能「眞正」了解社會現實，等於是打著「科學」的旗號設下了禁忌，不讓他們努力成爲獨立自主的人，成爲貨眞價實的思想者。這是在破壞個體巧匠對於自己了解現實的能力的自信。實際上，這等於是慫恿人們訴諸某個異在的機器的權威，來限定自己的社會信念。當然，這也符合我們這個時代理性的全盤科層化的趨勢，也得到這種趨勢的支撐。學術生活的工業化，社會科學有關問題的碎片化，都不能爲社會科學家帶來一種解放性的教育角色。這是因爲，對於被這些思想流派撕裂的東西，他們還傾向於保持這種局面，瑣碎不堪，他們卻宣稱這才確鑿無疑。但如此一來，他們所做的無非是確定了抽象化的碎片，而讓人們有能力超越這種碎片化、抽象化的情境，意識到那些歷史結構，也意識到自己在其間所處的位置，這正是通識教育的工作，**也是**社會科學的政治角色，**還是**它的思想承諾。

的首要載體，它的問題其實也就是民主在今日所面臨的主要問題。

五

成功的機會有多少？考慮到我們目前行事必然所處的政治結構，我認為社會科學家不太可能成為卓有成效的理性承載者。要讓占有知識的人履行這種關鍵角色，就必須滿足某些條件。馬克思嘗言，人們自己創造自己的歷史，但並不是在他們自己選定的條件下創造。如果是這樣，要卓有成效地扮演這一角色，**我們**需要滿足哪些條件？需要的是各政黨、思潮和公眾群體具備以下兩點特徵：(1)在它們內部，有關社會生活的各種觀念和替代選擇得到眞正的辯論；(2)有機會眞正影響具有結構性後果的決策。只有存在這樣的組織，對於我一直試圖勾勒的理性在世間人事中所扮演的角色，我們才能表示切實可行、樂觀其成。順便說一句，我覺得這種情況該是任何充分民主的社會的一大前提要求。

在這種政體裡，履行其政治角色的社會科學家可能會「支持」或「反對」各式各樣的運動、階層和利益，而不是滿足於向一群往往面目模糊甚或日趨衰微的公眾發言。簡言之，他們的觀念將投入交鋒，而這場交鋒（既作為一個過程，也作為任一給定時刻的結果）將具有政治上的相關性。如果我們認眞對待民主的觀念，認眞對待理性在世間人事中所扮演的民主角色，參與這場交鋒就絕不會讓我們苦惱。當然，我們不能假定說，有關社會現實的所有界定，都能導向某種無法辯駁、統合一體的學說。至於有關政治做派和手段的所有陳述，關於目標的所有建議，就更不能這麼假定了。②

如果缺乏這類政黨、運動和公眾群體，我們就會生活在一個特別的社會裡，它確實是民主的，但主要體現在其法律形式和徒具其表的期待。這些環境其實能提供巨大的價值和可觀的機會，我們不應如此輕視。事實上，它們在蘇維埃世界裡付之闕如，那裡的知識分子起而抗爭，我們應當從中學到它們的價值。我們還應當學到，那裡是有許多知識分子遭到了肉身的毀滅，而在這裡，卻有許多人從道德上毀滅了自身。美國的民主體制固然在相當程度上徒具其表，但這並不意味著我們就可以回避以下結論：如果理性要在民主的歷史塑造過程中扮演任何自由的角色，那麼它主要的承載者之一肯定就是社會科學。就算民主的政黨、運動和公眾群體付之闕如，也不意味著社會科學家作爲教育者，就不該努力把他們的教育制度鑄造成一個特別的框架，讓個體組成的這類解放性公眾群體可以存在，至少在其形成伊始可以容身，可以鼓勵並維持他們的討論。這不等於說，他們在其不那麼具有學院色彩的角色中，就

② 如果認爲在社會觀念的領域裡存在諸如此類的壟斷，這樣的觀念就屬於權威主義觀念，掩飾在作爲理性管理者的科學塑造者的「方法」觀下，也幾乎不加掩飾地僞裝在宏大理論家的「神聖價值」下。它還更明顯地體現在我第五章分析過的那些技術專家至上論口號中。

不應當教化這類公眾群體。

當然，這麼做可能會有攤上「困擾」的風險；或者更嚴重的是，會面對相當要命的漠然。這我們就必須深思熟慮，提出富有爭議的學說和事實，並積極推動爭論。如果缺乏廣泛、公開、有見地的政治辯論，人們就既不能接觸到自己所處世界的有效實情，也無法了解關乎自身的現實。在我看來，尤其是目前，上文描述的角色所要求的至少是呈現出有關現實本身的彼此衝突的多種界定。通常稱為「宣傳」的做法，尤其是國族主義的那種做法，並不只是有關各式各樣話題和議題的意見，而是像保羅．凱奇凱梅特（Paul Kecskemeti）曾經指出的那樣，是在傳播官方對於現實的界定。

我們的公共生活現在往往依賴於這類官方界定，也依賴於迷思（myths）、謊言和腦殘的（crackbrained）觀念。如果有許多政策，不管是不是經過辯論，都基於有關現實的並不充分並且帶有誤導性的界定，那麼，那些立志要更充分地界定現實的人就注定要產生令人不安的影響了。正因為如此，我所描述的那種公眾以及具備個體性的人，僅僅由於生存在這樣的社會，就會變成激進派。但這正是心智、研究、才智、理性、觀念的角色所在：以具備公眾相關性的方式，充分界定現實。社會科學在民主體制裡擔當的教育角色和政治角色，就是幫助教化並維持合格的公眾與個體，讓他們能夠發展出有關個人與社會的現實的充分界定，並依此生存，循此行事。

我一直描述的這種理性角色，既不意味著你得奔出門去，趕下一班飛機到當前危機現場、競選議員、買家報社、深入貧民、發表街頭演講，也不要求你這麼做。諸如此類的行動往往令人欽佩，也不難想見會有一些場合，我自己都會發現不禁想親身去做。但對於社會科學家來說，要是把這些當成自己的常規活動，無非等於放棄了自己的角色，用自己的行動展示出，對於社會科學的承諾，對於理性在世間人事中所扮演的角色，不抱信念。這樣的角色要求的只是，社會科學家處理好社會科學的工作，避免助長理性和論述進一步科層化。

並不是所有的社會科學家都接受我在這些議題上所持的全部觀點，我也不希望他們會這樣。我想說的是，他的任務之一就是搞清楚，有關歷史變遷的性質，有關自由而講求理性的人在其中如果有一席之地，會居於何種位置，他自己的觀點是什麼。只有到了那時，他才開始逐漸了解到，在自己所研究的社會中，屬於自己的思想角色和政治角色何在，並由此想清楚自己究竟如何考慮自由和理性的價值，而它們已經深深融入了社會科學的傳統與承諾。

如果個體和小群體不能自由地去做會產生歷史後果的事情，同時又不具備足夠的理性以洞察這些後果；如果現代類型的社會的結構，或者其中任何一個社會的結構，如今都發展至此，歷史其實就是盲目漂流，無法以手頭的手段和可以獲取的知識加以變更，那麼，社會科學唯一的自主角色就是記錄與理解。以爲位高權重者會擔負責任的想法是愚蠢的；只有在某些得到特別照顧的私人生活這種例外情境下，才有可能實現自由和理性的價值。

但這只是許多「如果」。儘管對於自由的程度、後果的範圍，尙有廣泛的爭議，但我認爲，還沒有充分的證據使我們必須放棄自由與理性的價值，即像它們目前可能做的那樣，指導社會科學研究。

像我上文所探討的那樣，試圖避免這類讓人困擾的議題，如今已經得到了下面這條口號的廣泛捍衛：社會科學「並不致力於拯救世界」。有時候它充當著低調學人的免責之詞；有時候它是專家對於一切具有較大關懷的議題的嘲諷與蔑視；有時候它反映出青春期待的幻滅；而在許多時候，它成了某些人的姿態，他們企圖假借「科學家」的聲望，因爲後者被想像成純粹的、無需身體載體的頭腦。但有時候，它是基於對權力的現狀而作出的審慎判斷。

鑒於此類事實，我不認爲社會科學將「拯救世界」，儘管我同樣覺得，「力圖拯救世界」這句話也根本沒錯。這句短語在這裡的意思是說，避免戰爭，重組世間人事，以符合人的自由與理性的理想。雖然我所具備的這類知識使我對相關機會的估測頗爲悲觀，但即便這就是我們目前的處境，我們也仍然必須追問：如果可以借助才智發現**眞有**什麼出路擺脫我們時代面臨的諸般危機，難道不得靠社會科學家來陳述它們嗎？我們所呈現的，是人開始對人類有了自覺意識，哪怕並不總是很明顯。對於重大問題的幾乎所有解答，如今都必須訴諸人的自覺意識的層面。

根據我們目前具備的知識，向位高權重者**呼籲**，實屬烏托邦幻想，而且是就這個詞的愚蠢意涵而言。我們與他們的關係更像是只有當他們覺得有用時才會維持；也就是說，我們成了接受他們的問題和目標的技術專家，或是宣揚他們的聲名與權威的意識形態專家。更有甚者，就我們的政治角色而言，我們首先必須重新審視，自己作爲社會科學家的集體事業究竟是什麼性質。一位社會科學家，呼籲其同行進行這樣的重新審視，根本不是烏托邦。任何一位社會科學家，只要他意識到自己正在研究什麼，就必須面對我在本章已經暗示的那個重大道德困境：人們的利益所在，有別於人們的興趣所在（the difference between what men are interested in and what is to men's interest）。

如果我們採取簡單的民主觀點，認爲**人們的興趣所在**就是我們所須關注的全部，我們就等於接受了既得利益者一向以來有意無意灌輸的那些價值。這些價值常常是人們唯一有機會發展的。它們與其說是選擇，不如說是無意之間養成的習性。

如果我們採取教條的觀點，認爲**人們的利益所在**是我們在道德上所須關注的全部，而無論這些是否其興趣所在，那麼我們就會冒違背民主價值的風險。在這個社會中，人們都努力共同講求理性，理性的價值贏得高度尊重，而我們可能沒成爲這樣的社會裡的說服者，倒可能變成操縱者或脅迫者。

我的建議是：透過將注意力投向議題和困擾，將它們作爲社會科學的問題來梳理，我們就占據了最佳機會，我相信也是唯一的機會，讓理性以民主的方式在自由社會中與世間人事緊密相關，並由此實現支撐著我們研究承諾的那些經典價值。

附論

論治學之道

如果一位社會科學家覺得自己秉承了經典傳統，那對他來說，社會科學就是一種治學。①研究實質問題的人，就屬於那種人，會迅速被整體方法與理論的詳盡討論搞得失去耐心，疲憊不堪，覺得討論是如此干擾自己正常的研究。他相信，讓一個從事實際研究的學生來彙報自己是怎樣推進工作的，遠勝於專家們搞出的一打「程序彙編」，因爲後者大多從未做過什麼有實質影響的工作。只有透過交談，讓有經驗的思想者就各自的實際工作方式交換資訊，才能將對於方法和理論的有用感受傳遞給初學者。因此，我覺得有必要比較詳細地報告一下我自己是怎樣治學的。這樣的陳述必然帶有個人色彩，但我寫這個也是希望別人，尤其是那些剛開始從事獨立工作的人，能根據他們自身經驗的事實兩相引證，減少其個人色彩。

① 本章標題爲On Intellectual Craftsmanship，此處原文爲practice of a craft。Craft即「手藝」，強調的是個體的而非集體的，工匠的而非機器的，藝術的而非（狹義）科學的（但並不等於漢語中所謂的「匠氣十足」，那恰恰指的是循規蹈矩、照搬模式），針對具體情境的而非標準程序的，所以正是針對全書批判的那種科層風格的「科學」「方法」。標題原意即爲「論思想手藝」，此處原意即爲「踐行一門手藝」。照顧已經被廣泛沿用的譯法，也是漢語學界傳統表述，我們譯爲「治學」和「治學之道」（正文中有個別地方爲照顧上下文表述，也有巧匠的譯法）。米爾斯下文也用頗具美國特色的intellectual workman和workmanship，我們也譯爲「治學者」和「治學」。順便說一句，當代法國社會理論家波迪爾（Bourdieu）強調的也是這種意象，特別參見其《反思社會學導引》中〈傳承一門手藝〉一節以及《社會學的手藝》一書。——譯注

一

我想，最好還是一開始就提醒你們這些初學者，在你們選擇加入的學術界裡那些最值得敬仰的思想家們，並沒有把自己的工作與生活切割開來。他們似乎兩方面都很重視，以至於不能允許出現這種分裂，希望讓兩者相得益彰。當然，在一般人那裡，這樣的分裂已漸成常態，我想是因爲一般人現在做的工作空洞無物。但你會認識到，作爲一名學人，你有額外的機會來設計一種生活方式，它將促成好的治學習慣。投身學術，既是選擇一種職業生涯，也是選擇一種生活方式。無論治學者自己是否清楚，當他努力完善其治學之道時，他也在塑造其自我；他落實自己的潛能，把握遇上的任何機會，築造一種品格，其核心就是好的治學者所具備的品質。

這麼說的意思是，你必須在學術工作中學會運用你的生命體驗，並堅持不懈地加以審視和解釋。從這個意義上說，治學之道就是你的核心，你與自己可能做出的每一樣學術成果之間都有個人的關聯。說你能「吸取經驗」，首先意味著你的過去會融入並影響你的現在，而這又界定了你吸取未來體驗的能力。作爲一名社會科學家，你必須控制這種頗爲微妙的相互影響，捕捉你的體驗並細加梳理。只有這樣，你才能指望用它來指引並檢驗你的思考，並在這個過程中把自己塑造成一名治學有道的人。但你如何才能做到這一點呢？有個好辦法：你得建立一份檔案，這可能就是社會學家的說話方式：記日記。許多有創造力的作者都記日記；社會學家需要系統性的思考，就得這樣。

在我接下來要描述的這種檔案中，個人體驗和職業活動彼此融匯；正在進行的研究與計畫進行的研究相互交織。在這份檔案中，你作爲一名治學者，將嘗試把自己學術上做的事情和作爲個人體驗到的事情結合起來。在這裡，你不用擔心運用自己的體驗，將它直接關聯到進行中的各種工作。你的檔案可以用來核查避免重複工作，也使你能夠節省精力。它還鼓勵你捕捉「邊角閃念」（fringe-thoughts）：雜七雜八的念頭，可以是日常生活的意外收穫、街頭耳邊飄過的對話片段，或者，在這裡來說，夢也算。這些閃念一旦被記錄下來，不僅使更受審視的體驗獲得了學術上的相關性，還可能通向更爲系統的思考。

你會經常注意到，那些已經富有成就的思想家，還是那麼細緻地對待自己的想法，十分密切地觀察自己思路的發展，梳理自己的體驗。即使是最微末的體驗，他們也非常珍視，原因就在於，現代人終其一生，獲得的個人體驗是如此之少，而體驗作爲原創性學術工作的泉源，又是如此重要。我逐漸開始認爲，對自己的體驗既要能夠信任，同時又持有疑慮，這是成熟的治學者的一個標誌。對於任何學術追求中的原創性而言，這種曖昧的自信都是不可或缺的。而借助檔案這種方式，你可以培養這樣的自信，並爲之做出正當化的辯護。

透過維護一份充實的檔案，並由此培養自省的習慣，你將學會怎樣保持內在精神世界的清醒。無論何時，當你對什麼事件或觀念感受強烈，一定不要讓它們從你頭腦裡溜走，而是要加以梳理，歸入檔案，同時勾勒意涵，讓自己看看這些感覺或想法有多麼愚蠢，或者是否可能闡述成富有啓發的樣子。檔案還有助於你培養寫作習慣。如果你不是至少每週寫點東西，就會「手生」。在維護這份檔案的時候，你可以練習寫作，從而像大家說的那樣，提高你的表達能力。維護一份檔案，就是參加一項受控實驗。

對於社會科學家來說，最糟糕的事情之一，就是只有在一種場合下覺得需要寫下自己的「計畫」，即打算爲一項具體的研究或「課題」找錢。絕大多數「計畫」被制定出來，或至少有些詳細的書面的東西，就是爲了申請經費。無論做得多麼標準規範，我想也是非常糟糕的。從某種程度上說，這注定就是推銷術。而且，考慮到通行的期待，它還很可能導致煞費苦心的矯揉造作。課題可能被「展示」出來，並在遠未成熟的時候就被頗爲任意地詳加闡釋。它常常純屬閉門造車，爲了所展示的研究、也爲了不管多有價值的隱含目的搞錢。一名從事實際研究的社會科學家，應當定期評估「我的問題和計畫的現狀」。年輕人在剛剛開始從事獨立研究時，也應該思考這個問題。但我們不能指望他在這一點上能走得多遠，他自己也不應當如此期許；他肯定不應當變成死抱著哪一個計畫。他所能做的就是開列自己的論題；遺憾的是，這往往是他頭一份預想中獨立完成的有一定長度的研究。當你的研究工作行至半途，或者大約三分之一，這樣的評估很可能會大有收穫，甚至可能引起其他人的興趣。

任何已經熟練上路的從事實際研究的社會科學家，也應當隨時擁有許多計畫，也就是說想法，而問題始終就在於我打算、我應該接下來研究其中哪一項？他應當爲自己的主導日程專設一份小檔案，反覆打磨，只給自己看，或許和朋友討論一下。他應當經常回過頭來，非常細緻而有針對性地評估這份小檔案，有時清閒的時候也可以做這件事情。

要想讓你的學術事業始終方向明朗、駕馭自如，此類步驟都屬於不可或缺的手段。我覺得，要想充分地陳述「社會科學的首要問題」，唯一的基礎就是在從事實際研究的社會科學家當中，圍繞有關「我的問題的研究現狀」的這類評估，開展不拘形式的廣泛交流。無論在哪一個自由的學術共同體裡，都不太可能出現某種「鐵板一塊」的問題隊列，當然也不應該出現。在這類共同體裡，如果生機活躍、興盛發展，個體成員之間就會不時抽空討論未來的研究。而在社會科學家的研究當中，也應當出現三類中間討論，關於問題，關於方法，關於理論，並重新導回研究。它們應當接受進展中的研究的形塑，並在一定程度上指導研究。職業學會在學術上的存在理由就是爲了這樣的中間討論。同樣是爲了它們，也有必要建立你自己的檔案。

你的檔案裡有各式各樣的話題，下面有想法、個人筆記、書本摘抄、書目文獻、課題大綱。我想，這屬於習慣問題，並無定規；但我認爲你會發現，最好把所有這些內容統統歸入一個主檔案，叫做「課題」，下面再分許多子類。當然，話題會有變化，有時還很頻繁。比如說，當你作爲一名學生，既要準備預考、撰寫論文，同時還要做期末作業，你的檔案將根據這三塊努力的領域進行編排。但在研究生讀了一年左右以後，你會開始根據自己論文的主要課題，重新組織整個檔案。然後，隨著你不斷推進自己的研究，你會注意到，沒有一項課題能主導這個檔案，或是設置編排檔案的主導類別。事實上，使用檔案，會促使你思考時所使用的類別不斷增多。這些類別會發生變化，有些被剔除了，另有些加了進來，其具體方式就是一個指標，反映出你的學術進展和學術視野。最終，你將根據幾個大課題來編排檔案，裡面再分許多子課題，每年都會有變化。

所有這些都包括做筆記。你必須養成習慣，自己讀的任何值得讀的書，都要大量做筆記。雖說我也不得不承認，如果你讀的書很次級，還不如自己琢磨收穫更大。無論是來自其他人的著述，還是源於你自己的生活，在把這樣的體驗轉譯到學術領域裡去的時候，第一步就是要賦予其形式。單單是爲一則體驗命名，往往就會讓你必須做出說明；僅僅是從一本書裡做一則筆記，常常就會刺激你去思考。當然，與此同時，做筆記會大大有助於你領會所讀的東西。

你的筆記可能像我的一樣，看來只有兩類：在讀某些非常重要的書時，你試圖把握作者論證的結構，並以此脈絡做筆記；但更多的時候，在做了幾年獨立研究之後，你一般不再通讀全書，而是從某些自己感興趣的、關乎自己在檔案中已有計畫的特定主題或話題的角度出發，選讀許多書的部分章節。因此，你所做的筆記或許不能全面體現你所讀的書。你只是爲了落實自己的課題，**運用**某個想法，某樁事實。

二

行文至此，你想必覺得這份檔案更像是某種奇怪的「文學」雜誌，那這又該如何運用到學術生產中去呢？維護這樣一種檔案**本身就是**學術生產。它就是在持續不斷地積累各種事實和想法，從極其模糊到漸趨完善。比如說，我在決定研究精英後，做的頭一件事情就是列出我希望了解的各種人物類型，並在此基礎上草擬提綱。

我究竟爲何以及打算如何做這樣一項研究，或許就能體現出，一個人的生活經歷是怎樣滋養了他的學術工作。我已經忘了自己究竟什麼時候開始對「分層」產生專業興趣，但我覺得，初次讀到托斯丹·韋伯倫時想必已經萌生。我一直覺得他的「商業」和「工業」雇傭的講法非常粗疏，甚至可以說含糊不清；在通點學術的美國公眾看來，這就是對馬克思的某種轉譯。不管怎麼說，我後來寫了一本書談勞工組織和勞工領袖，這項任務背後是有政治動機的。然後我又寫了一本書研究中產階級，這項任務最初的動機是我想表述自己一九四五年以來在紐約城的個人體驗。然後朋友們建議我，應該寫一本關於上層階級的書，湊成一套三部曲。我想自己腦子裡已經有了這種念頭。我曾陸陸續續讀過一些巴爾扎克，尤其在四〇年代讀過不少，也頗爲感佩他賦予自己的任務：「涵蓋」自己希望把握的那個時代的社會中所有主要階級和人物類型。我還寫了一篇文章研究「商業精英」，並蒐集整理了制憲時期以來美國政治中頂層人物職業生涯的相關統計數據。這兩樣事情的主要啓發都源於美國歷史研究的研討活動。

我在寫這幾篇文章和書以及準備有關分層的課程的同時，當然也攢下了一些沒用上的關於上層階級的想法和事實素材。尤其是在研究社會分層的時候，很難避免超出你當下的主題，因爲任何一個階層的「實況」相當程度上都在於它與其他階層的關係。有鑒於此，我開始盤算寫一部關於精英的書。

但這還算不上「課題」浮現出來的「眞正」方式。眞正發生的事情是：⑴從我的檔案中浮現出相關想法和計畫，因爲我所有的課題都是始於檔案而終於檔案，專著也無非是圍繞不斷匯入檔案的工作的零散成果組織起來的；⑵經過一段時間，相關的一整套問題開始縈繞在我腦海中。

擬完了粗略提綱，我又檢視了一遍整份檔案，不僅是其中明顯與我的研究話題有關的部分，而且是乍看起來似乎毫無關係的內容。把那些此前完全孤立分散的條目擱到一塊，找尋預料之外的關聯，往往能成功地激發出想像力。我在檔案中爲這批特別的問題專設了新的單元，當然，這也會導致檔案中其他部分的新布局。

你一旦重新安排整個檔案體系，往往會發現，自己似乎正在釋放想像力。顯然，這是由於你試圖基於不同的話題，將各式各樣的想法和筆記組合到一起。這是一種組合的邏輯，「運氣」有時在這過程中扮演了令人稱奇的重要角色。你嘗試用一種輕鬆自如的方式，將檔案中體現的自己的學術資源與新的主題相結合。

至此，我也開始運用我的觀察和日常體驗。我首先想的就是自己與精英問題相關的體驗，然後拿去和其他我覺得可能對相關議題有所體驗和考慮的人討論。事實上，我現在開始改變我的習慣對象，這樣就包括了：(1)**屬於**我想研究的人群的人；(2)與他們有密切接觸的人；(3)通常以某種專業方式對他們感興趣的人。

我並不完全知道，要成爲最出色的學術工作者，都需要滿足哪些社會條件，但其中肯定有一條：周遭有一群願意傾聽、願意交流的人，有時他們不得不是我們想像中的人物。無論如何，我努力讓自己置身於一切社會意義和學術意義上相關的環境，只要是我覺得可能引導我沿著自己的研究脈絡深入思考的。我上面有關個人生活與學術生活相融合的講法，意義之一即在於此。

當今出色的社會科學研究並不只是由一項邊界分明的經驗「研究」構成的，通常也不可能如此。它得包括眾多研究，它們在關鍵要點上鎖定了有關主題的形貌與趨勢的整體陳述。因此，直到重新梳理了現有的材料，構築了整體上的假設陳述，才能做出決定：究竟哪些是鎖定陳述的關鍵要點？

現在，在「現有的材料」當中，我從檔案裡找到了三類與我的精英研究有關的材料：必然與話題相關的幾種理論；已經被其他人梳理出來證明**這幾種**理論的材料；還有一些材料已經蒐集起來，整理彙編以資利用的階段各異，但尚未建立與理論之間的直接關聯。只有借助諸如此類的現有材料，初擬出一套理論，我才能有效地確定自己的核心主張和直覺預感，並設計一些研究來檢驗它們。或許我也不必如此，儘管我當然也明白，自己稍後會不得不來回穿梭於現有的材料和自己的研究。任何定論都不能只是在自己所知和能用的數據範圍內「涵蓋數據」，還必須以某種肯定或否定的方式，考慮現有可用的理論。要「考慮」一個想法，有時只需要與或顚覆或支持的事實相對照，有時則需要詳細的分析或限定。有時候，我可以系統地安排可用的理論，作爲可供選擇的範圍，並根據這個範圍來組織問題本身。[②]但有時候，我也只會用自己的布局來安放這些理論，場合頗爲不同。不管怎麼說，在討論精英的書裡，我必須考慮以下人等的研究：莫斯卡、約瑟夫．熊彼得、托斯丹．韋伯倫、馬克思、拉斯威爾、米契爾斯[③]、韋伯和巴瑞圖。

我瀏覽了有關這些論家的一些筆記，發現他們給出了三類陳述：(1)從有些論家那裡，你透過系統地重述他就給定論點或整體上說了些什麼，就能有直接的獲益；(2)對於有些論家，你給出理由和論證，予以接受或駁斥；(3)還有一些論家，你拿來用作自己的詳細闡述和課題方案的參考建議。這裡就牽涉到你要把握一個論點然後追問：我怎麼能把這個變成可檢

② 例參 Mills, *White Collar*, New York, Oxford University Press，一九五一，第十三章。我在自己的筆記裡做過類似的事情，將萊德勒（Lederer）和伽塞特（Gasset）與「持精英理論者」視爲對於十八、十九世紀民主學說的兩類反應。

③ 原文此處爲 Michel，應爲 Michels。——譯注

驗的模樣，又該怎麼檢驗它？我該如何以此爲核心進一步展開闡述，以其爲視角，使那些描述性細節都呈現出相關性？當然，正是在這樣處理現存想法的過程中，你會覺得自己承繼了此前的工作。下面有幾條讀莫斯卡的原始筆記的摘錄，或許能體現出我一直在試圖描述的東西：

除了歷史軼聞，莫斯卡還用以下斷言支撐他的命題：正是組織的權力，使少數派有能力始終維持統治。有組織有素的少數派，管理著世間人事。也有缺乏組織的多數派，他們被管理。④但是，爲什麼不同時考慮：⑴組織有素的少數派；⑵組織有素的多數派；⑶缺乏組織的少數派；⑷缺乏組織的多數派呢？這值得全面探究。首先必須搞清楚的是：「組織有素」的意思是什麼？我想莫斯卡的意思是說，有能力做出多少算是持續和協調的政策與行動。如果是這樣，他的命題根據定義就是正確的。我想他會說，所謂「組織有素的多數派」是不可能的，因爲這最終將體現爲在這些多數派組織的頂層，出現新的

④ 莫斯卡有關心理法則的陳述也被視爲支持其觀點。注意他對「本性」這個詞的用法。但這並非核心，甚至可以說不值得考慮。

領袖、新的精英，他很容易就把這些領袖挑出來歸爲他所說的「統治階級」。他稱他們爲「發號施令的少數派」，在他大言不慚的陳述之下，盡是些站不住腳的材料堆砌。

我突然想到的一樣事情（我想那就是莫斯卡呈現給我們的定義存在的諸多問題的要害）就在於：從十九世紀到二十世紀，我們已經見證了一場轉變，從以第1和第4種情況組織起來的社會，轉到更多是從第3和第2的角度建立起來的社會。我們已經從精英國家轉到組織國家，其中的精英不再如此組織有素，不是那麼單方面享有權力，大眾變得更加組織化、更加有權力。有些權力是在街頭贏得的，有一整套社會結構及其「精英」以其爲中軸。統治階級中有哪個部分會比農業集團更有組織性呢？這並不是個反問句，我現在可以從正反兩方面回答，這只是個程度問題。但現在我只想挑明這一點。

莫斯卡提出了一個觀點，在我看來很妙，值得進一步闡發：他認爲，在「統治階級」裡，往往還有一個頂層小集團，以及一個次高的較大階層：(1)頂層與其保持著持續而直接的接觸；(2)與頂層分享觀念、情感，他相信也因此分享政策。然後檢查一下，看看他是否在書裡其他地方提出別的關聯點。小集團吸收的人員是否主要來自次高層？頂層是否要以某種方式爲次高層負責，至少要密切關注次高層？

現在不妨暫且拋開莫斯卡，改換一套詞彙：(1)精英，這裡我們指的是頂層小集團；(2)有分量的人；(3)其他所有人。在這個圖式裡，第二層和第三層的成員資格是由第一層界定的，至於第二層的規模大小，內部構成如何，與第一層和第三層的關係怎樣，則差別甚大。（順便問一下，第二層與第一層和第三層的關係的變化範圍能有多大呢？檢視一下莫斯卡的講法以尋求線索，透過系統的思考來進一步拓展。）

這個圖式或許能幫助我更清晰地考慮不同的精英，他們是根據好幾個分層的維度劃出來的。當然，還要以清晰而有意義的方式，重拾巴瑞圖有關統治精英與非統治精英（governing and non-governing elites）的區分，只是不像他那麼形式化。可以肯定，有許多擁有至高地位的人至少會處在第二層，大富豪也是如此。所謂「小集團」或「精英」，指的是權力或權威，要看具體情況。這套詞彙裡的精英始終指的是權力精英，其他的頂層人群可能是上層階級或上流集團。

因此，我們或許能以某種方式，結合另外兩大問題來使用這一圖式，一是精英的結構，一是分層與精英理論之間在概念上的關係，後來或許也成了實質上的關係。（把這點搞清楚。）

從權力的角度來看，找出是誰有分量比找出是誰在統治要容易一些。當我們努力完成前一項任務時，我們選出頂層作爲某種鬆散聚合體，依據的是所處的位置。但當我們嘗試後一項任務時，必須具體明確地指出他們如何行使權力，與賴以實施權力的那些社會手段有著怎樣的關聯。我們處理的與其說是位置，不如說是人，至少是必須考慮人的因素。

目前，美國的權力牽涉到的不只是一類精英。我們如何能夠判定這幾類精英之間的相對位置？這取決於所處理的具體議題和決策。一類精英看另一類精英，就是屬於有分量的人。正是精英之間這種相互認可，使得其他類型的精英有了分量；他們以這樣那樣的方式，成爲對於彼此而言重要的人物。課題：選擇過去十年三到四個關鍵決策，比如投放原子彈、增減鋼產量、一九四五年的通用汽車大罷工，詳細追蹤每項決策中涉及的人員。如果想找尋重點，不妨用「決策」和決策過程作爲訪談的焦點。

三

你的研究進程中有一個階段，是通讀其他的書。不管你想從中讀到些什麼，都記在筆記和摘要裡。而在這些筆記的旁注和另設的檔案裡，記下供經驗研究用的想法。

如果可以避免，現在的我是不打算去做經驗研究的。如果你一個助手都沒有，就有一大堆麻煩事；而如果你眞的僱了一位助手，這位助手本身往往更加麻煩。

以今日之社會科學的學術條件而論，有大量工作是借助最初的「結構化」（就當這個詞代表著我在描述的這種工作好了）來完成的，所以大部分所謂「經驗研究」都注定是貧乏無味的。事實上，大部分這類工作都是面向新手上路的學人的某種形式化練習，有時也是一種有益的探索，適合那些還沒有能力處理社會科學中更爲棘手的實質問題的人。在經驗探究中，最具價值的地方其實就在於閱讀本身。經驗探究的宗旨就在於解決有關事實的分歧和疑慮，從而透過將各方立場變得更具實質理據，讓辯論更有益。事實固然約束著理性，但理性是任何學問領域裡的先行軍。

儘管你永遠也不能夠拿到足夠的錢，去做你設計的許多經驗研究，但還是有必要繼續設計這些研究。這是因爲，一旦你展開了一項經驗研究，即使半途而廢，它也會引導你展開新的一場對於材料的探尋，最後往往會表明，與你的問題之間具有意料之外的相關性。如果答案可以在圖書館裡找到，還要設計一項實地研究，那是很愚蠢的；但你在把書本轉譯成適當的經驗研究之前，也就是意味著轉譯成有關事實的一系列追問之前，就認為自己已經琢磨透了這些書，那也同樣愚蠢。

我這類工作所必需的經驗課題首先得有希望與我上面所寫的初稿具有相關性，它們要麼確認其原初形式，要麼導致修改原稿。再說得隆重一些，它們必須對理論建構有意義。其次，課題方案必須切實有效、簡潔明晰，如果可能，還要富有創意。我的意思是說，它們必須有希望帶來大量新鮮材料，配得上所牽扯的時間和精力。

但又該怎樣做到這些呢？要陳述一個問題，最經濟的方式就是盡可能單憑推論來解答。透過推論，我們力求：⑴分離出每一個有關事實的問題；⑵以特定的方式追問這些有關事實的問題，確保答案有助於我們透過進一步的推論，解決進一步的問題。⑤

---

⑤ 或許我應當用更隆重的語言來說同樣的事情，以便讓那些還不了解的人看明白，這一切可能有多麼重要，也就是說：

在闡述問題情境時，必須既充分關注其理論意涵與概念意涵，也充分考慮合宜的經驗研究範式和適用的證明模型。而這些範式和模型又必須以特定的方式建構，以便能夠從應用中提取出理論上和概念上進一步的意涵。首先應當充分探索問題情境在理論上和概念上所具備的意涵。要做到這一點，社會科學家就必須具體確定每個方面的意涵，並彼此結合予以考察，同時還得使其適合經驗研究範式和證明模型。

你要想以這種方式把握問題，就必須留意四個階段，不過，通常最好是反覆多次地實施這四個階段，而不是在其中某一個階段上長久耽擱。這四個步驟分別是：⑴基於你對話題、議題或關注領域的整體了解，覺得自己接下來必須考慮的那些要素和定義；⑵這些定義和要素之間的邏輯關係；順便說一句，構造這些初步的小模型，正是發揮社會學的想像力的最佳機會；⑶由於忽略了必需的要素，術語定義不當或不清，或是對某一部分過分強調及其導致的邏輯延伸等，產生了一些錯誤觀點，應予清除；⑷對遺留的有關事實的問題進行陳述或調整陳述。

順便說一下，只要想充分地陳述一個問題，第三步都非常必要，但卻常常被忽視。問題無論是作爲議題還是作爲困擾，對於它的通行認識都必須得到認眞考慮，那也是問題的一部分。當然，學術陳述必須得到仔細審查，要麼在重新陳述時澈底利用，要麼就棄之不用。

在決定手頭的工作需要進行哪些經驗研究之前，我首先要草擬一份更大的設計，其中開始生發出各式各樣的小型研究。同樣，我還是從檔案中摘錄一些：

> 我還沒有準備好以系統而經驗的方式研究作爲整體的上層集團。因此，我所做的只是提出一些定義和步驟，爲這類研究構築某種理想設計。然後，我就能夠嘗試**首先**蒐集切近該設計的現有材料；**其次**思考基於現有指標，以哪

些便捷方式蒐集材料，能在關鍵要點上滿足設計；第三⑥，接下來我可以進一步明確整體上的一系列經驗研究，這到最後都是必不可少的。

當然，要系統地界定上層集團，必須從具體的變項出發。從形式上說，這也多少符合巴瑞圖的做法，任何給定價值或價值系列中無論什麼可用的東西，他們這些人都是「擁有」最多的。因此，我必須做出兩項決定：我該以哪些變項作爲判斷標準，我說的「最多」又是什麼意思？我決定了該用哪些變項，就必須盡可能構築出最佳指標，如果可能的話採用可量化的指標，以便從這些指標的角度來確定總體／人群（population）分布。只有做完了這些，我才能開始明確自己說的「最多」是什麼意思。這是因爲，在一定程度上講，這應該留待對於各種分布及其重疊的經驗考察來確定。

我的關鍵變項首先應當足夠一般化，能讓我在選擇指標時有一定的餘地，但又足夠特殊化，能導向蒐集經驗指標。隨著研究的推進，我將不得不在觀念與指標之間來回穿梭，就想著既不能丟失原本的意涵，又得對它們有相當具體的把握。以下是我會作爲出發點的四個韋伯式變項：

⑥ 原文此處無粗體著重格式，疑爲遺漏。——譯注

一、**階級**，指的是收入的來源與數量。所以我需要掌握資產分布和收入分布。這裡理想的材料（很稀缺，遺憾的是還往往過時）是年收入的來源與數量的列聯表。比如我們知道，一九三六年，總體的百分之X收入了Y百萬美元或更多，而所有這些錢中，百分之Z來自資產，百分之W來自經營回報，百分之Q來自工薪所得。在這個階級維度上，我可以把上層集團，即那些擁有最多的人，界定爲在給定時間內收入給定數量的人，或者界定爲在收入金字塔上占據最上層百分之二的人。查看財政部紀錄和大納稅人名單，看看是否能夠更新有關收入來源和數量的TNEC表格。⑦

二、**地位**，指的是得到的遵從的數量。針對該變項，並沒有任何簡單的或可量化的指標。現有的指標要用的話，需要進行個人訪談；迄今爲止，只限於地方社區研究，總之基本上沒什麼用場。進一步的問題在於，地位不像階級，還涉及到社會關係，至少需要有一個人接受遵從，一個人授予遵從。

名聲（publicity）和遵從（deference）很容易搞混；或者更準確地說，

---

⑦ TNEC，即美國國家臨時經濟委員會（The Temporary National Economic Committee）的簡稱，一九三八年六月由國會設立，一九四一年四月國會停止撥款。其功能在於研究壟斷勢力並向國會報告結論。——譯注

我們還不知道，是否應該用名聲的大小作爲確定地位的指標，儘管這可是最容易獲得的指標。（例如：查查一九五二年三月中旬的某一天或前後兩天，《紐約時報》或其所選版面上提到姓名的人都屬於下列哪些類別，就能說明問題。）

三、權力，指的是某人在即使他人抵制的情況下也能實現其意志。就像地位一樣，這個變項也還沒有找到好的指標。我覺得自己沒法把它始終作爲一個單一維度，但還是必須討論：⑴正式權威，即在各種機構中，尤其是軍事機構、政治機構和經濟機構中的位置所享有的權利和權力；⑵尚無正式設置但以非正式方式實施的權力，比如壓力群體的領袖、可調動影響力廣泛的媒體的宣傳分子之類。

四、職業，指的是獲得報酬的活動。在這個變項上，我同樣必須選擇自己應當抓住職業的哪一個特徵：⑴如果我使用多種職業的平均收入，並對職業進行排序，我當然就是在用職業作爲測定階級的一項指標，也是判定階級的基礎。與此類似，⑵如果我採納通常賦予不同職業的地位或權力，那我就是在用職業作爲測定權力、技能或才幹的指標，也是判定這些東西的基礎。但要區分人的階級絕不是一件簡單的事情。技能並不是一種同質性的東西，能以多少區分，這和地位一般無二。如果試圖這麼處理技能，通常會從獲得各種技能所需耗費時間長度的角度來計算，或許也不得不這麼做，雖說我希望自己能想出更好的辦法。

要想根據這四個關鍵變項，從分析層面和經驗層面界定上層集團，我就必須解決這幾類問題。出於設計目的考慮，假設我已經令自己感到滿意地解決了問題，已經分別從每一個角度搞清楚了總體分布。然後，我就有了四組人，他們分別處在階級、地位、權力和技能的頂層。再進一步，假設我挑出每組分布中的最高百分之二作爲上層集團。然後，我就會面臨如下可從經驗角度回答的問題：這四組分布如果彼此有重疊，那麼每組重疊程度有多大？不妨透過下面這張簡表來確定可能性範圍。（＋＝最高百分之二；－＝較低百分之九十八。）

如果我有材料可以填滿這張圖表，它將包含研究上層集團所需的主要數據和許多重要問題，將能破解許多

			階級			
			＋地位		－地位	
			＋	－	＋	－
權力	＋技能	＋	1	2	3	4
		－	5	6	7	8
	－技能	＋	9	10	11	12
		－	13	14	15	16

定義問題和實質問題。

我還沒有數據，也無法獲得數據，這就使得我的推測愈發重要，因爲在這種思考的過程中，如果就是想著要逐步接近理想設計的經驗要求，我就會捕捉到重要的領域，有可能得到相關的材料作爲落腳點，通向進一步的思考。

對於這個一般模型，我還得補充兩點，讓它在形式上更趨完善。要充分理解上等階層，就得重視其持續性和流動性。這裡的任務就是確定：諸個體與群體在當前一代，以及此前兩到三代，在各個位置（1-16）之間的典型流動狀況。

這就把人生（或職業路徑）與歷史的時間維度引入了圖式。這些並不僅僅是更進一步的經驗問題，也與定義相關。這是因爲：(1)我們希望繼續探問，是否從我們某一個關鍵變項的角度來區分人的階級，因此在界定我們的類別時，就應當看他們或他們的家庭已經占據了所探討的位置多長時間。比如說，我可能想確定，地位最高的百分之二，或者至少是地位等級上的重要一類，占據該位置至少已有兩代人。再來，(2)我也希望繼續探問，是否應當在建構一個「階層」的時候，不僅看幾個變項的交織，還要符合被忽視的韋伯有關「社會階層」的界定，即由其間存在「典型而方便的流動」的位置構成。

這樣一來，在某些產業中，低層白領職業和中上雇傭工人工種就似乎在這個意義上正在形成一個階層。

你一邊閱讀和分析其他人的理論，設計理想的研究，泛讀檔案，在此過程中，你將開始開列一份具體研究的單子。其中有些太宏大，難以駕馭，會想及時放棄，雖說留有遺憾；還有一些最終將成爲素材，可以寫成一句、一段、一節乃至一章；更有一些將會成爲統貫全域的主題，被編織成一整本書。這裡再摘錄幾項這類課題方案的原初筆記：

(1) 對大公司的十位頂層管理人員的一個典型工作日做時間安排分析，再對十位聯邦政府官員做類似分析。這些觀察將與詳細的「生活史」訪談相結合。這裡的目的就在於至少部分從所投入的時間的角度出發，來描述主要的例行活動和決策，並由此深入考察與所制定決策相關的那些因素。根據能確保得到的合作程度大小，研究程序自然也會不盡相同，但理想狀態下，首先將會進行一場訪談，搞清楚此人的生活史和當前處境；其次，完成一天的觀察，眞正坐在此人辦公室的某個角落，全程跟蹤；第三，當晚或次日再進行一次長時間訪談，我們與他一起回顧這一整天，探問我們觀察到的外部行爲背後都涉及哪些主觀過程。

⑵對上層階級的週末進行分析，密切觀察其例行活動，隨後，在接下來的週一對此人及其他家庭成員進行訪談。

因爲對於這些任務，我都有相當不錯的人脈接觸，而如果處理得當，不錯的人脈接觸當然能引出更好的人脈接觸。

⑶研究開支帳户以及薪酬和其他收入之外的其他特權，它們共同構成了頂層生活的標準與風格。這裡的想法在於具體落實所謂「消費的科層化」（the bureaucratization of consumption），即將私人開銷轉嫁到企業帳户上。

⑷更新費迪南．倫德伯格所著《美國六十家庭》（*America's Sixty Families*）之類的書中包含的那類資訊，該書所用的納稅申報單還是一九二三年的，早已過時。

⑸根據財政部紀錄和其他政府管道，蒐集並系統整理不同類型私有資產的所持數量分布。

⑹對歷任總統、全體內閣成員、最高法院所有法官進行職業路徑研究。從

制憲時期一直到杜魯門總統第二任期的這方面材料我都已經轉入IBM卡，[8]但我希望擴展所使用的條目，重新進行分析。

其他還有不少這類「課題方案」，大約三十五個（比如說，比較一八九六年與一九五二年兩次總統大選所耗金錢的數量，詳細比照一九一〇年的摩根〔Morgan〕和一九五〇年的凱澤〔Kaiser〕，關於「三軍將帥」〔Admirals and Generals〕職業生涯的具體情況）。但隨著研究的推進，你當然必須根據可以獲得的資料，調整自己的目標。

寫好這些設計方案，我就開始閱讀有關頂層群體的歷史研究，隨意記些筆記（不列入檔案），解讀材料。你不必眞的**研究**自己在談的話題，因爲如我所言，一旦你深入鑽研，滿眼皆是話題。你對相關主題非常敏感，在自己的體驗中隨處可見、隨處可聞，尤其是我始終認爲，它會出現在乍看並無關聯的地方。就連大眾傳媒，特別是劣質電影、廉價小說、畫報雜誌、夜間廣播裡面，也會向你展示出鮮活的重要意義。

---

⑧ 見本書第三章之注①。——譯注

四

但是，你可能會問，想法是怎麼冒出來的呢？想像力又是怎麼被刺激出來，把所有的意象和事實都攏到一塊兒，讓意象具備相關性，並賦予事實以意義？我覺得自己其實無法回答這個問題，只能談談似乎能使我更有機會想出某些東西的一些整體條件和幾點簡單技術。

我想提醒你們注意，社會學的想像力相當程度上就在於有能力從一種視角轉換成另一種視角，並在此過程中培養起對於整個社會及其組成要素的充分觀照。當然，正是這種想像力使社會科學家有別於單純的技術專家。只需短短數年，就可以訓練出合格的技術專家。社會學的想像力倒也可以培養，當然，要是沒有經過大量的、往往也是例行常規的工作，也很少能實現這一點。[9]不過，它還有一種意想不到的品質，或許是因爲它的本質就在於將沒有人想得到可以融合的觀念，比如分別來自德國哲學和英國經濟學的一堆觀念，給融合到了一起。支撐著這種融合的，是輕鬆嬉戲的心態，是一種眞正銳利的要去領會這個世界的衝動，而這是典型的技術專家往往缺乏的。或許後者被訓練得太好，太不走樣。既然你只能被

⑨ 參見哈欽森（Hutchinson）在《人際關係研究》（*Study of Interpersonal Relations*）一書中討論「洞察力」與「創造性工作」的出色文章，Patrick Mullahy 主編，New York, Nelson，一九四九。

按照已知的模樣來**訓練**，那這樣的訓練有時候就會使人喪失學習新路數的能力；它使你抵制那些注定會乍看起來不太嚴密甚或站不住腳的東西。但是，如果這類模糊的意象和觀念出自於你，那你一定別放棄，必須把它們梳理出來。這是因爲，如果有原創性的觀念，它們一開始幾乎都是以這樣的形式呈現的。

我相信，要激發社會學的想像力，是存在一些確定的方法的：

(1) 在最具體的層面上，如前所述，重新梳理檔案就是誘發想像力的一種方式。你只需要清理此前互無關聯的資料夾，打混它們的內容，然後重新歸類。你要試著用一種比較放鬆的方式來做這件事情。誠然，你重新整理檔案的頻率有多高、力度有多大，隨著問題的不同，以及它們成熟程度的不同，會有相當的差異。但它的機理就這麼簡單。當然，你腦子裡會想著自己正在積極探索的好幾個問題，但你還得嘗試被動地接受不曾預見的、計畫之外的關聯。

(2) 以輕鬆嬉戲的態度對待界定各式議題的那些詞彙和短語，這樣往往能釋放想像力。在字典和專業書籍裡逐一查找你的核心術語的同義詞，以便了解它們的涵義的全部範圍。這個簡單的習慣會刺激你精細琢磨問題的各個角度/用語（terms），從而以更精煉的文字更精確地界定它們。原因就在於，只有當你了解了可以賦予相關詞彙或短語的幾個意涵，才能選出自己希望用來研究的最恰切的意涵。不過，對於詞彙的這種興致還不能就此止步。在所有的工作中，特別是檢視理論陳述的時候，你會努力密切留意每個核心術語的概括層級，往往會發現將一個高層級的陳述化約成更具體的意思，會很有用。完成了這一步驟，陳述常常被拆成兩三個部分，各自指向不同的維度。你還要嘗試調高概括層級：去掉具體限定語，在更抽象的層面檢視重新組織後的陳述或推斷，看看你能否加以擴展或詳盡闡發。就這樣，由寬到窄結合由窄到寬，你將嘗試透過尋求更明晰的意涵，深究相關觀念的方方面面及其豐富意涵。

(3)你在思考自己想到的一般性觀念時，其中有許多可以塑造成類型。新的分類方式通常就是富有成果的發展的開端。簡言之，能有本事做出類型，然後探尋每種類型的條件與結果，就成了你熟能生巧的一道自動程序。你不是滿足於現有的分類體系，尤其不滿足於已成常識的分類體系，而會探尋這些分類體系各自內部及彼此之間的共同特性與相異因素。好的類型要求分類標準明晰而系統。要做到這一點，你就必須養成交互分類的習慣。

當然，交互分類的技術並不局限於量化材料，事實上，無論是批評和澄清舊的類型，還是想像並把握**新的**類型，它都是最佳方式。定性的各種圖表（charts, tables, and diagrams）不僅可以用來展示已經做的工作，也經常充當貨眞價實的生產工具。它們澄清各種類型的「維度」，也有助於你想像和構築類型。實際上，在過去十五年，我認爲自己寫下的所有初稿當中，不帶有一點交互分類的不超過十來頁，雖說我並不總是展示出這類圖表，甚至算不上經常這麼做。它們絕大多數都流於失敗，但你在這種情況下仍能學到一些東西。而如果它們起作用，就能幫助你思考更加清楚、運筆也更明晰。它們還使你能夠針對自己在思考的那些術語、在處理的那些事實，揭示它們的變化範圍和完整關係。

交互分類對於從事實際研究的社會學家來說，正好像用圖解法來分析一個句子之於認眞的語法學家。從許多方面來看，交互分類就等於社會學的想像力的語法。它就像所有的語法一樣，必須得到控制，不允許偏離其目的。

(4)你往往能透過考慮極端狀況，即思考你直接關注的東西的對立面，來獲得最佳洞見。如果你考慮絕望，那麼也想想歡欣；如果你研究守財奴，那麼也琢磨一下敗家子。這世上最艱難的事情就是單純研究一個對象。一旦你嘗試對比不同對象，就會更好地把握材料，從而能夠從比較的角度挑出它們相似的方面。你會發現，在關注這些維度與關注具體類型之間來回穿梭，會使人深受啓發。這項技術在邏輯上也很嚴密，因爲要是沒有一個樣本，你就只能想方設法猜測統計頻率：你能做的就只是給出某種現象的大體範圍和主要類型，而比較有效率的做法，就是首先構建「極化類型」，即多種維度上的對立兩端。當然，這並不意味著你不用再努力，以求有所收穫，維持某種比例感，不用去尋求某種線索以評估給定類型的發生頻率。事實上，你要堅持不懈地嘗試一邊進行這一探尋，一邊探求可能找到或蒐集到統計數據的指標。

所謂觀點，是要運用多種多樣的觀點／觀看之點（viewpoints）的：比如說，你會問自己，最近讀到的這位政治學家會如何探討這一問題，那位實驗心理學家或歷史學家又會怎樣處理呢？你會嘗試從多種多樣的觀看之點出發來進行思考，透過這種方式，讓自己的頭腦變成一塊移動的稜鏡，從盡可能多的角度捕捉光線。在這一點上，對話式寫作往往大有助益。

你經常會發現自己在反覆琢磨某樣事情，而在嘗試理解一塊新的學術領域時，你最開始完全可以做的事情之一，就是列出爭論的主要論點。所謂「精通文獻」（being soaked in the literature），意思之一就是有能力確定每一個可用的觀看之點的朋友與對手。順便說一句，如果過於「精通文獻」，也不是太好，你可能會沉溺其間無法自拔，就像莫蒂默·阿德勒（Mortimer Adler）。⑩或許關鍵就在於要明白，什麼時候你該讀，什麼時候你不該讀。

(5)事實上，出於簡潔起見，在交互分類時，你一開始會從是或否的角度來展開工作，這會促使你從兩極對立的角度思考問題。大體來說這也不錯，因爲定性分析當然無法告訴你發生頻率或變動幅度。它的技術，它的目的，都在於告訴你可能有哪些類型。從許多宗旨來看，你所需要的也無非就是這樣。當然，從某些宗旨來看，你的確需要更精確地了解相關的比例。

---

⑩莫蒂默·阿德勒（Mortimer Adler，一九〇二—二〇〇一）：美國著名哲學家、教育家、著作家。芝加哥大學哈欽斯校長古典著作精讀培養專案的重要規劃者，一九四〇年出版暢銷的《如何閱讀一本書》（有商務印書館中譯本），一九四三年提出龐大編纂設想，日後落實爲世界聞名的煌煌五十四卷《西方世界名著叢書》，其任副總編。他個人編寫的兩大卷《論題提要》（*Syntopicon*），有中譯本《西方大觀念》，陳嘉映等譯，華夏出版社二〇〇八年版。——譯注

有時候，有意顛倒你的比例感，能夠成功釋放出想像力。⑪如果某樣東西顯得很微小，不妨想像它非常龐大，並問自己：這可能會有什麼差別？反過來，對於規模巨大的現象也可如法炮製。前文字時代的村莊如果擁有三千萬人口，會是什麼樣子？至少在今天，我從來不曾想過，在眞的清點或測量什麼東西之前，不先在我可以控制一切東西規模的想像的世界中，把這樣東西的各種要素、條件和結果玩味一番。統計學家在說「你要先了解宇宙，然後才能對它進行抽樣」這句簡短而令人畏懼的話時，應該就有上述這層意思，只是他們從未明言。

(6)無論你關注的是什麼問題，都會發現，用**比較的方式**把握材料會很有幫助。無論在一個文明或一個歷史時期裡，還是在幾個文明或歷史時期裡，探尋可供比較的多個個案都會給你以頭緒。你要想描述二十世紀美國的某項制度，就必須努力回想其他類型的結構和歷史時期裡的類似制度。即便你不做明確的比較，情況也是如此。有時候，你會幾乎不假思索地以歷史的維度引導你的思考。這麼做的原因之一在於，你所考察的東西往往只限於數字，而要以比較的方式把握它，就必須將其置於某個歷史框架。換言之，對立類型的思路常常要求

⑪ 順便說一句，其中有一些就屬於肯尼斯．伯克（Kenneth Burke）在討論尼采時所稱的「由不和諧所產生的視角」。請務必參見伯克，《持恒與變遷》（*Permanence and Change*），New York, New Republic Books，一九三六。

考察歷史材料。這種做法有時會形成一些要點便於做趨勢分析，或者引向某種以階段分類的體系。然後，你會使用歷史材料，因爲想把某種現象的討論範圍弄得更充分或者更方便，我的意思是說，這個範圍要包括某套已知系列維度上的各種變異。社會學家必須具備一定的世界歷史知識；沒有這類知識，無論他知道其他什麼知識，都只是個跛子。

(7) 最後還有一點，與其說關係到釋放想像力，不如說關係到整合出一部書的技巧。不過，這兩者往往是融爲一體的：你怎樣安排材料展示出來，始終會影響到你工作的內容如何。我腦子裡這個想法是從一位傑出的編輯蘭伯特·戴維斯（Lambert Davis）那裡學來的，不過我猜他看了我怎麼發揮他的觀點，會不願意承認這是他想出來的。這就是主題（theme）與話題（topic）的區別。

所謂話題，就是研究內容，例如「公司高管的職業生涯」，或「軍方將領的權力增長」，或「社交圈貴婦的衰落」。你就一項話題不得不說的絕大多數內容，通常不難歸入一章或其中的某一節。但你所有話題的次序安排，往往會把你帶到主題的領域。

所謂主題，就是想法，通常反映某種顯著趨勢，主導觀念，或是核心區別，比如合理性（rationality）與理性（reason）。在構思一本書的布局時，當你逐漸認識到兩三個主題，有時可能達到六、七個主題，你就會明白，自己完全勝任了工作。你之所以會認識到這些主題，是因爲它們總是捲入各種話題，或許你會覺得，它們純屬重複。有時候，它們確實就只是重複！當然，你往往會在自己草稿的那些寫得比較磕磕碰碰、含糊不清的章節，寫得不太好的章節，發現它們。

接下來你必須做的，就是將它們分類，盡可能簡明扼要地予以陳述。然後，你必須以非常系統性的方式，在你話題的整個範圍內，進行交互分類。這就意味著你得追問每一個話題：每一個主題都是如何影響每一個話題的？再有：每一個話題對於這些主題如果說有意義，分別是什麼？

有時候，一項主題要求獨立一章或一節，或許就是最初引出該主題的時候，也或許是在結束時的概括陳述。大體上，我認爲，絕大多數作者以及絕大多數系統性思想家都會同意說，應當在某個點上，讓所有主題一起出場，相互關聯。在大多數情況下，可以在書的開頭安排這一點，儘管也並非都得如此。如果一本書布局精巧，通常應該在行將收筆時做這件事情。當然，全書自始至終，你都該努力至少將主題與每一個話題相關聯。這一點說說容易，做起來並不簡單，因爲它通常不會像看上去那麼按部就班。但有時候，至少如果主題已經得到了恰當的分類和闡明，也確實只要按部就班就行了。當然，這也正是難點所在。原因就在於，我這裡有的東西，在文學技巧的語境裡叫做主題，在學術研究的語境裡就叫做想法。

順便說一句，有時候，你可能發現一本書其實沒有任何主題。它就是一連串的話題，當然，還被一堆有關方法論的方法論介紹、有關理論的理論介紹重重包圍。沒有想法的人寫起書來，這些其實都是不可或缺的。但這就會導致有欠明晰。

五

我知道你會同意，應當盡可能以自己的研究內容和思維所允許的簡潔明晰的語言，來展示自己的工作。但你可能已經注意到，社會科學中似乎充斥著臃腫浮誇的文風。我猜想，使用這種行文的人或許相信自己是在效仿「自然科學」，而沒有覺察到，**這種**文風大部分根本毫無必要。事實上，已有權威言論表示，出現了「嚴重的讀寫危機」，而這場危機社會科學家捲入甚深。⑫之所以會有這種獨特的語言，是否因爲確實討論的是深奧精微的議題、概念和方法呢？如果不是，那又爲什麼會出現馬爾科姆・考利（Malcolm Cowley）的妙語「社會學腔」（socspeak）呢？⑬這對於你研究工作完成得當眞的有必要嗎？如果確有必要，那你無計可施；如果並無必要，那你又該如何避免？

---

⑫ 語出被廣泛視爲「英語世界最好的批評家」的艾德蒙・威爾遜（Edmund Wilson），他寫道：「根據我對人類學和社會學領域專家寫的文章的閱讀體驗，我得出結論：在我理想中的大學，如果由一位英文教授來制定每個院系寫論文的要求，可能導致這些專業發生革命性的變化——如果它們還眞能生存下來的話。」見《我的心聲》（*A Piece of My Mind*）, New York, Farrar, Straus and Cudahy，一九五六，第一六四頁。

⑬ 馬爾科姆・考利（Malcolm Cowley），〈語言變形中的社會學習慣模式〉（Sociological Habit Patterns in Linguistic Transmogrification），《記者》（*The Reporter*），一九五六年九月二十日，第四十一頁以後。

我相信，這種晦澀難解的狀況通常與研究內容的複雜性沒啥關係，甚至毫無關係，和思想的深刻更是搭不上邊。它幾乎完全是因爲學院作者對自己的地位產生了某些困惑。

在今天的許多學術圈子裡，任何人要想寫得通俗易懂，就很可能被指責爲「只是個文人」，或者還要糟糕，「就是個寫稿子的」。或許你已經懂得，人們通常用的這些措辭，其實只是顯示了似是而非的推論：因爲易懂，所以淺薄。美國的學術人正在努力過一種嚴肅的學術生活，而他們身處的社會背景往往顯得與前者格格不入。他選擇了學院作爲自己的職業生涯，爲此犧牲了許多主流價值，他必須以聲望作爲彌補。而他對於聲望的訴求，很容易就變得與其作爲「科學家」的自我意象緊密維繫。要是被稱作「就是個寫稿子的」，會使他覺得喪失尊嚴，淺薄粗俗。我想，在那些雕琢矯飾的詞彙底下，在那些繁複夾纏的腔調與文風背後，往往正是這樣的處境。這樣的做派學起來不難，拒絕起來倒不容易。它已經成了一種慣例，那些不使用它的人倒會遭到道德上的非議。這或許是平庸者一方在學術上封閉等級的結果，可以理解，他們希望把那些贏得了學術上和其他方面明智通達的人們關注的同行排除出去。

所謂寫作，就是要訴求引起讀者的關注。**無論何種**風格體裁，這都是題中應有之意。所謂寫作，也是要訴求自己至少有足夠的地位能讓別人來讀。年輕學人與這兩種訴求都深有牽連，因爲他自覺在公共生活中缺乏位置，往往會先訴求自己的地位，然後再訴求讀者關注自己所說的東西。事實上，在美國，即使是最有成就的知識人，到了更廣泛的圈子和公眾群體裡，也沒有多少地位。在這方面，社會學這個個案一向屬於極端案例：社會學的行文習慣在很大程度上來自於那段不堪的過去，當時社會學家即使和其他學術人相比也是地位低下。所以，對於地位的欲望，就成了學術人爲何如此容易陷於晦澀難解的一個原因了。而後者恰恰又成了他們之所以沒能擁有自己想要的地位的一個原因。這是不折不扣的惡性循環，但任何學人都能夠輕易打破。

你要克服學院的這種**乏味文風**（prose），首先必須克服學院的**造作姿態**（pose）。比起研習語法和古英語詞根，說清楚你自己怎麼回答以下三個問題要重要得多：⑴我的研究內容究竟有多艱澀複雜？⑵我在寫作的時候，要求自己享有什麼地位？⑶我在努力爲誰寫作？

⑴對於第一個問題，通常的答案是：並不像你論述的方式那麼艱澀複雜。這麼說的證據俯拾皆是：社會科學著作中有百分之九十五可以被輕鬆譯成英語，就揭示了這一點。⑭

---

⑭ 這類翻譯的實例，請參見前文第二章。順便略舉數例：關於寫作，據我所知最好的書是 Robert Graves 與 Alan Hodge 合著的 *The Reader Over Your Shoulder*，New York, Macmillan，一九四四。也可參見巴爾贊與格拉夫的出色討論，*The Modern Researcher*，同前引；G. E. Montague, *A Writer's Notes on His Trade*, London, Pelican Books，一九三〇—一九四九；以及 Bonamy Dobrée，*Modern Prose Style*, Oxford, The Clarendon Press，一九三四—一九五〇。

但你也許會問，我們難道有時候不就是需要術語嗎？[15]當然我們需要，但「術」不一定意味著艱澀，當然也不意味著行話黑話（jargon）。如果這類術語真的屬於不可或缺，並且也明晰精確，那就不難用平白曉暢的英語來闡述，從而以具備意義的方式將它們介紹給讀者。

或許你會表示反對，認爲尋常詞彙的常見用法往往「負載」了各種感情和價值，因此可能最好還是避免使用，改用新詞或術語。我的回答如下：不錯，尋常詞彙往往是別有負載。但社會科學中常用的許多術語也是別有負載。要想寫得清晰，就要控制這些負載，要精確地表述你的意涵，以便其他人也能理解這層意涵，也只能理解成這層意涵。假設你想表達的意涵處在一個周長六英尺的圓圈裡，你身處其間；又假設你的讀者所理解的意涵是另一個這樣的圓圈，他身處其間。我們姑且指望這兩個圓圈的確能有交疊。交疊的區域就是你能達

---

⑮ 那些遠比我更懂數學語言的人告訴我，這種語言的特點就是精確、簡潔、明晰。所以我非常懷疑許多社會科學家，他們宣稱數學在社會研究方法中占據核心位置，但寫起文章來卻一不精確，二不簡潔，三不明晰。他們該從保羅·拉扎斯菲爾德那裡學上一課，後者相信數學，是眞的很相信，而他寫的文章，哪怕是草稿，也總是體現出上述的數學品質。如果我讀不懂他的數學，我知道那是我自己太無知；而如果我不同意他用非數學語言寫的東西，我就知道那是因爲他搞錯了。因爲你總能知道他究竟在說些什麼，因此也就清楚他究竟哪裡搞錯了。

成的溝通區域。在讀者的圓圈裡，沒能交疊的部分也就是不受控制的意涵的區域：他自己造出了意涵。而在你的圓圈裡，沒能交疊的部分則成了你流於失敗的另一標誌：你沒能使意涵被他人所理解。所謂寫作的技能，就是讓讀者的意涵圈與你的意涵圈精確重疊，就是以特定的方式寫作，讓你們雙方都處在受控意涵的同一圓圈中。

因此，我的第一個觀點就是：絕大多數的「社會學腔」都與研究內容或思想的什麼複雜性毫無關聯。我想它們幾乎完全是用來確立自我的學院訴求的。這麼寫文章，就是要告訴讀者（我敢肯定，他們對此往往並不自知）：「我知道某樣事情，它非常難，你只有先學會我這艱深的語言，才能理解它。與此同時，你只是個寫稿子的，一個門外漢，或者別的什麼比較落後的類型。」

(2)要回答第二個問題，我們必須根據作者關於自己的想法，以及他言說的聲音，區分出兩種呈現社會科學工作的方式。一種方式的出發點是：作者覺得自己這種人咆哮、低語或輕笑都可以，反正始終得在場。他是哪種人也很清楚：無論自信滿滿還是神經兮兮，不管直截了當還是夾纏糾結，他**都是**體驗與推理的中心。現在他發現了某樣事情，正在告訴我們這事情怎麼回事，自己又是怎麼發現的。這就是英語裡能看到的最佳闡釋背後的腔調。

另一種呈現工作的方式並不運用任何人的任何聲音。這類寫作根本就算不上一種「聲音」。它就是一種自主存在的聲響，是由一台機器生成的乏味文章。它固然充斥著行話黑話，但更值得一提的是它非常矯揉造作（strongly mannered）：它不僅不具個人色彩，而且是矯揉造作地不具個人色彩。政府公報有時就是以這種方式寫的。生意公函也是。社會科學中也有大量例證。任何寫作，只要不能被想像成人的言談，就是糟糕的寫作，或許只有某些眞正的文體大師的作品不屬此列。

(3)但最後還有一個問題：哪些人在聽這些聲音，對於這一點的考慮也會影響到文體的風格。任何作者都非常有必要牢記，自己正在試圖對什麼類型的人說話，以及他究竟是怎麼理解這些人的。這些問題都並不簡單：要很好地回答它們，既需要了解讀者公眾，也需要定位自身。所謂寫作，就是提出訴求等待被閱讀，但是由誰來讀呢？

我的同事萊昂內爾·特里林（Lionel Trilling）已經給出了一種答案，並允許我在此轉述。⑯你先假設，自己受邀就自己熟悉的某項研究內容做一次演講，聽眾中既有來自某個一流大學各個院系的師生，也有來自附近城市感興趣的各色人等。假設這樣一群聽眾坐在你面前，他們都有權利了解；假設你也想讓他們了解。現在開始動筆。

社會科學家作爲作者，大體可以有四種可能性。如果他承認自己是一種聲音，假設他正

⑯ 萊昂內爾·特里林（Lionel Trilling，一九〇五—一九七五，又譯屈瑞林），美國著名社會文化批評家與文學家，哥倫比亞大學教授。繼承英國馬修·阿諾德（Matthew Arnold）、利維斯（F. R. Leavis）的文人批評傳統，結合專家和公共知識分子的雙重身分，側重從社會歷史、道德心理的角度評論文學和文化，不僅成爲學院批評大師，對二十世紀中葉美國公共文化尤其年輕一代思想也是影響甚大。——譯注

在對像我剛才點出的那類公眾說話，他會努力寫些明白易懂的文章。如果他假定自己是一種聲音，但不完全清楚面向什麼公眾，就比較容易陷入艱澀難解的胡扯。這種人最好還是謹慎一些。如果他覺得自己與其說是一種聲音，不如說是某種不具個人色彩的聲響的代言者，那麼，假如他找到了一群公眾，也非常有可能是一群狂熱教徒。如果他並不了解自己的聲音，也沒有找到任何公眾，卻純粹只為了無人保管的某種紀錄而說話，那我想我們不得不承認，他是一位不折不扣的標準化乏味文章的製造者：在空無一人的大廳裡，迴盪著自動的聲響。這讓人不寒而慄，簡直像卡夫卡小說裡的場景，而情況應當是：我們一直在討論理性的邊界。

深刻與夾纏之間的界限往往很微妙，甚至就像走鋼絲。有些人就像惠特曼那首小詩裡所描述的那樣，剛開始做研究，就被邁出的第一步弄得激動萬分，無比敬畏，幾乎不再想著繼續前行。沒有人會否認，這些人有一種奇特的魔力。語言就其本身而言，的確構成了一個令人讚歎的世界，但如果深陷其中無法自拔，我們一定不能把起步時的迷惘錯當成最終結果的深刻。作為學術共同體的一員，你應當把自己看成是一種真正偉大的語言的代表，應當期待自己、要求自己，在說話或寫作的時候，要努力傳遞有教養的人的話語。

最後必須來談談寫作與思考之間的相互作用。如果你寫東西只想著漢斯・賴辛巴赫（Hans Reichenbach）所稱的「發現的語境」（context of discovery），能理解你的人就會寥寥無幾；不僅如此，你的陳述往往還會非常主觀。要想讓你想的不管什麼東西更加客觀，你就必須在展示的語境（context of presentation）裡工作。首先，你把自己的想法「展示」給自己，這往往被叫做「想清楚」。然後，當你覺得自己已經理順了，就把它展示給別人，並往往會發現，你並沒有搞清楚。這時你就處在「展示的語境」中。有時候，你會注意到，當你努力展示自己的想法時，會有所調整，不僅是調整其陳述形式，而且往往還調整其內容。當你在展示的語境中工作時，會獲得新的想法。簡言之，它會變成一種新的發現的語境，不同於原初的語境，位於我認為更高的層面，因為在社會角度上更具客觀性。同樣，你不能把你如何寫與如何想切割開來。你必須在這兩種語境中來回穿梭，而且無論何時，你都最好明白自己可能去往何處。

六

綜上所述，你就會理解，其實你從未「開始研究一項課題」，你已經「在研究」了，要麼是以個人的面目，體現在檔案中、體現在瀏覽後的做筆記中，要麼是體現在有方針指導的事業中。遵循這樣的生活方式和工作方式，你將始終擁有許多自己想要進一步探索的話題。一旦你確定了某種「釋放」，就要嘗試調用你全部的檔案、你瀏覽的書籍、你的交談、你所選擇的人，這一切都是為了這個話題或主題。你要嘗試打造一個小世界，包含所有融入手頭工作的核心要素，以系統的方式讓它們各就其位，並圍繞著其中各個部分的發展，不斷調整這個框架。單單生活在這樣一個構造出來的世界裡，也要去了解所需要的各種東西：想法、事實、想法、數據、想法。

就這樣，你將有所發現，予以描述，確立一些類型來爲自己已經發現的東西安排秩序，透過按名目區分各樣東西來聚焦和梳理自己的體驗。這樣探尋秩序，會推動你找尋各種模式和趨勢，找出或許具備典型性和因果性的關係。簡言之，你要去探尋自己碰到的東西的意涵，探尋某些東西看能否解釋爲不可見的其他東西的可見標誌。你要列一份清單，涵括看上去與你正試圖理解的不管什麼東西有關的一切。你要去蕪存菁，然後將這些條目仔細地、系統地彼此關聯，以形成某種操作模型。接下來，你要將這一模型與自己正努力說明的不管什麼東西相關聯。有時候這很容易，不過它也常常搞不出來。

不過，在這一切細節當中，你始終得去找尋一些指標，它們可能指向主要趨勢，指向二十世紀中葉社會範圍內的根本形式和趨向。這是因爲，到最後，你始終在討論的正是這一點，即人的多樣性。

思考就是竭力謀求秩序，同時謀求全面。你絕不能太快停止思考，否則將無法了解自己應該了解的全部；你也不能聽任自己一直思考下去，否則你就會炸裂。我想，正是這一兩難，使得思考在那些獲得一定成功的寶貴時刻，成爲人類能夠履行的最具激情的努力。

或許我可以借助幾點勸告與警示，最好地概括行文至此我想說的意思：

⑴ 做一名巧匠：避免任何刻板的程序套路。首先，力求培養並運用社會學的想像力。

避免對方法和技巧盲目崇拜。推動不事雕琢的學術巧匠重歸學界，自己也努力成爲這樣的巧匠。讓每一個人都成爲自己的方法學家；讓每一個人都成爲自己的理論家；讓理論和方法重新融入一門技藝的實踐。宣導個體學人地位至上；抵制技術專家組成的研究團隊大行其道。讓你的心智獨立面對有關人與社會的問題。

(2)避免陷入拜占庭式錯綜繁複的拆解和組合各類「概念」的怪癖，擺脫繁文冗語的矯飾做派。推動自己也推動別人養成簡潔清晰的陳述風格。儘量少用比較繁複的術語，除非你堅信，使用這些術語會使你的感受更爲寬廣，指涉更爲精準，推理更爲深刻。避免借助晦澀難解作爲手段，來回避對社會做出評判、回避你的讀者對你自己的工作做出評判。

(3)只要你認爲自己的工作需要，儘量多做跨歷史的建構，同時也深入歷史內部的細節。盡你所能構築較爲形式化的理論並構築模型。細緻檢視瑣屑事實及其彼此關聯，也認眞考察獨一無二的重大事件。但是不要兀自亂想：所有這類工作，都必須持續而密切地關聯到歷史現實的層面。不要假定總會有別的什麼人在某時某地替你做這件事。將界定這種現實作爲你的任務；從它的角度出發/使用它的術語（in its terms）來梳理你的問題；在它的層面上嘗試解決這些問題，從而緩解它們所蘊含的議題和困擾。如果腦子裡沒有確鑿的例證，寫東西千萬不要超過三頁。

(4)不要只是一個接一個地孤立研究小情境；要研究將其中的情境組織起來的社會結構。基於這些有關較大結構的研究，選擇你需要詳細研究的情境，並以特定的方式來實施，以便理解情境與結構之間的相互作用。至於時間的跨度方面，也是如此這般進行。不要只當一個寫稿的，不管你描摹得有多麼逼眞。你知道，新聞報導也可以是一項重要的思想事業，但你還要知道，你的事業更加重要！所以，不要只是把細碎研究的報導固定在界限分明的靜態時刻或非常短暫的時段之內。要以人類歷史的進程作爲你的時間跨度，以此作爲你所考察的星期、年月和時代的定位框架。

(5) 要認識到你的目標在於對世界歷史上曾有以及現存的各種社會結構進行充分的比較性理解。要認識到，爲實現這一目標而努力，你就必須擺脫目前通行的學院科系所導致的任意專業化分隔。你要根據所討論的話題，首先是根據有顯著意義的問題，來靈活多樣地確定你的工作的專業歸屬。在梳理並嘗試解決這些問題的時候，要廣爲借鑑有關人與社會的任何明智通達的研究，吸收其中的各種視角與材料、觀點與方法，不要猶豫，事實上，要主動尋求，堅持不懈，放開想像力。它們屬於**你的**研究，屬於你所屬的世界，不要讓那些靠著怪異的行話黑話和造作的**專業技能**把它們封閉起來的人，從你這裡奪走了它們。

(6) 始終關注有關人的意象，即有關人性的整體觀念，這正是你在工作中要運用的預設；也要始終關注有關歷史的意象，也就是你對於歷史如何被塑造出來的觀念。一句話，有關歷史、有關人生、有關人生和歷史在其中交織的社會結構，你都要持之以恆地探索和打磨自己對於這些方面問題的觀點。對於個體性的豐富多樣，對於時代變遷的紛繁複雜，都要保持開放的眼光。運用你的見聞，也運用你的想像，來引導你關於人的多樣性的研究。

(7)要了解你所承繼並發揚的經典社會分析傳統；所以要努力避免把人理解成孤零的碎片，或是獨立自在即可領會的領域或系統。努力把眾生男女理解爲具備歷史維度和社會維度的行動者，理解紛繁多樣的人類社會是如何以錯綜複雜的方式，選擇和塑造著豐富多姿的眾生男女。你在完成任何工作之前，都要把它引向一項持續不斷的核心任務，就是理解你自己身處的這個時代，即二十世紀下半葉人類社會這個令人恐懼卻也令人讚歎的世界，它的結構與趨向、它的形貌與意涵，無論這種關聯有時會多麼間接。

(8)不要讓按照官方方式梳理的公共議題，或者按照私人感受呈現的困擾，來確定你拿來研究的問題。最重要的是，不要從其他什麼人的角度出發，接受科層制氣質的非自由主義實用取向，或是道德潰散的自由主義實用取向，從而放棄你在道德上和政治上的自主性。要明白，有許多個人困擾是無法只當成困擾來尋求解決的，而必須從公共議題的角度、從有關歷史塑造的問題的角度出發來理解。要知道，必須將公共議題與個人困擾相關聯，與個體生活的問題相關聯，才能揭示前者的人性意涵。要懂得，要想充分梳理社會科學的有關問題，就必須同時包括各種困擾與議題、人生與歷史，以及它們之間錯綜複雜的關係。正是在這樣的寬廣範圍內，發生著個體的生活與社會的塑造；正是在這樣的寬廣範圍內，社會學的想像力有機會改變我們時代人的生活的品質。

致謝

本書若干版本的初稿曾在一九五七年春天哥本哈根的一場社會科學研討會上宣讀，丹麥社會部顧問（Konsultant to the Socialministrat）亨寧・弗里斯（Henning Friis）籌辦了這次會議。我衷心感謝他以及此次研討會的下列與會者提出的犀利批評與善意建議：克里斯滕・魯德菲爾德（Kirsten Rudfeld）、本特・安德森（Bent Andersen）、屈爾（P. H. Kühl）、波爾・維德里克森（Poul Vidriksen）、克努茲・埃里克・斯文森（Knud Erik Svenden）、托本・阿格斯納普（Torben Agersnap）、埃爾貝林（B. V. Elberling）。

第一章〈承諾〉以及本書其他一些短章曾以縮略形式在一九五八年九月聖路易斯召開的美國政治學會年會上宣讀。第六章借用了一篇論文，〈Two Styles of Research in Current Social Study〉，刊於《科學哲學》（*Philosophy of Science*），第XX卷，第四期，一九五三年十月號。附論前五節的初稿曾收錄於L. Gross主編的《社會學理論文集》（*Symposium on Sociological Theory*），Evanston, Peterson，一九五九。第八章的第五、六兩節曾刊於《每月評論》（*Monthly Review*），一九五八年十月號。整體而言，我也借用了首刊於一九五四年五月一日的《週六評論》（*The Saturday Review*）上的一些評論。第九章和第十章裡的一些段落，曾用於一九五九年一月在倫敦經濟學院和華沙的波蘭科學院的幾次公開演講，同年二月 BBC 在其第三套節目頻道中播出。

書稿的後幾稿得到了下列同行的整體或部分的評議，本書若有些微價值，大多應歸功於他們。我只希望能更充分的感謝他們的慷慨協助：

哈洛德・巴傑（Harold Barger）、羅伯特・比爾斯泰德（Robert Bierstadt）、諾曼・伯恩鮑姆（Norman Birnbaum）、赫伯特・布魯默（Herbert Blumer）、湯姆・波托莫爾（Tom Bottomore）、萊曼・布雷松（Lyman Bryson）、路易斯・科塞（Lewis Coser）、亞瑟・K. 戴維斯（Arthur K. Davis）、羅伯特・杜賓（Robert Dubin）、西・古德（Si Goode）、瑪喬麗・菲斯克（Marjorie Fiske）、彼得・蓋伊（Peter Gay）、盧埃林・格羅斯（Llewellyn Gross）、理查・霍夫施塔特（Richard Hofstadter）、歐文・豪（Irving Howe）、H. 史都華・休斯（H. Stuart Hughes）、佛洛伊德・亨特（Floyd Hunter）、希薇亞・賈里科（Sylvia Jarrico）、大衛・凱特勒（David Kettler）、沃爾特・克林克（Walter Klink）、查爾斯・E. 林布隆（Charles E. Lindblom）、恩尼斯特・曼海姆（Ernest Manheim）、里斯・麥吉（Reece McGee）、拉爾夫・米利班德（Ralph Miliband）、巴林頓・摩爾（Barrington Moore Jr.）、大衛・理斯曼（David Riesman）、邁耶・沙皮諾（Meyer Schapiro）、喬治・拉維克（George Rawick）、阿諾德・羅戈（Arnold Rogow）、保羅・斯威齊（Paul Sweezy）。

非常感謝我的朋友威廉・米勒（William Miller）和哈威・斯韋多（Harvey Swados），他們一直在努力幫助我行文更加清晰。

賴特・米爾斯

跋

陶德·吉特林①

一

即便接下來這句話讀起來像是一種矛盾修辭法，我也要說，賴特·米爾斯是二十世紀下半葉最激越人心的社會學家；考慮到他四十六歲就英年早逝，而且主要作品都完成於短短十年多一點的時間之內，他的成就更加令人矚目。對於竭力在二十世紀六〇年代早期找到意義

---

① 陶德·吉特林（Todd Gitlin）是紐約大學文化、新聞與社會學教授，著有《六〇年代：希望歲月中的狂野時日》（*The Sixties: Years of Hope, Days of Rage*, Bantam）、《共同夢想的黃昏：文化戰爭何以傾覆了美國》（*The Twilight of Common Dreams: Why America Is Wracked by Culture Wars*, Metropolitan/Henry Holt）以及小說《犧牲》（*Sacrifice*, Metropolitan/Henry Holt）。
本跋部分內容曾以不同形式見於陶德·吉特林，〈C. 賴特·米爾斯，自由激進派〉（C. Wright Mills, Free Radical），《新勞工論壇》（*New Labor Forum*），一九九九年秋季號。

所繫的政治同齡人來說，米爾斯就是一位激進主義的帶頭騎士。但他也集成了諸多悖論，而這正是其魅力的一部分，無論他的讀者是否能自覺地調和這些悖論。他是激進傳統的激進糾正偏差者，是對社會學課程滿腹牢騷的社會學家，是屢屢質疑知識分子的知識分子，是既宣導個體手藝也呼籲民眾行動的辯士，是深懷絕望的樂觀主義者，是充滿幹勁的悲觀主義者，一言以蔽之，他才智過人，熱力四射，情懷深沉，格局宏闊，兼以上述諸般矛盾，似乎警示著他那個時代道德上和政治上絕大多數的主要陷阱，凡此種種，在同時代人裡堪稱屈指可數。一位先是接受哲學訓練、繼而決定撰述小冊子、終於暢銷大賣的社會學家，一位奮力在馬克思主義傳統中找尋可以回收利用的財富的平民主義者，一位獻身政治的獨行大俠，一位精熟文體風格的樸實之人——他不僅是一名率先的嚮導，更是一位垂範的楷模，他的種種悖論預示了那場學生運動的某些張力：置身諸多已趨衰微的[2]意識形態，它的成長可謂得天獨厚，卻仍毅然衝決網羅，找到或者說鍛造出強大的槓桿，徹底而全面地改變了美國。

在去世前兩年，作爲作家的米爾斯成爲公眾名人，他反對冷戰和美國對拉美政策的

② 我特意選用了丹尼爾·貝爾，《意識形態的終結：論五〇年代政治觀念的衰微》中不爲人注目的副標題中的一個詞。（Daniel Bell, *The End of Ideology: On the Exhaustion of Political Ideas in the Fifties*, New York: Free Press，一九六〇。）

政論贏得了廣泛讀者，勝過其他任何激進派。他的《聽著，美國佬》（*Listen, Yankee*）被《哈潑雜誌》（*Harper's Magazine*）封面重點推送，他的〈致新左派〉（Letter to the New Left）同時發表於英國的《新左翼評論》（*New Left Review*）和美國的《左翼研究》（*Studies on the Left*），並由學生爭取民主社會組織以油印本形式散發。③一九六〇年十二月，米爾斯嚴陣以待準備與一位久負盛名的外交政策分析家④就拉美政策舉行一場電視辯論

---

③學生爭取民主社會組織（Students for a Democratic Society），二十世紀六〇年代新左派運動主要代表。前身爲學生爭取工業民主聯盟所屬的一個學生組織。成員主要是白人大學生。旨在透過積極參加政治活動，建立一個擺脫貧困、愚昧和非人道狀態的沒有戰爭與剝削的自由民主社會。一九六二年在密西根州休倫港召開全國代表大會，選舉海頓爲同盟主席，並通過由他起草的〈休倫港宣言〉爲同盟綱領。宣言指出，儘管大多數美國人生活優裕，但社會貧困與利潤積累同樣迅速，而罪魁禍首則是軍事－工業綜合體，它影響著美國的外交和國防，把國家引向戰爭，犧牲了公民的自由和社會福利。——譯注

④此人即貝勒（A. A. Berle, Jr.），也是大力宣揚現代企業中管理方已經從股東那裡奪取控制權的觀點的要角。貝勒是《現代企業與私有產權》（*The Modern Corporation and Private Property*，一九三二）有影響力的合著者，其關於企業良知的觀點曾遭到米爾斯的抨擊（Mills, *The Power Elite*〔New York: Oxford University Press，一九五六〕，第一二五頁注、第一二六頁注）。對於那些了解這段歷史的人來說，即將到來的辯論甚至更像是一場最後攤牌。

會，結果患上心臟病。十五個月後，他辭別人世，並立即被視爲一位烈士。學生爭取民主社會組織的〈休倫港宣言〉（Port Huron Statement）猶如米爾斯文章的回音再現，而該宣言的主筆湯姆·海頓（Tom Hayden），其碩士論文寫的就是米爾斯，並給後者貼了個「激進遊牧者」（Radical Nomad）的標籤，把他看成一位英雄，只是有些唐吉訶德的意味，就像新左派自身一樣，仗著一身蠻力，試圖強行突破意識形態的阻滯。他去世之後，作爲新左派創建先賢的父母們至少把一個男孩命名爲米爾斯，還有至少一隻貓，也就是我自己養的貓，被如此命名，我這麼做是滿懷情意的，因爲牠幾乎就是紅色的。

米爾斯的作品充斥著對人的生機活力與失望情緒的敏銳覺察，對人的探險精神與尊嚴持守的深沉情懷，乃至於被這些東西灼傷。從許多方面來看，都印證了文如其人。他運筆遒勁，直擊要害，風格鮮明，反覆申說：人們所過的生活，不僅受到社會情勢的束縛，而且遭到並非自己塑造的社會力量的深刻形塑。這一點純屬事實，無可化約，產生了兩樣後果：固然使絕大多數人的生活有了具備社會根源的悲劇性一面，但也創造了透過協調行動大大改善生活的潛在可能，只要人們看到了前行的道路。

在《社會學的想像力》及其他著述中，米爾斯堅定地主張，人生與歷史之間的相互交織是社會學家應有的研究主題。而他自己的人生與歷史的交匯處，卻有著獨具美國特色的悖論：他是獨行的巧匠，以拒絕歸屬來獲取歸屬。「智識上、政治上、道德上，我都是孤獨自處的。」他會這麼寫：「我從不了解別人所謂的與任何群體之間的『友情』，哪怕是些微的情誼，無論是學術上的還是政治上的。是的，我是認識那麼幾個人，但要說到群體，不管有多小，沒有……據我所知，眞相很簡單，就是我並不尋求這種東西。」⑤他寫道，「我在智識上和文化上都盡可能保持『自力更生』」。⑥他的「方向」就屬於「獨立巧匠」，⑦「巧匠」是他最喜愛的詞之一。「我是世界產業工會會員（Wobbly），個人名義，澈底的、永久的……我認爲這個會員身分就意味著一樣事情：科層體制的對立面。」⑧就在他的一堆行動主義短論當中，還混著這麼一句：「我是個沒有黨派歸屬的政治人。」⑨或者換個說法：屬於只有他一個人的政黨。

---

⑤ 引自米爾斯一九五七年秋天寫的一篇致「達瓦里希」（Tovarich，即俄語的「同志」——譯注）的文章，這是他想像中的一位典型的蘇聯人物。《C. 賴特・米爾斯：信函與自傳材料輯錄》（*C. Wright Mills: Letters and Autobiographical Writings*），凱薩琳・米爾斯（Kathryn Mills）與帕米拉・米爾斯（Pamela Mills）合編，書稿第二七六頁，我要感謝凱薩琳以及加利福尼亞大學出版社的娜歐蜜・施奈德（Naomi Schneider）允許我閱讀並引用即將於二〇〇〇年出版的此書書稿。

⑥ 米爾斯致「達瓦里希」，*C. Wright Mills*，書稿第三十頁。

⑦ 米爾斯致「達瓦里希」，*C. Wright Mills*，書稿第二七八頁。

⑧ 米爾斯致「達瓦里希」，*C. Wright Mills*，書稿第二七九頁。

⑨ 米爾斯「達瓦里希」筆記本中一九六〇年六月的筆記，*C. Wright Mills*，書稿第三四〇頁。

他雄健的行文，對重大爭論的直覺，固執自賞的德州風格，智識上無所畏懼的聲名，以及對於治學之道的深沉情懷，似乎都是同源相生。他是一位自由自在的知識分子，只受行動的誘惑；他是一位旁觀者，對峙所有權勢集團，不僅反對那些自由派學院人，他們致力於說明爲什麼激進變遷需要預防或並不可取，也反對那些在朝知識分子（court intellectuals），他們都是追逐權力和量化的諂媚之徒，圍著甘迺迪政府打轉，後來相幫著，美其名曰卡美洛。⑩卡美洛王朝的圈內人或許會一邊自我鍍金，欣享權力，一邊大談「新邊疆」，⑪而米爾斯作爲特立獨行的反科層體制者，卻在開拓著屬於他自己的「新邊疆」。

他的文風咄咄逼人，更合適的標籤是筆力遒勁，這種魅力並非偶然。他的文章一般都鮮

---

⑩卡美洛（Camelot），相傳爲英國傳奇人物亞瑟王宮廷所在地，以追求正義、勇敢的他爲首的「圓桌騎士」是一群見義勇爲的神話英雄。後借指人間樂園。二十世紀六〇年代初期，此詞被借用來作爲甘迺迪政府的美稱，後來隨著甘迺迪政府一度引起的希望的幻滅，此詞帶上了諷刺作盛世文章之徒的意味。——譯注

⑪新邊疆（New Frontier）：一九六〇年七月，甘迺迪在接受民主黨總統候選人提名的演說中提出新邊疆的口號。一九六一年就任後制訂新邊疆的施政綱領。內政方面，實施長期赤字財政政策、太空探索和登月計畫、老年醫療保險，提出解決種族隔離的民權法等。外交方面，推行稱霸世界的全球靈活反應戰略，建立「和平隊」，製造古巴豬玀事件，加強對拉美的控制，提出「宏圖計畫」，試圖將西歐納入以美國爲主體的大西洋共同體之中。——譯注

活有力，令人動容，常常還通俗易懂，直截了當，儘管有時也因過於措意而顯得笨拙（米爾斯費了二十年功夫來完善自己的文筆）。他偏愛表示積極作爲的名詞（nouns of action）與表示消極放任的名詞（nouns of failure）之間的衝突，比如「攤牌」（showdown）與「抨擊」（thrust）對「漂流」（drift）與「疏失」（default）。他沉迷於「胡思亂想的現實主義」（crackpot realism）和「窮兵黷武的形而上學」（military metaphysic）之類易起爭端的範疇。這種文風是雄健的（masculine）——就這個詞最好的意思而言，但基本不能說是雄蠻的（macho），一位雄蠻的作者是不會被大規模暴力的前景所困擾的，也不會寫出：「西方人文主義的核心目標（在於）……放手由理性來控制人的命運。」⑫

二

「我從來沒有機會非常認眞地對待這樣的美國社會學」，早在一九四四年，米爾斯在塡一份古根海姆基金申請表時，就有膽子這麼寫。⑬他告訴基金會，自己爲意見刊物和一些

---

⑫ 米爾斯，《第三次世界大戰的起因》（Mills, *The Causes of World War Three*, New York: Ballantine，一九五八，一九六〇），第一八五—一八六頁。

⑬ 米爾斯致約翰·西蒙·古根海姆紀念基金會（John Simon Guggenheim Memorial Foundation），一九四四年

「小雜誌」寫稿，因爲他們採納正確的話題：「甚至更多的是因爲我希望去除自己身上那股羸弱殘缺的學院文風，培養一種明智通達的方式，讓現代社會科學與非專業化的公眾相溝通。」那一年，這位特立獨行者只有二十八歲，就已經希望這樣來自我說明了。這位自由寫作的政治人希望與能講道理的公眾站到一邊，但不會放任公眾實施那種令人窒息的遵從，作爲贏得其支持的代價。一方面是通俗易懂，他樂於透過這種手法來推廣自己的觀念；另一方面是對於過一種自由的生活的欲望，而這是不可化約的。米爾斯明白這兩方面之間的差別，因爲（到了四十歲，他在一封信裡寫道）：「從骨子裡看，系統地看，我就是個徹頭徹尾的無政府主義者。」⑭

話說回來，他並不是什麼老派的徹頭徹尾的無政府主義者。當然，也不是什麼智識上的蠢漢。他尊崇嚴謹，渴慕治學技藝的崇高天職，對嚴肅的批評意見通常毫不畏懼，樂於做出回應，喜歡直截了當的論戰的那種粗糲與混亂。是技藝，不是方法論，這差別至關緊要。方

十一月七日，*C. Wright Mills*，書稿第八十三－八十四頁。感謝基金會，他贏得了資助。該款針對的是一項耐人尋味的研究主題：當社會學正逐漸僵化，囿於米爾斯正確抨擊的那種套路，它是怎樣未曾澈底僵化的。這使得該學科領域的領軍人物們有可能對米爾斯高看三分，認眞考慮他的申請，至少欣賞其早期工作，雖說日後對他敬而遠之。

⑭ 米爾斯致哈威（Harvey Swados）與貝蒂（Bette Swados），一九五六年十一月三日，書稿第二四一頁。

法論宛如屍僵（rigor mortis），刻板生硬，陳腐固化，成了玄祕難解的統計技術，被如此盲目崇拜，乃至於研究中眞正的要害反倒顯得黯淡無光。而技藝，工作起來要尊重材料，明確目標，並且對學術生活的起伏跌宕與攸關利害有敏銳的體察。技藝同樣具備嚴謹，但嚴謹不能確保具備技藝。要靈活掌握技藝，不僅需要技術性的知識和邏輯，還需要有普遍的好奇心，文藝復興般廣博的技能，以及對於歷史和文化的熟稔。說到底，是技藝精巧的社會學的想像力，而不是過度精緻化的方法論，產生出二十世紀五〇年代另一場浩大的社會學復興，產生出大衛·理斯曼的《孤獨的人群》。這部探討國民性的傑作材料豐富，洞見迭出，雖然理斯曼本人後來收回了其中的主要「理論」假設，但該書的價值還在長久延續。理斯曼原本在書中主張，S型人口曲線說明了從傳統性格轉向內向引導性格再轉向他人引導性格的趨勢。⑮

米爾斯影響力最持久的著作《社會學的想像力》最後有一篇附論，即〈論治學之道〉，所有的研究生都該讀讀，因爲它與其說是一部按部就班的說明書，不如說是學術工作這場探險歷程的備忘錄。而〈論治學之道〉的文末又以這樣的話作結（碰巧我在讀大學的時候，就

---

⑮ 參見理斯曼爲一九六一年版寫的序：Riesman 與 Nathan Glazer 和 Reuel Denny 合著，*The Lonely Crowd*, New Haven, CT: Yale University Press，一九六一，第 xlii—xliii 頁。

是把這段話打在一張卡片上，貼在我的打字機旁，希望能秉持這樣的精神生活）：

> 你在完成任何工作之前，都要把它引向一項持續不斷的核心任務，就是理解你自己身處的這個時代，即二十世紀下半葉人類社會這個令人恐懼卻也令人讚歎的世界，它的結構與趨向、它的形貌與意涵，無論這種關聯有時會多麼間接。[16]

這是面向黯淡的社會學的某種使命！

就像《孤獨的人群》一樣，米爾斯的主要著作，如《權力新貴》（*The New Men of Power*，一九四八）、《白領》（*White Collar*，一九五一）和《權力精英》（*The Power Elite*，一九五六），其創作動機都不是方法，也不是理論，而是一些宏大的話題，不過，在背後推動的也有一種探險精神。（米爾斯是如此遠離社會學的主導趨向，以至於他更喜歡用「社會研究」〔social studies〕這個術語，而不是「社會科學」〔social sciences〕）。[17]

---

⑯ 參見本書，第三一七頁。

⑰ 參見本書，第一章，注③。

做一位社會學家，就應當終其整個職業生涯，盡心盡力，去填補那一整幅社會圖景。這樣的要求應當不像今天看來如此扎眼。在《社會學的想像力》中，米爾斯雄辯地抨擊了主流社會學的兩股主導趨向，一是「宏大理論」的那種誇誇其談，一是「抽象經驗主義」的那種邊角零碎。今日觀之，他看待這些問題的角度依然十分切要，生動鮮活（有時甚至煞是有趣），一如四十年前，或許還平添了幾分風采，因爲社會學已經在米爾斯所描述的溝槽裡愈陷愈深。那麼多後現代主義者、馬克思主義者、女性主義者紛紛加入此前的理論顯貴行列，保持著他們那種「無用的高貴」（useless heights），[18]宣稱他們那些優雅舞步和精緻表演、那些既像苦行又像自慰的機械操練、那些平民主義的鼓噪歡呼、那些政治上的一廂情願，乃至整個妄自尊大的姿態，都是非常有用也十分嚴肅的事情。看著這一切，米爾斯想必會暗自好笑。他不會把「理論」看作是對於不負責任的權力的嚴重打擊。我想他會認識到，矯揉造作的「理論」只是一種囿於階級的意識形態，屬於某種你不妨稱爲「新階級」的集團，有待批判，正好像他早已揭露的那種管理意識形態：抽象經驗主義者在其研究團隊中做著學術上的附加作業，以補充企業和政府科層部門。我想他還會認識到，「理論」在學術上的那些宏大訴求、在政治上的那些虛張聲勢，屬於某種列寧主義的預設，一種危險的預設，即學院人肩

⑱ 參見本書，第二章之二。

負著無可替代的崇高使命，彷彿他們一旦理順了自己的「理論」，就將向一個翹首以待的世界昭告，並覺得自己已經大功告成。⑲

當然，米爾斯自己具有強烈的使命感，不僅是他自己的使命，而且是一般而言的知識分子、具體來說的社會科學家的使命。指引他所為之獻身的學術工作的是一種忠誠（fidelity），馬克斯・韋伯稱之為「天職」/「蒙召」（calling），即「vocation」這個詞的原初意涵：受到一種聲音的召喚。這並不是說米爾斯（他曾與格特〔H. H. Gerth〕合編過英語世界第一部重要的韋伯文集）贊同韋伯在其有關研究主題的兩篇名文中，做出的「作為天職的學術」和「作為天職的政治」必須無情分開的結論。根本不是這樣。米爾斯認為，問題應當來自於價值觀，但答案不應該與後者捆綁。這是一個關鍵差別！如果研究的結果讓你感到不愉快，那確實很糟糕。但他還認為，好的社會科學一旦進入公開場合，促成公共討論，就會變成好的政治。他之所以會產生這種抱持積極行動立場的思想生活觀，固然有部分原因在於性情使然，他可不是一個能把事情就這麼擱下的人，但也是出於邏輯推論和排除其

---

⑲ 有關「理論階級」（Theory Class）所隱含的政治問題，我已經在〈社會學為誰？批判為誰？〉一文中作了詳細討論，見 Sociology for Whom? Criticism for Whom?，載於 Herbert J. Gans 主編的 *Sociology in America*, Newbury Park, CA: Sage Publications，一九九〇，第二一四—二二六頁。

它選項，因爲如果知識分子都不打算去破除思想上的阻礙，那還有誰會呢？

對於米爾斯來說，這並不是一個單純的反問句。基於曾經是他博士論文研究主題的杜威式實用主義的精神，這個問題需要透過實驗給出解答，這樣的答案將結合對於經驗本身的反思，在實際生活中漸次展開。而他在十年工作後得出的結論是，如果你一直在尋求融合理性與權力，至少是潛在的權力，那麼只有訴諸知識分子，除此別無他處。米爾斯在他二十世紀四〇年代後期到五〇年代陸續撰成的書中，細緻梳理了可以得到的塑造歷史的人的材料，包括《權力新貴》裡的勞工，《白領》中的中產階級，以及《權力精英》裡頂層機構裡的首腦們。勞工沒能頂住結構性改革的挑戰，白領雇員倍感困惑，無望取勝，而權力精英則是不負責任。米爾斯（部分透過排除法）得出結論：知識分子，也只有知識分子，有機會透過艱辛努力，施展理性。由於他們有能力在其他任何人都無法如此的時候，透過探討社會問題來展現理性，所以對於他們來說，當然有責任在探討某個問題時，努力「探討戰略干預點，即尋找據此維持或改變結構的『槓桿』，並對那些有能力干預但卻沒有這麼做的人作出評估。」[20]

就像他在《馬克思主義者》裡所寫的那樣，一種政治哲學不僅要包括對社會的分析，以

---

⑳ 參見本書，第一八二頁。

及有關社會如何運行的一套理論，還必須有「一種倫理學，即對於各種**理念**的闡述。」[21]也就是說，知識分子應當明確表述自己的價值觀念，並嚴謹思考相互對立的各種立場。還可以推出，研究工作應當輔之以直白的寫作，這就意味著要啓迪並動員他追隨約翰·杜威（John Dewey）所稱的「公眾」。用米爾斯的話來說：「社會科學在民主體制裡擔當的教育角色和政治角色，就是幫助教化並維持合格的公眾與個體，讓他們能夠發展出有關個人與社會的現實的充分界定，並依此生存，循此行事。」[22]

理性是很重要的，或者說達成理性是有可能的，哪怕只是作爲一種依稀的目標，或許永遠無法企及，但終歸能以漸近線的方式不斷趨近。對於上述立場，米爾斯並沒有抱以憤世嫉俗的態度，其程度如今看來似乎存有爭議。相反，他的筆下談到啓蒙時，不帶有一絲嘲笑。[23]他懷著後現代時代之前的那種嚴謹提出，在二十世紀中葉，啓蒙狀況的問題並不是我們有了太多的啓蒙，而是我們的啓蒙遠遠不夠，悲劇在於，蘊含在科學研究、工商計算和政府規劃等形式中的技術合理性，贏得了普遍的尊崇，這是一種完美的僞裝，掩蓋了重大的

---

[21] *The Marxists*, New York: Dell，一九六二，第十二頁。粗體著重格式爲米爾斯所加。

[22] 參見本書，第二六七頁。

[23] 參見本書中出色的第九章，〈論理性與自由〉。

疏失。而政經兩界的科層化趨勢，也在一定程度上破壞了講求合理性的眾生男女的民主自治。（這是在重述韋伯的重大發現：**制度**的合理性不斷增加，助長了**個體**自由的減損，至少是不再增長。）而民主的前景也同樣遭到破壞，其具體方式米爾斯去世時仍在努力探尋。這是因爲，面對那些「低度開發」國家漸次登上世界舞臺的態勢，西方世界應對得很拙劣，而無論是自由主義（大體上已經退化爲「自由主義實用取向」的技術），還是馬克思主義（大體上已經退化爲給專制統治提供合理化辯護的盲從學說），都沒能回應這些國家的迫切需求。他寫道：「我們的主要取向，即自由主義和社會主義，幾乎已經垮臺，不再能夠充分說明世界，說明我們自身。」㉔此言一語中的。

三

四十載光陰荏苒，在社會科學（或者更準確地說是社會研究）裡算得上漫長。不僅社會發生了變化，學術也是如此。單單因爲代際繼替本身，就一定會發生某種學科變化，因爲每一代年輕學人都必然會開鑿新的適合自身的地盤，以求有別於前輩，而他們的開鑿所針對的

㉔ 參見本書，第二三二頁。

材料必然就是老舊學科本身。因此就有了風格和詞彙的流變，就有了主導範式的轉換。米爾斯在著書立說的時候，乃至整個六〇年代，管理性研究都是一門朝陽行業。有鑒於此，米爾斯在《社會學的想像力》中單獨挑它出來重點關注，也是重點抨擊。處在冷戰的陰霾之中，「抽象經驗主義」不僅對公司企業有用，對政府機關也是如此。但錢總會花完，對於政府資助的規劃和米爾斯所稱「自由主義實用取向」的信心也會消散。因此，今日之「抽象經驗主義」已經不再像米爾斯那時這般聲望隆盛。無獨有偶，今天會讓他暗自好笑的「宏大理論」就更可能是米歇爾·傅柯，而不是塔爾科特·帕森斯。在二十世紀五〇年代的結構功能主義裡幾乎啥都不是的權力，在傅柯這裡幾乎成了一切。

凡此種種，使得人們愈發驚奇地看到，值此千年之交，《社會學的想像力》一書絕大部分說法依然像以往一樣確鑿有效，並且十分必要。四十年前，米爾斯確認了社會學的主要趨向，其切入角度今日觀之依然大體有理有據：「一套科層技術，靠方法論上的矯揉造作來禁制社會探究，以晦澀玄虛的概念來充塞這類研究，或者只操心脫離具有公共相關性的議題的枝節問題，把研究搞得瑣碎不堪。」[25]他在捍衛社會學的崇高宗旨時所指出的缺陷，今日依

---

[25] 參見本書，第二十五頁。

然如故：文學、藝術與批評在相當程度上未能將智識上的明晰帶入社會生活。㉖政治靈薄獄（limbo）的感覺又一次成爲可能。按照米爾斯的描述，在西方世界，「可以肯定，……有兩樁關鍵政治事實：能吸引人的合法化往往缺失，大眾漠然盛行於世。」㉗「富裕」儘管分配不均（今天的不平等程度遠甚於一九五九年），卻再一次呈現爲對於所有社會問題的萬能解決之道。不幸的是，米爾斯的這些宣示已經證明基本上預言成眞。

不過，四十年畢竟是四十年，比米爾斯自己的成年時光還要長。社會變遷實實在在，他的見解也需要與時俱進，這並不令人奇怪。首先，米爾斯關注的是隱含的權威，爲人默認，面紗遮掩，因此並不作爲公共生活中的爭論議題。在艾森豪時期的美國，大家稀裡糊塗混日子，勢力強大的公司企業彼此抱團，並未遇到有說服力的批判。（回想一下，《社會學的想像力》問世之後一年多，艾森豪才呼籲世人警惕「軍事－工業綜合體」的權力。）左派形同虛設，右派更執迷於共產主義的危險，而不是機構集權化所導致的權力侵奪。不僅如此，國內富裕，國際冷戰，形成了籠罩一切的融合，而整體人口相當程度上都滿足於這種狀況。當政府權力四處擴張，築造州際高速公路，融資城郊住區，資助研究型大學，反對的

㉖ 參見本書，第二十二頁。

㉗ 參見本書，第五十七頁。

人也是寥寥無幾。反觀今日，各式各樣的權威更有可能遭到質疑、嘲笑和蔑視，而非隱然不可見。冷戰不再能用來作爲政府權力的辯護理據。由於二十世紀六〇年代的文化激變，以及無法阻斷地迷戀於透過商品實現人身解放，造成對於幾乎所有制度／機構和傳統，從政府部門、工商企業、勞工階級、大眾傳媒到專業群體，都不予尊重，並且已成常態。剩下的政治信仰就是尊奉有關市場的神話體系，這種制度與其說是一套牢固的結構，不如說是一團神祕的氣氛，因爲它代表著許多局部性制度的共存，包括各種政府優待與補貼。從某種意義上講，占支配地位的意識形態也是反建制的，即羅伯特・貝拉及其同行們所稱的「表現型個人主義」（expressive individualism）。[28]歷經越戰、水門事件、羅納德・雷根的當選，此後對於米爾斯原本力求克服的自由主義實用取向的信念業已大大失色，因爲政府行動已經在很大程度上喪失了合法性，除非當治安行動和監禁成爲爭論議題，或者地方政治撥款[29]有待大量撥付。

同樣，今天已經不再能說「大量私人不安就這麼得不到明確闡述」。[30]恰恰相反。在美

㉘ Robert N. Bellah 等人合著，*Habits of the Heart: Individualism and Commitment in American Life*, New York: Harper & Row，一九八五。

㉙ local pork barrels，指爲了競選拉票等政治目的而給予地方專案資助撥款的政治分肥。——譯注

㉚ 參見本書，第十四頁。

國，奇怪地同時存在著對於絕大多數社會安排都安心自得，與對於它們普遍感到焦慮，或者更準確地說，是作爲複數的多種焦慮，因爲五花八門的不滿與疏離並沒有圍繞著單一的衝突軸線彙聚一處。「不適與漠然……構成了當代美國社會的社會風氣和個人傾向。」[31]就此而言，它們與許多彌散的對立並存，各類利益群體和標籤迅猛滋生，美國人相信，他們可以透過指認這些來爲自己的困擾負責。對於保守派來說，是自由派媒體、世俗人文主義、道德相對主義、愛國主義的崩潰或自以爲是的少數族群；對於自由派來說，是保守派媒體、捲土重來的資本、種族主義或右翼基金會資助的市場意識形態；對於女性主義者來說，是父權制／男權制（patriarchy）；而對於後者立場上的人來說，則是女性主義。《社會學的想像力》刊行之時，公共示威遊行還是非同尋常，極不和諧。若在今天，它們可是尋常之事，甚至落了俗套。政治情感的表達已經走向職業化，借助意見動員技術來組織。二十世紀六〇年代的動盪已經成功回應了米爾斯的呼籲，將私人困擾轉變成了公共議題，但也往往被扭曲成「人造草皮」[32]和「草根領袖」（grass-tops）之類的僞運動。

㉛ 參見本書，第十四—十五頁。

㉜ 所謂「人造草皮」（astroturf），原爲著名的人工草皮品牌名。現指表面看似基於草根的公民團體，其實主要是由企業、產業工會、政治利益集團或公關公司構想出來並／或提供資助。——譯注

米爾斯對於民主參與的復興滿懷希望，但並沒有充分估計到，美國人對於獲取並使用消費品所投入的熱情會如此高漲。從二十世紀六〇年代晚期開始，民主社會裡的大多數人會在爲市場生產的商品的迅猛增長中，找到滿足，甚至找到臨時替代的一種或一組身分認同。米爾斯低估了這種趨勢的程度。他眼中的美國還靠著工作倫理這一清教威懾在抵擋著享樂主義。不過，他的確提前呈現了或許是自己最強勁的對手丹尼爾·貝爾的一個令人矚目的觀點：在公司資本主義條件下，（透過新教倫理）獲取與（透過享樂倫理）開銷之間的張力居於核心位置。㉝其實，絕大多數美國人都不僅是有錢可花，或者願意借錢來花，而且還把這種休閒找樂的精神疏導到了技術上的各種新奇玩意兒。而且，他也率先研究了流行文化的

㉝ Bell, *The Cultural Contradictions of Capitalism*, New York: Basic，一九七六。之所以說米爾斯預見到了這一重要的主張，例證不少，其中之一參見 *The Power Elite*, New York: Oxford University Press，一九五六，二〇〇〇，第三八四頁。貝爾寫過一篇文章，嚴厲批評《權力精英》（以〈美國有沒有統治階級？關於《權力精英》的再思考〉爲題重刊，作爲《意識形態的終結》第三章），正確地指責米爾斯淡化了新政（推行新政的富蘭克林·羅斯福總統是民主黨人。——譯注）與共和黨政府之間的差別，但又抨擊他過於強調作爲暴力的權力——可那是在二十世紀中葉！而米爾斯則在一九五八年十二月二日致函漢斯·格特，對「貝爾先生的論點」不屑一顧，說自己不打算自降身分公開回應（*C. Wright Mills*，書稿第二九九頁）。這太糟糕了，因爲對貝爾的絕大多數論點原本可以給予直接而有說服力的駁斥。

制度化趨勢。《權力精英》中討論名人的那一章，就體現了研究作爲一種社會力量的名人的興起方面，社會學史上最初的主要思路之一。

這讓我想到一九五九年之後的另一場轉型，即傳媒的日益普及。除了過去習慣說的大眾傳媒，即單一的共同發送器將其信號播送給千百萬台接收器，由電視、廣播、雜誌、遊戲、互聯網、隨身聽等共同組成的整個充滿動量、彼此增益的混亂世界，將跨國集團與人口統計學意義上的小聚落相關聯，以參差多樣的方式滲透著日常體驗，總之是占據了公共關注的相當大比重。這場轉型還在進行之中，需要社會學的想像力的嶄新應用，這一點米爾斯很清楚。（他計畫寫一部書探討「文化機器」，由於英年早逝，結果胎死腹中。）他要是置身流行文化的汪洋大海，看到私人生活的語言如何已經滲透到公共價值的衝突之中，就像克林頓政府時期各種國民政治文化的衝撞，充斥著懺悔、「相互依賴」和「感同身受」之類的語言，想來會被嚇到，不過不會驚訝。在這個意義上，米爾斯的話依然成立：「不僅有許多私人困擾，而且是許多重大公共議題，都被從『精神病學』的角度來描述。」[34]時至今日，討論「精神病學」已經不太可能採用精神分析的術語，而更可能使用自助、十二步療法（twelve-step programs）、懺悔之類的語言，就像電視脫口秀那樣。縱然如此，這也不是

[34] 參見本書，第十五頁。

米爾斯所謂將私人困擾轉換成公共議題的用意所在，而更像是誤入歧途。

對於種族這個聚訟不已的核心問題，米爾斯對其社會學的想像力運用得並不充分。他本人憎恨種族歧視，但儘管他經歷了民權運動的早期歲月，對於種族在美國生活中的動態發展，卻令人驚訝地甚少著墨。他對民權運動裡的學生們倒是有興趣，但只是視為全球範圍內步入歷史舞臺的許多年輕知識分子群體之一，至於種族認同如何塑造並扭曲了人們的生活機會，並沒有引起他的注意。今天，在美國的社會結構和話語中，種族已經變得如此凸顯，有時甚至湮沒了其他相與競爭的力量。自米爾斯去世以來，其他非關階級的身分認同維度的重要性也在不斷增長，作爲等級量表區分出各類特權和機會，作爲稜鏡折射著現實，反射著美國人（以及其他人）用來看世界的光線。生理性別與性態（Sex and sexuality）、宗教以及地域等，是今天的社會學的想像力必須考慮的其他一些因素，並且是作爲核心要素。事實上，自二十世紀五〇年代以降，社會學已經取得的進展恰恰出現在這些地方：分析生理性別與社會性別（gender）的動態變化，種族與族群性的動態變化，而其中有些正是受到了米爾斯本人的呼籲的激勵，就是將私人困擾理解爲公共議題。

最後，當代文化中有一樁事實令人好奇：不僅在政治言說中，而且在日常談話裡，社會學的語言在許多方面已經變成一類尋常元素，儘管說往往在形式上檔次有所降低。借助籠統含混的文化那種乏味的諷刺筆法，給短暫即逝的事件加上點兒社會學的注釋，現在已經成了通俗新聞報導中的慣例。這在一定程度上也是對社會學成功進入學院課程體系的某種致敬。記者和編輯們都上過課，學習分析談話。他們不再自信地覺得，即使沒有專業技能，他們也能把握社會變遷的主要輪廓。[35]可結果卻是，無論在學院中，在廣告機構和政治顧問的幕後工作中，還是在大眾溝通和傳媒中，社會學的想像力都由於成功而反倒顯得淺薄輕浮。在今天，沒有任何一部商業電影、遊戲或電視劇集在獲得成功後，不會有評論蹦出來，訴諸當代的種種「張力」和「不安定」，來「說明」其何以成功。企業雇用顧問，靠著對社會趨勢的草率解讀，來預測或塑造需求。就連我本人，也經常被要求用社會學的行話來做出諸如此類的占卜。我觀測著傳媒對於那種由專家發布、看似蠻有道理的軼聞的嗜好，如何在二十世紀八〇、九〇年代愈演愈烈，成爲傳統消遣版面的主打。同屬某類型的兩部電影驟然熱映，或者某款新遊戲、時裝、術語或候選人暫態走紅，究竟意味著什麼？在媒體上，小秀一下社會學角度的理解，已經成了趨勢分析中可以接受的元素，最終幾乎成了必不可少的步驟，能爲報導提供擔保，縱然並無理據，也證明其煞是嚴肅，勝過粉絲閒聊。文化研究領域也出現了類似狀況。在那裡，曇花一現的流行現象被提升地位，成了值得長篇大論

㉟ 有關社會學術語的通俗化，參見 Dennis H. Wrong，〈社會學觀念對於美國文化的影響〉（The Influence of Sociological Ideas on American Culture），載於 Herbert J. Gans 主編的 *Sociology in America*, Newbury Park, CA: Sage Publications，一九九〇，第十九—三十頁。

考察的研究對象。㊱流行社會學（pop sociology）是社會學的想像力的淡化版（sociological imagination lite），是營養的速食版，是往時代的商業大潮裡滴撒聖水，是將深刻犀利變成淺薄輕浮。

米爾斯不僅在訴求社會學的想像力，他還出色地踐行了它。即使是大衛．理斯曼這樣審慎的批評者，認為米爾斯所刻畫的白領勞工未免過於陰鬱、面目單一，卻也承認他所刻畫的景象富有洞見，他所踐行的研究理據確鑿。㊲就算他的生命戛然而止，他的大多數研究的生命力也勝過了與他同期的其他任何批評家。在社會學中，在社會批判中，乃至於在艱難但必需的關聯這兩者的努力中，他所發出的聲音都是振聾發聵，不可或缺。他是一位不知疲倦、全心投入、充滿魅力的道德家，探求重大的問題，開掘知識分子生命的內涵。他的著

㊱ 參見陶德．吉特林（Todd Gitlin），The Anti-Political Politics of Cultural Studies，載於 Marjorie Ferguson 與 Peter Golding 合編的 *Cultural Studies in Question*, Newbury Park, CA: Sage Publications，一九九七，第二十五—三十八頁。

㊲ Riesman, review of *White Collar*, *American Journal of Sociology* 16(1951)，第五一三—五一五頁。米爾斯的「中層權力」這個概念（middle levels of power），乃是直接針對理斯曼在《孤獨的人群》中的「否決群體」（veto groups）。不過，儘管他倆存在分析上的差異，但理斯曼是熱誠的反國家主義者，在二十世紀六〇年代早期積極介入和平運動，這與米爾斯對權力精英的疑慮就有了諸多交匯點。

述如同清風使人振奮，往往還彷彿疾風令人激越，即使你讀到不贊成他的地方也會有此感受。你一讀再讀，感到遭遇了超出自己既有常識的挑戰，籲求自己最出色的思考，最高等的評判。對於這樣一位屬於我們時代的知識分子，不可能再有比這更高的讚譽。

譯後記

雖然目前這個譯本每個字都是重新鍵入，每句話都是重新翻譯，雖然舊譯本兩位譯者陳強和張偉強十餘年來不知身在何處，但一切都還歷歷在目：彷彿已是非常遙遠的上個世紀末，北大社會學系兩位不再繼續研讀「做學術」的本科畢業生，在已經找好工作準備「走向社會」的最後的校園歲月，想著要給社會學的四年學習生涯留個紀念，於是選擇了他們和其他難以計數的社會學學生一樣，在入學時被書本和老師教導的所謂社會學最佳入門讀物，也就是這本《社會學的想像力》，要做出一個早該出現的中譯本。

所以從一開始，這本書的翻譯就是一個「正名」的過程：它不是面向大一新生，而是面向所有打算回顧一下自己或長或短、有深有淺、間喜間悲的社會學生涯的學人，無論是本科畢業還是博士畢業的學子，甚或是在「tenure」或爭取「tenure」的「track」上主動被動悶頭前行的學者。它不是人云亦云者所薦由零開始的入門教程，也不是半通不通者所見一切歸零的解構檄文，而是將悟未悟者所鑒重整積累的反思讀物。與其說它能教給你什麼是社會學的想像力，不如說它更能提醒你什麼不是社會學的想像力。

舊版翻譯其他諸多得失體會和意外波折，此處不再複述。十數年來，舊版中譯多次重印，名聲常在，屢遭質疑。不管是否本科生，好多人入門無門，固然有上段提到的原因，但翻譯品質有問題是不爭的事實。具體事項究竟如何，主觀客觀各有幾分，都不必說了，總之現在由我來承擔「正名」責任。本次除了句法表達潤飾、人名譯名修正、術語譯法調整等，涉及全句的實質性譯誤修正數百處，並補譯一篇跋，按照原書注釋格式，將原中譯本的章節附注改為當頁注，並與酌情調整內容後的譯者注統一編序。此外，作者使用大量詞首字母大寫的方式，除少量強調外，多意帶譏誚，中譯將舊版的黑體格式改為引號。

本書的確不是像彼得·伯格《與社會學同遊》、鮑曼《社會學之思》那樣面向入門讀者的大家小書，但新譯還是盡可能對原書用詞和句式做了通俗化處理，但又要盡可能保留術語，或許有時顯得囉嗦。

十五年來，西文社會學理論譯著令人眼花繚亂，國內學界狀況也已經面目全非。無論是經典重讀，前沿追蹤，還是本土化育，各自都存在多重路徑，聚訟不已，再來看《社會學的想像力》這本書，顯得太老，也顯得太淺，而在社會學研究技術高度精緻發展的今天，在全球化、網路化、大數據的時代，這本書所批判的那些標靶也似乎相當不合時宜了。

但學院制度還在，學術與政治之爭還在，趨於模糊、失焦的標靶還可能慢慢重聚。至少，需要以重譯來修正錯誤，雖說很可能修正行為本身也正在製造新的錯誤。

從暮春到盛夏，翻譯這本書時，我本人面臨一些特殊狀況，特別需要對翻譯學術著作這種事情本身的意義和回報投入「想像力」。感謝神交日久卻只滬上一遇的李鈞鵬先生的舉薦，感謝素聞大名至今尚未謀面的譚徐鋒先生的信任，把我再一次帶到學術翻譯這條「作死」的溝裡，所幸這寂寞天地其實深蘊風情。此刻也正可以將此書獻給相關科系的畢業生，特別是暫時不再留在學術圈裡的人，此後，這本書裡談到的眾多因素將不再像米爾斯感慨的那樣束縛你們的想像力了，雖然眞正步入社會的你們有了更多與現實糾纏的體驗，更可以去想像保持「想像力」這件事情究竟美好在哪裡。

譯罷校畢之時，徐和瑾先生溘然辭世，雖然《追憶似水年華》終究沒能譯完，但以這樣的工作爲結局，也是好的人生。既能望見結局，但又充滿驚奇，就是好的日子。

二〇一五年八月
北京—杭州

最後，要特別感謝鈞鵬兄逐字逐句的細緻校對，我在舊譯本基礎上完成新譯稿並且自己校對過一遍，但仍然被他寫得滿篇紅色審改標注，每每使人汗顏，處處讓我受教。這本書成爲現在這個樣子，有他一半的功勞，和我全部的責任。

二〇一五年九月
北京　補記

米爾斯年表

年代	生平紀事
一九一六	生於美國德州。
一九三九	畢業於德州大學奧斯汀校區，獲得碩士學位。
一九四二	獲得威斯康辛大學麥迪遜校區社會學博士。
一九四一	至一九四五年在馬里蘭大學任教。
一九四六	他和漢斯・葛斯（Hans Gerth）合作編譯《馬克斯・韋伯社會學文集》。
一九五一	發表《白領——美國的中產階級》。
一九五六	任哥倫比亞大學社會學教授。
一九五六	發表《權利菁英》。一九五六至一九五七年以傅爾布萊特學者身分前往哥本哈根大學。
一九五九	發表《社會學的想像力》。
一九六二	病逝於紐約，年僅四十六歲。

名詞索引

一畫

二畫

三畫

四畫

五畫

九畫

十畫

十一畫

十二畫

經典名著文庫 190

社會學的想像力

The Sociological Imagination

作　　者 —— 賴特．米爾斯（Charles Wright Mills）
譯　　者 —— 李　康
發 行 人 —— 楊榮川
總 經 理 —— 楊士清
總 編 輯 —— 楊秀麗
文庫策劃 —— 楊榮川
本書主編 —— 陳念祖
特約編輯 —— 張碧娟
責任編輯 —— 李敏華
封面設計 —— 姚孝慈
著者繪像 —— 莊河源
出 版 者 —— 五南圖書出版股份有限公司
地　　址 —— 台北市大安區 106 和平東路二段 339 號 4 樓
電　　話 —— 02-27055066（代表號）
傳　　真 —— 02-27066100
劃撥帳號 —— 01068953
戶　　名 —— 五南圖書出版股份有限公司
網　　址 —— https://www.wunan.com.tw
電子郵件 —— wunan@wunan.com.tw
法律顧問 —— 林勝安律師事務所　林勝安律師
出版日期 —— 2023 年 2 月初版一刷
定　　價 —— 450 元

國家圖書館出版品預行編目資料

社會學的想像力 / 賴特．米爾斯 (Charles Wright Mills) 著；李康譯 . -- 初版 -- 臺北市：五南圖書出版股份有限公司，2023.02
面；公分
譯自：The Sociological Imagination
ISBN 978-626-343-650-3(平裝)

1.CST：社會學

540　　111021078